外国語教育は英語だけでいいのか

グローバル社会は多言語だ！

◎編著：森住　衛・古石篤子
　　　　杉谷眞佐子・長谷川由起子

◎著者：上村圭介・柿原武史・臼山利信
　　　　鈴木千賀・小田桐奈美・水口景子
　　　　榮谷温子・山下　誠

くろしお出版

はしがき

森住　衛

　日本人は，世界の中にあって，多言語や複言語の必要性をあまり感じてこなかった民族です。それは，その「島国性」ゆえに，「他の言語」に直接に交わる機会が非常に少なかったことが一因です。確かに，弥生時代から明治時代まで，大陸から稲作，宗教，工芸などの文物の移入はありましたが，中国語や韓国・朝鮮語など外国語との接触は僧侶や職人など極めて限られた人たちだけで，一般の日本人総体としてはほぼ皆無でした。また，漢字の伝来のように中国語は入ってきましたが，訓読みや仮名文字に見られるように，いわば，自分たちの都合のよいように「他の言語」を変えて使ってきました。この結果，国内での言語の多様性に関しては鈍感になりました。言語だけでなく，言語がもたらす異質な考え方などが入ってくると，本能的に身構えたり，拒否したりするようになりました。さらに，この小さな集団社会はもう1つの特質ももっていました。それは，自分よりも大きな存在に出会うと，「寄らば大樹の陰」で対処する傾向です。この大樹が，現在の外国語でいえば，英語です。

　このように，大半の日本人がもっている単一言語志向と英語志向は相当根強く，外国語教育政策にもこれが現れています。学習指導要領における英語以外の外国語への扱いの軽視がその一例です。そして，近年の動向をみますと，英語重視に必要以上に拍車がかかった感があります。たとえば，大学入学・卒業要件や国家公務員の採用や昇進のめやすとしてのTOEFLの利用が打ち出されています。一部の企業では社内公用語を英語にするという方策が取られています。文部科学省（以下，文科省）は高等学校の「英語の授業は英語で行うことを基本とする」という方針を中学まで下げようしています。さらには，2020年の東京オリンピック・パラリ

ンピックのために英語教育を強化しようと呼びかけています。言うまでもなく，英語はいまや世界の大半の国や地域で使われていますので，英語は重要な国際補助語ですが，このような英語に大きく偏っている狭隘な外国語教育政策や外国語教育観でグローバリゼーションに本当に対応できるでしょうか。

　2020年のオリンピックを機会に外国語教育を見直そうという発想自体はよいのですが，問題はその方向性です。東京都は当初の「英語村」の構想に加えて，英語以外の言語を学ぶ高等学校を増やす企画も立てています。これはこれで望ましいことには違いありませんが，もう一歩進めて，世界の人が集まるこの好機にこの多様性を受け入れる精神をさらに膨らませる構想を打ち出してはどうでしょうか。たとえば，高等学校だけでなく，小学校や中学校，そして大学を，あるいはいくつかの地域を特区にして，「すべてのオリンピック参加選手の母語を学んで，それぞれの国と交流のイベントを開こう」，さらには，「その際に日本についても発信しよう，そのために，改めて日本の言語文化を確かめたり，見直したりしよう」といった企画を取り入れることです。外国の人たちに対する「真のおもてなし」とは，アイヌ語の公式の挨拶の「イランカラプテ」（あなたの心にちょっと触れさせてください）のように，相手の心に入らせてもらうことです。そのためには，まず，相手の言語に興味・関心を示すことが必要です。そして，この際になんとしても避けたいのは，このような企画を英語だけを通して行うことです。その便利さゆえに英語を近視眼的に特別扱いするならば，英語教育そのものをも矮小化させてしまいます。多くの英語教育関係者もこのようなことは望んでいないはずです。本書の目的は，英語教育も含めて，日本の外国語教育をさらに豊かにすることなのです。

　このための1つの具体的な運動として，日本言語政策学会（Japan Association for Language Policy; JALP）の多言語教育推進研究会は，2014年2月に，「グローバル人材育成のための外国語教育政策に関する提言」を文部科学大臣や中央教育審議会議長など140余の職位・機関に提出しました。副題を「高等学校における複数外国語必修化に向けて」としたように，高等学校における複数の外国語の必修化をめざしています。取り上げた言

語は，五十音順に，アラビア語，韓国・朝鮮語，スペイン語，中国語，ドイツ語，フランス語，ロシア語です。これは，英語を除いた国連公用語の5つの言語に韓国・朝鮮語とドイツ語を加えたものです。国連公用語を取り上げるのは，その目的上，異論がないと思います。韓国・朝鮮語を加えたのは，この言語が古来，日本と深い関係にある地域の言語だからです。また，ドイツ語を取り上げたのは，明治以来，英語やフランス語と並んで日本の近代化に大きく関与してきた言語であるからです。この他の言語，たとえば，日本と関係の深いブラジルの言語であるブラジル・ポルトガル語，フィリピンのタガログ語，あるいは，近年関係が深くなっているASEAN（東南アジア諸国連合）の言語などは重要な候補ですが，今回は第一段階として上記の7言語に絞りました。また，今回は高等学校を対象としましたが，この理由は，教育課程の規定や開講科目の実態から，手始めとして高等学校を取り上げるのが適当であると考えるからです。当然ながら，高等学校だけでよいというわけでなく，将来的には，幼小中高大のすべての児童・生徒・学生に複数言語の学習の機会を保障したいと考えています。

　外国語の教育は，他言語や他者，他文化の存在に気づかせ，母語や自己，母文化を見直すきっかけになります。これはとりもなおさず個の人格形成に資することになります。また，複眼思考や多元的な認識を導き，自他の言語文化に対する公平な言語観・文化観を育むきっかけになります。これは，そのまま世界の恒久平和に資することにつながります。そして，この理念は，対象の外国語が特定の言語に絞られないということで，さらに堅固になります。選べる外国語の数が多ければ多いほどよいのです。これを特定の1つの言語だけに限定すると，その言語による価値観や考え方だけしか知り得ません。これを避けるために，多様な外国語を用意して，選択肢を複数にしておかなければならないのです。

　以上のような立脚点のもとに編んだのが本書です。全体は5部構成です。第Ⅰ部では上に述べた「多言語教育の理念」をさらに詳しく取り上げ，改めて人間にはなぜ複数の言語の教育が必要なのかを論じます。第Ⅱ部では「世界における多言語教育の実態」として，ドイツ，フランス，スペイ

ン，ロシア，韓国，中国，エジプト，英語圏（英国のイングランド，アメリカ合衆国，オーストラリア）の地域や国を取り上げます。第Ⅲ部では「日本における多言語教育の実態」の例として，全国の高等学校における英語以外の外国語の教育が置かれた困難な状況とその中での外国語教育の開講状況を概観し，具体的には9校のカリキュラムや担当教員の声を報告します。第Ⅳ部では「日本における多言語教育の実現に向けて」として，困難点や課題を克服するための試みや工夫を提案します。第Ⅴ部では，文科省など140に及ぶ関係団体に提出した「多言語教育推進のための提言と学習指導要領案」を解説つきで掲載します。

　最後に，本書の完成にあたって，多くの方に感謝申し上げます。日本言語政策学会には，「提言」構想の出発点となった年次大会の全体シンポジウム，分科会，地区研究会などの研究の機会を与えていただきました。この発端がなければ，本書は生まれていません。また，本書の執筆者はJALP多言語教育推進研究会の一部の有志ですが，他のメンバーのみなさんには本書の直接の母体である「提言」「第2の外国語の学習指導要領（案）」の作成でご尽力とご協力をいただきました。そのときの議論も本書の重要な底流となっています。さらに，国際文化フォーラム（TJF）にはしばしば編集会議の場所と温かいコーヒーを提供していただきました。そのご厚情に感謝いたします。そして，文字どおり最後になりましたが，本書を刊行するにあたって，くろしお出版の坂本麻美氏，斉藤章明氏には，構成や編集などで多大のご助言とお世話をいただきました。ここに厚く御礼申し上げます。

2016年1月
編著者を代表して

目　次

はしがき　　　　　　　　　　　　　　　　　　　　　　　　　　森住　衛　i

第Ⅰ部　多言語教育の理念

第1章　豊かな多言語世界のための6つの論点
　　　　　　　　　　　　　　　　　　　　　　　　　　　　森住　衛　2

第2章　公教育における多言語教育
　　　　　　　　　　　　　　　　　　　　　　　　　　　　古石　篤子　15

第3章　企業のグローバル人材育成と多言語主義
　　　　　　　　　　　　　　　　　　　　　　　　　　　　上村　圭介　29

第Ⅱ部　世界における多言語教育の実態

第4章　ドイツ　―「共存力と競争力」育成の複数外国語教育―
　　　　　　　　　　　　　　　　　　　　　　　　　　　　杉谷　眞佐子　44

第5章　フランス　―豊富な言語のレパートリー―
　　　　　　　　　　　　　　　　　　　　　　　　　　　　古石　篤子　60

第6章　スペイン　―英語・国家語・地域語のせめぎあい―
　　　　　　　　　　　　　　　　　　　　　　　　　　　　柿原　武史　73

第7章　ロシア　―多様な外国語教育の伝統と現代的課題―
　　　　　　　　　　　　　　　　　臼山　利信・鈴木　千賀・小田桐　奈美　86

第8章　韓国　―理念と現実のはざまで―
　　　　　　　　　　　　　　　　　　　　　　　　　　　　長谷川　由起子　101

第9章　中国　―国家の人材育成のための外国語教育―
　　　　　　　　　　　　　　　　　　　　　　　　　　　　水口　景子　119

第10章　エジプト
　　　　　―イスラーム文化圏における複数外国語教育の試み―
　　　　　　　　　　　　　　　　　　　　　　　　榮谷 温子　132

第11章　英語圏　―英語国民も多言語時代だ―
　　　　　　　　　　　　　　　　　　　　　　　　森住 衛　150

第Ⅲ部　日本における多言語教育の実態

第12章　高等学校の多言語教育の現状　―政策の貧困と現場の努力―
　　　　　　　　　　　　　　　　　　水口 景子・長谷川 由起子　172

第13章　高校生の意識　―英語だけではもの足りない―
　　　　　　　　　　　　　　　　　　　　　　　長谷川 由起子　190

第Ⅳ部　日本における多言語教育の実現に向けて

第14章　教育課程編成　―学習指導要領上の位置づけ―
　　　　　　　　　　　　　　　　　　　　　　　　山下 誠　204

第15章　教員の人事・採用および養成
　　　　　―複数教科担当教員制を中心に―
　　　　　　　　　　　　　　　　　　　　　　　　山下 誠　220

第Ⅴ部　多言語教育推進のための提言と学習指導要領案

第16章　外国語教育と「考える力」
　　　　　―「提言」と「第2の外国語学習指導要領案」の特徴―
　　　　　　　　　　　　　　　　　　　　　　　杉谷 眞佐子　236

グローバル人材育成のための外国語教育政策に関する提言
　―高等学校における複数外国語必修化に向けて―　　　　245

「第 2 の外国語」学習指導要領（案） 253
    アラビア語 254
    韓国・朝鮮語 261
    スペイン語 268
    中国語 275
    ドイツ語 282
    フランス語 289
    ロシア語 296

あとがき   古石 篤子 303

執筆者一覧 307

［言語名に関するお断り］

　本書は多言語教育について提案する著作ですので，多くの言語名に言及することになりますが，次の3つの言語について本書の「地の文」で触れる場合は，以下のようにさせていただいています。なお，「地の文」ではなく，各団体，機関，学校などが使っていて，文献や書式，科目名などに出てくる場合は，その呼称を使っています。

1. 韓国・朝鮮語

　　朝鮮半島で使われている言語に関しては，それぞれ使う人たちの帰属や信条などにより，さまざまな呼称があります。たとえば，「韓国語」，「朝鮮語」，「韓国朝鮮語」，「韓国・朝鮮語」，「ハングル」，「コリア語」などです。本書では，このうち「韓国・朝鮮語」を用いています。

2. ブラジル・ポルトガル語

　　ブラジルの公用語であるポルトガル語に関しても，いくつかの呼称があります。たとえば，「ブラジルポルトガル語」，「ブラジル・ポルトガル語」，「ブラジル語」，「ポルトガル語」などです。本書では，ブラジルについてこの言語に言及する場合は，「ブラジル・ポルトガル語」を用いています。

3. スペイン語

　　この言語に関しては，大学の外国語学部などの呼称で「イスパニア語」が使われたり，スペインやラテンアメリカでは，「カスティーリャ語」が使われることもあります。本書では，第6章では「カスティーリャ語」，その他では「スペイン語」を用いています。

第Ⅰ部
多言語教育の理念

第1章
豊かな多言語世界のための6つの論点

森住　衛

● はじめに ……………………………………………………………

　人はいろいろな言語を知れば知るほど，異なった世界が広がり，自分の存在も確認できる。これはだれにとっても楽しいことである。本章の目的は，この楽しさを日本の子どもたちや若者に知らせるために，多言語教育の理念を考察し，確認することである。取り上げる論点は6つで，順に(1)「多」言語の数，(2)異なる言語が存在する意味，(3)日本人の「排他性」の克服，(4)多言語教育の効用の具体例，(5)多言語教育推進のための運動，(6)多「言語」の内実の問い直し，となる。全体として，日本人の異質なものに対する観点の検証や多言語教育の効用を考察した(2)〜(5)の中心的な論点4つを挟み込むように，最初と最後で多言語の量と質に関する確認と課題を取り上げる。

● 1.「多」言語の数 ……………………………………………………

　多言語教育推進の理念を考える前提として確認しておきたいことがある。それは，多言語教育や多言語学習の「多」言語とはどの程度の多さかということである。
　現在，世界では6000とも7000ともいわれる数の言語が使われている。最近の調査でも *Ethnologue : Languages of the World*（2015 書籍版）によれ

ば，7,106言語という数字も出ている。「多」言語の「多」は文字どおり現在使われている世界の言語すべてを表すが，本章の議論ではこれを全部教えるとか学ぶということではない。国や地域によって異なるが，1つの国で教えたり，学んだりする言語数は限られる。多分，100を超えないだろう。たとえば，日本でいえば，現在，一般の日本人が日本国内で学ぼうと思えば学べる言語数は，60ぐらいであろう。この数字の根拠は，日本のある外国語専門学校が開講している言語数である。現在（2015年2月），外国語専門学校で最も多くの言語を開講しているのはDILA国際語学アカデミーで，以下の62言語（日本語を除く，五十音順）である[1]。

アイスランド語・アイヌ語・アラビア語・アルメニア語・英語・イタリア語・インドネシア語・ウズベク語・ウルドゥー語・オランダ語・カザフ語・カタロニア語・広東語・カンボジア語・ゲール語・現代ギリシャ語・サンスクリット語・シンハラ語・スウェーデン語・上海語・スペイン語・スワヒリ語・セルビア／クロアチア語・タイ語・台湾語・タミル語・ダリー語・チベット語・チェコ語・中国語・朝鮮語・デンマーク語・ドイツ語・トルコ語・ネパール語・ノルウェー語・パシュート語・バスク語・バリ語・ハンガリー語・パンジャビー語・ヒンディー語・ビルマ語・フィリピーノ語・フィンランド語・フランス語・フリージア語・ブルガリア語・ヘブライ語・ペルシャ語・ベトナム語・ベンガル語・ポーランド語・ポルトガル語・マレーシア語・マラティー語・モンゴル語・ラオス語・ラテン語・琉球語・ルーマニア語・ロシア語

語学学校でこの62言語が扱われているということは，言語によって程度の差があるが，とりあえず，日本ではこれらの言語の教育の需要があるということである。ご覧のように，古い言語としては，ラテン語やサンスクリット語が含まれている。少数民族語も入っている。たとえば，バスク

---

[1] この数値に関して，森住（2013）で60言語と示したが，最近のデータとして2015年2月27日，DILA国際語学アカデミーへメールで問い合わせた結果，62言語という回答があった。

語やフリージア語，カタロニア語などである。日本のアイヌ語や琉球語も入っている。中国語も，この名称に加えて，同系の台湾語・上海語・広東語が挙がっている。総じて言うと，「小さな」言語への，したがって，これを話す人たちへの「やさしさ」が感じられる。「文化」の概念にこのような気配りと思いやりも含むとすると，これを「文化度が高い」という。

　ただ，現実論としては，一般の学校教育ではこれだけの言語の教育は保障できない。そこで，もう少し絞ってみたい。そのために，大学や社会教育の場でどの程度の言語を取り上げているかを見てみよう。たとえば，東京外国語大学は27言語，大阪大学（2007年に大阪外国語大学と統合）は25言語を専攻ないし専科として開講している。また，桜美林大学は自由選択科目で18言語を開講している。さらには，社会教育機関として朝日カルチャーセンターが31言語，語学学校ではECCが51言語を開講している。これらの大学や諸機関で共通して教えている言語を取り出してみると，以下の14言語（日本語を除く，五十音順）になる。

　　アラビア語・イタリア語・インドネシア語・英語・スペイン語・タイ語・中国語・朝鮮語・ドイツ語・ビルマ語・フランス語・ベトナム語・ポルトガル語・ロシア語

これで，話者人口の多さの一覧などで出てくる「主要な」言語が揃ったが，これでも多い。そこで，さらに絞ったのが，日本言語政策学会多言語教育推進研究会が「提言」で取り上げている「7言語」に英語を加えた以下（五十音順）の8言語である。

　　アラビア語・英語・スペイン語・中国語・韓国・朝鮮語・ドイツ語・フランス語・ロシア語

　この選定のよりどころは，国連公用語の6言語に韓国・朝鮮語とドイツ語を加えたものである。「はしがき」の繰り返しになるが，韓国・朝鮮語を加えたのは，この言語が古来，日本と深い関係にある地域の言語だから

である。ドイツ語を取り上げているのは，明治以来，英語やフランス語と並んで日本の近代化に大きく関与してきた言語だからである。当然ながらこの8つの言語に固定はしない。数として8つほどが適当で，これを国や共同体の事情に応じて，選択外国語として用意して，この中から各学校が複数の言語を選んで開講するのが望ましい。

● 2. 異なる言語が存在する意味……………………………………

　聖書にバベルの塔の逸話がある。周知のように，人間が天に向かう塔をつくるなど神をも恐れぬ行為をしたので，神が人間の話す言語を異なるようにして，意思疎通を難しくさせたという話である。この前提となっているのは，人間のことばが異なるのはよくないという考えである。だから，神は人間のことばをバラバラにして意思疎通を難しくしたのである。しかし，人間のことばが違うのはよくないことだろうか。否である（拝田 2009）。むしろ，民族や国民が異なる言語をしゃべることは人間社会を豊かにすることである。この立脚点を，古今東西，議論されてきた生物の多様性と近年のグローバリゼーションの2つの点から考えてみたい。

　まず，種の保存という点を取り上げる。言語の多様性は生物の多様性とほぼ同じ意味をもつ。地球上の生き物は約40億年の長い歴史の中で，さまざまな環境に合うように変化して，現在3000万もの種類の生き物がいる。これらの生命はそれぞれに特徴があり，直接・間接的に支え合って生きている。この豊かさを存続させるために1992年には生物多様性条約が制定され，日本も1993年に条約に署名している。また，その後2008年には生物多様性基本法が成立している。いずれも，生物多様性が，開発などの人間の活動によって減少したり，脅かされたりしているのを防ぐための条約や法律である。この精神は言語にも当てはまる。言語も，人間の人為的な行為でその種類を減らすようなことがあってはならない。

　人為的な行為の1つは，侵略や植民地化である。これまで，多くの言語がこれにより「言語死」（linguicide）に遭ってきた。つまり，言語の「種」を途絶えさせてきたのである。侵略や植民地化などの「どぎつい」行為で

なくても言語死は起こる。これがもう一方の対極である。つまり，経済や文化でその言語を使っている人たちを追い詰めることである。使っても意味がないと宣告することである。近年の言語死はこの例が多い。逆に，これを保存する運動もある。これによって，種の滅亡を免れている言語もある。多言語教育の大前提はここにあるのだが，これは第3節以降で多少とも詳しく扱う。

　次に，近年のグローバリゼーションに関係している議論である。この議論は，種の保存と比べるとより直接的に言語の多様性に関係してくる。グローバリゼーションは「統一化」と「多様化」という2つの相反する側面をもっている。統一化は，貨幣や貿易，交通などで1つの基準を設ける方向である。この統一は，ものごとを運ぶ上での効率やとりあえずの便利さには寄与する。しかし，基準が1つになるので，多様性の「おもしろみ」や「知的発見」がなくなる。政治的にも全体主義的になる。この一断面はコスモポリタニズムに現れている。コスモポリタニズムは国家や民族を超えて個人を地球市民，世界市民と捉える考え方であるが，歴史学事典，哲学事典などでこの項を引くと，覇権主義，帝国主義と似ている部分があり，また，その実現には，特定の国家の基準で世界全体を睥睨(へいげい)することが多い，と説明されている。特定の国家の基準とは，アレクサンダー大王の大遠征やジンギスカンのモンゴル帝国であり，近くではヒットラーの世界制覇の野望などが例になる。あえて現在に合わせて極言すると，グローバリゼーションは文化的には「米国化」（Americanization）であり，言語的には「英語化」（Anglicization）の兆候が見え隠れしているといえる。

　一方，多様化は文字どおり，各国や民族がそれぞれの個性を出すことである。これを支えている基本理念は，人間は基本的には異なる存在に興味をもつという事実である。精神の向上や広がりは異なるものとの出会いから生ずる。つまり，「違いはいいこと」である。この志向には，違いがあるだけに交流に手間取ったり，時間がかかったりするが，精神への刺激，自分らしさを失わないという大きな利点がある。今日のICTの時代では個人や「小さな」集団が全世界に瞬時に発信できる。居ながらにして，多様な考え，多様な姿，多様な生き方が学べるのである。そして，このよう

な学び合いや伝え合いを支えているのが「言語」なのである。言語の種類が多いほど人間の生き方や考え方が豊かになる。言語の多様さは人間の豊かさの指標ともいえるのである。日本の子どもたちに多様な外国語を学ぶ機会を与えることは，複眼思考を育成することになり，これは人格形成にも資する。さらに，共同体の多様性の維持・促進にもつながり，最終的に違いを認めて共存する力を育むことになり，恒久平和にも資する。

● 3. 日本人の「排他性」の克服

このような多言語教育推進の理念は日本人にとってはなじみが薄い。この根本的な理由は，日本人に多く見られる「異質なものに対する排他性」である。「はしがき」にも示したように，日本の地理や歴史に関係している。日本は島国であり，相対的に異文化や異言語と接する機会が少なかった。ところがヨーロッパやアジアの諸国や民族は常時，異言語・異文化と接してきたので，一般には，相違や異論を受け入れる素地がある。いや，これを積極的に出し合おうという兆候さえうかがえる。「違うこと」が個性（individuality）や自主性（independence）として美徳になっているからである。日本では個性や個人主義はマイナスイメージをもつことが多い。

なぜこのような違いが生じたのだろうか。考えられるのは，欧米文化の基調は「対立」であるために，違いがあるのは当たり前になっているということである。つまり，相対的に，「違い」に慣れているのである。そして，ここがポイントだが，慣れは好感を生み出し，美徳となるのである。これに対して，日本は「和」の文化である。和は「みんな同じ」という団体主義志向が原則である。つまり，「同じはいいこと」なのである。もし異質なものが入ってくると，これに反発を感じ，忌避しようとする。このために異なっていること自体が悪いという排他性が生まれてきた。その証拠には，日本の文化・精神風土では「異」という漢字がついた語句はほとんどが悪い意味をもつ[2]。多様な外国語教育を受け入れる前提として日本人

---

2) 日本人が「異」を使った語句に違和感を抱くというのは事実であろう。たとえば，「異人，異星人，異国，異国人」には，関係のない遠い存在，変な存在というニュアンスがあるかもし

はこの「排他性」を克服しなければならない。

　一方，同じ東アジアの漢字文化圏に属しながらも，韓国はこの「異なること」や多様性に慣れているといえよう。大陸の一端にあって異民族と隣り合わせになっているために，違うことに慣れてきた。そして，これが外国語教育政策にも現れている。かの国では，すでに知られているように，1995 年に策定された第 7 次教育課程で，高等学校段階で「英語が必修で，選択必修の英語以外の 6 つの言語—中国語・日本語・ロシア語・ドイツ語・フランス語・スペイン語—」にアラビア語が加わって 7 つになった。さらに，2013 年度からはベトナム語が入り，合計 8 つの言語が取り上げられている（長谷川 2014，および本書第 8 章参照）。2009 年改訂の教育課程によってこの選択必修枠に「情報」や「漢字」が入ってきたとはいえ，日本とは格段の差である。

　日本人が多言語教育の推進に対して消極的になる理由がもう 1 つある。上述のように国民性に関係するほど根源的な問題ではないが，多言語教育推進に当たって注意しなければならない課題である。それは，日本人は英語すらできないのに，その他の言語など学ぶ余裕がないというものである。他の言語に興味や関心をもたせたり，学習時間を割いていたりしたら，英語力はますます減退してしまうというのである。これに，「習っても使えないので無駄である」という実用論が加わる。しかし，そうだろうか。相手の言語をちょっと知っているだけでも，とりあえずの実用には役に立つし，親近感を増幅させ，心情や精神の交流に大きな役割を果たすのである。また，同じ外国語でも英語は苦手だったが，他の言語，たとえば，韓国・朝鮮語を学習したら意外に楽しく学べたという生徒もいるという。これは，第Ⅲ部で取り上げられている高校生の意識調査（p. 196）でもうかがえる。

れない。「異論，異議」には反論や疑義が伴う。「異端，異常，異臭」となれば，「よくない，避けたい，なくしたい」ことである。Difference の日本語訳で最も一般的なのは「違い」であろう。ここで改めての確認だが，日本語では「違い」は「誤り」にもなるのである。道順や解答などが「違っている」は「間違っている，誤っている」と同義である。英語圏の人たちが，日本人のこのような，<difference = mistake> の考え方を知ったら仰天するのではないだろうか（森住 2014b）。

● **4. 多言語教育の効用の具体例**……………………………………

　ここでは，第3節の議論を「実用 vs. 教養」という角度から見てみる。複数の言語にわずかでも触れると，「実用的」な用途は小さくても「教養的」な効果は大きい。英語の他にもう1つの言語を学んだ若者と英語だけしか学んでいない若者の間には言語文化観や世界観に大きな開きが生じる。多言語教育の理念はここにある。「実用 vs. 教養」の問題は，「統一化 vs. 多様化」，「英語一辺倒 vs. 多言語学習」の分かれ目の重要な分岐点になる。「習っても使いものにならないのならやる必要がない」というのが，実用派の主張である。これに対して，教養派は，極言すれば，「使えなくてもよい，ためになればいい」となる。

　具体的な事例で見てみよう。たとえば，多様な言語を習うと多様な「挨拶ことば」を習う。どの言語にもいえることだが，挨拶ことばには文化やその民族の考え方，価値観が反映されている場合が多い。たとえば，フランス語やイタリア語，ドイツ語などのラテン系，ゲルマン系の「こんにちは」はBonjour. / Buongiorno. / Guten Tag. である。英語でいえば，Good day. である。これは May you have a good day！というキリスト教の祈願文に由来する。アラビア語では「アッサラーム・アライクム」であるが，これは「あなた（方）に平安あれ」というコーランの2つの節に由来する。「サラーム」は「平安」としたが，日本語の「平和」と同義語である。インドのヒンディー語では「ナマステ」である。これは「あなたを謹んで拝みます」という意味である。韓国・朝鮮語の「アンニョンハシムニカ」は「安寧でいらっしゃいますか（つつがなくお過ごしですか）」である。ちなみに，日本語の「こんにちは」は「今日はお日柄がよいですね／雨模様ですね」などの最初を切り取った表現で，天気を気にする農耕民族の思いが感じられる。それぞれ日常生活や道徳上の価値観が出ているといえよう。ちなみに，アイヌ語は「イランカラプテ」で，「あなたの心にそっと触らせてください」である。特に，初めて会う人や久しぶりに会う人に対しての挨拶だが，思わず，この表現が挨拶語になったアイヌ文化に心を寄せてしまう。そういえば，アイヌの人たちは「滅多にケンカをしない，対立があった場合はとことん話し合う」といわれ

ている。同じく日本の少数先住民語のウィルタ語には，「戦争」，「平和」，「階級」，「国家」という語彙自体がない（北海道教区基幹運動推進委員会 2014）。このようにいろいろな言語を知れば知るほど，異なった世界が広がり，自分の存在も確認できる。これはだれにとっても楽しいことではないだろうか。

● 5. 多言語教育推進のための運動

　実践と理念は表裏一体の関係にある。つまり，多言語教育を推進する運動という実践も理念に関係する。複数の外国語の教育を促進するには，学校教育で2つ以上の外国語を選択必修にすればよい。教育課程は一種の法律で，強制力がある。この強制力には，対象者（学習者）の自由を「束縛する」か「守衛する」かの2つの側面がある。これをどう捉えて，いかに実践するかも，理念の一環として具備しておかなければいけない。

　日本の外国語教育はこの点で苦い体験をした。1991年に「大学設置基準の大綱化」があり，それまでの卒業要件の「一外国語8単位以上，一外国語以外の外国語4単位以上，計16単位必修」が自由化された。これに対して，第二外国語教育関係者の中には反対の意見があったが，提言や請願などの具体的な反対運動を起こさなかった。むしろこれで外国語の単位を増やせると思っていた節が多く見られた。しかし，逆の結果になった。大きな傾向として，英語以外の外国語が減少して，英語への寡占化が促進された。一部では，その英語すらも履修しないでよい状況になった。全体として，外国語の履修枠は，英語も含めて減少したのである。つまり，学生が多様な外国語から選択するなどの，外国語を豊かに履修できる権利を守衛できなくなったのである。

　一方，外国語教育にとって不利な条件を覆した運動の例もある。1980年に始まった「中学校英語週3時間に反対する会」（隈部直光会長）の活動である。当時，中学校の英語の授業時数がそれまでの週4〜5時間から週3時間に減らされることに反対して全国的な署名運動を起こし，文部大臣に嘆願書を出した。その成果があって，3年後の1984年度からは漸次な

し崩し的に「週3 + 1」（週4時間）になった。また，1990年前後に大学英語教育学会（小池生夫会長［当時］）が，大学における英語教員養成課程の必修科目「英文学・英語学・音声学」に「外国事情」ないし「比較文化」を加えるべく，文部省の教育職員養成審議会に提言書を提出し，結果的にこれが実現した（森住 2014a）。

　このように，多言語教育を推進していくためには，幼小中高大の外国語教育政策を司る機関への働きかけが必要である。その対象は，中高の問題であれば，国立教育政策研究所，中教審の教育課程部会外国語専門部会，文科省初等中等教育局教育課程課あるいは国際教育課などである。臨時に設けられる機関もある。たとえば，2013年4月から日本の大学を中心とする英語教育政策に「提言」を出している自民党の教育再生実行本部や政府の教育再生実行会議である。実は，本書が生まれるきっかけとなったのは，この実行本部や実行会議への働きかけであった。2014年3月，日本言語政策学会の多言語教育推進研究会は，高校で現行の英語に加えて英語以外の7つの言語からの1科目以上の選択必修化を関係諸機関に提言した《➡本書第Ⅴ部参照》。その他，筆者が関係している機関としては，NPO言語教育文化研究所の「これからの言語教育を考える会」が学習指導要領（中学校国語・外国語）の改訂に向けて，2014年12月から2015年1月に関係諸機関に「提案書」を直接手渡したり，郵送したりしている[3]。提言を出したからといって，すぐに何かが変わるわけではない。このような運動は容易ではない。しかし，何もしなければ変わらないし，思わぬ方向に行ってしまうかもしれない。何の意志表明もせず，行動も起こさずにい

3）　NPO言語教育文化研究所「これからの言語教育を考える会」（代表 尾木和英）は，2014年12月に「次期学習指導要領に関する提案」を関係諸機関に提出した。筆者は英語教育関係者としてこの提案に関与したが，以下は，中学校外国語（英語）の目標に関する具体的な文言（文章）の提案である。
　　［外国語教科全体としての目標］
　　　　外国語を通して，他言語や他者，他文化の存在に気づき，母語や自己，母文化を見直すことにより個の人格形成に資する。と同時に，複眼思考や多元的な認識を通して，自他の言語文化に対する公平な言語観・文化観を育むことにより世界の恒久平和に資する。
　　［各外国語（英語科の場合）の目標］
　　　　英語の基本的な言語材料の知識を得て，言語活動を通して英語の技能を高め，豊富な題材に関して積極的に受信・発信のコミュニケーションを行う。全体として「習熟」「使用」もさることながら「気づき」「思考」を取り入れる。

て，あとから，あのときにこうすればよかったというようなことにはしたくない。

● 6. 多「言語」の内実の問い直し

最後に，「多言語教育」の「言語」とは何を意味しているかという点で，2つの課題に言及しておきたい。1つは，「言語」の意味や実態の範疇を広げることである。これまで取り上げてきた言語はいわば「大言語」といわれるものであったが，多言語には，無数にある少数先住民語，クレオールやピジン語や，人工語のエスペラントも含まれる。さらには，手話もある。言語の種類という範疇ではないが，記号文字としての点字もある。この記号文字にも，創始者ブライユのフランス語版をはじめ，英語版，イタリア語版，日本語版など多くの書法がある。

もう1つは，何をもって「言語」とするかである。たとえば，世界の言語数を数えるときなどは「方言」を除いて「言語」を抽出しているが，この区別の根拠が明確ではない。現段階では「言語」と「方言」はその言語の話者が自前の国家や地方自治行政体をもつかどうかで分かれていることが多い。たとえば，イタリア語とフランス語は別々の言語として捉えられている。しかし，両者はラテン語から由来し，文法や語彙が似通っている。極言すると，フランス語はイタリア語の方言，あるいは，イタリア語はフランス語の方言ともいえるのである。これが2つとも「言語」として考えられているのは，互いに国家を形成しているからである。翻って，日本の沖縄語（ウチナーグチ）と日本語（ヤマトグチ）の場合はどうであろうか。沖縄語[4]は，もとは琉球国の言語であった。それが政治的に「本土」に吸収されたので，日本語の「方言」として考えられることが多くなっている。両者は同根という定説がそうさせるのであるが，それなら韓国・朝鮮語と日本語も語彙や統語では似ている部分が多い。韓国・朝鮮語と日本語が別

---

4) 沖縄語（ウチナーグチ）は，琉球諸語（国頭語，沖縄語，宮古語，八重山語，与那国語）のうちの1つである。この琉球諸語にアイヌ語，八丈語，奄美語を加えた8言語はユネスコの統計（New Edition of UNESCO Atlas of the World's Languages in Danger, 2009）によると，日本に現存する8つの危機言語となる。

言語であるなら，沖縄語と日本語も別言語になる。このように「言語」の存在や独立性は極めて「政治的」な産物である。この「政治性」を外せば，世界の「言語」はある地域では現在より少なくなり，ある地域では多くなるであろう。

● おわりに

　以上，(1)「多」言語の数，(2)異なる言語が存在する意味，(3)日本人の「排他性」の克服，(4)多言語教育の効用の具体例，(5)多言語教育推進のための運動，(6)多「言語」の内実の問い直し，について扱ってきた。いずれも大きな問題であるので，本格的な多言語教育推進のためにはまだすべきことが山ほどある。多言語社会の構築には時間がかかる。先に触れた「提言」でも，この運動自体は10年後，20年後を見すえた活動になるとした。考えてみれば，その島国性によっておよそ1500年かけて培われた日本人の単一言語志向や「寄らば大樹の陰」の集団志向を是正するのは，一朝一夕にはいくまい。極言すると，その習慣を形成した年月だけかかるともいえる。現代はICTの時代ですべての変化のスピードが速いので，これほどはかからないにしても，私たち一人ひとりは長い歴史の「一コマ」を生きている。この「一コマ」の間に，先人たちが培った望ましくない現在の風潮を少しでも是正して次の世代に継いでいきたい。

引用文献
拝田清 (2009)「〈バベルの塔〉をめぐる解釈」*TALCE Newsletter, No. 28*, p. 1.
長谷川由起子 (2014)「韓国の外国語教育政策，正確に評価すべき」『日本言語政策学会ニューズレター』23号, 1-3. <http://jalp.jp/wp/wp-content/uploads/2011/03/JALP-NL_23.pdf> (2015.2.4 閲覧)
北海道教区基幹運動推進委員会 (2014)「民族と人権」<http://www009.upp.so-net.ne.jp/kobako/minjoku.html> (2014.12.1 閲覧)
森住衛 (2013)「多言語への窓口」連載「多言語世界へのまなざし (1)」『英語教育』4月号, 54-55.
森住衛 (2014a)「豊かな多言語世界のために」連載「多言語世界へのまなざし (12)」『英語教育』3月号, 64-65.

森住衛 (2014b)「日本人の単一言語志向の要因」(連載「断想」), *TALCE Newsletter, No. 58*, p. 6.

UNESCO (2009) *New edition of UNESCO atlas of world's languages in danger.* <http://www.travelexplorations.com/new-edition-of-unesco-atlas-of-the-worlds-languages-in-danger.4566101-18554.html> (2016.2.4 閲覧)

第2章

公教育における多言語教育

古石 篤子

● はじめに ……………………………………………………

　外国語を学べる場所はさまざまあるが，本章では公立・私立を問わず，公教育における幼稚園から大学までの学校教育で行われる外国語教育，なかでも「多言語教育」の意義を問いたいと思う。まず「多言語教育」の定義をし，次に学校教育制度の中での外国語教育の役割を明確にした上で，「多言語教育」の意義を明らかにする。

　外国語を学ぶことは，その言語を使っている人や社会との直接の「接触」を可能にし，そのことによって得ることは大きい。また，相手の言語を学ぶということは，相手の懐に入り込むという意義もある。

　だが学んでいる外国語が1つだけの場合，その言語やその言語が話されている地域の文化に対してのステレオタイプが強化される危険も避けられない。また，日本の場合には，その「1つの外国語」がほとんどの学習者にとって英語となるが，「国際共通語」あるいは「国際補助語」としての英語には長所もあるが短所もあることをきちんと把握しておく必要がある。

　本章では，以上のことの他に，母語も含めたより広い意味の「ことばの教育」の重要性を論じた後，最後に幼稚園から大学までのあるべき言語教育の道筋も提案したい。

● 1.「多言語教育」の定義

「多言語」という用語は多言語主義，多言語社会，多言語表記等々で使われ，その意味するところも比較的明瞭であるが，「多言語教育」という用語は実はそれほど多く使われているわけではない。「マルチリンガル教育」という用語とともに，実際に使われているケースがないわけではないが，それらを見てもきちんと定義した上で使われていることは少なく，使われていたとしてもさまざまな異なった意味付与がなされている。したがって，本章においてはどのような意味で使用するかを最初に述べておきたい。

英語の multilingualism（多言語状態，多言語主義）という語に対して，たとえばフランス語ではもともと plurilinguisme と multiliguisme の2語が存在する。Truchot (1994: 21) では，この2語を次のように使い分けることを勧めている。すなわち，plurilinguisme とは，「ある空間に複数の言語，あるいは複数の言語共同体が共存すること」であり，multilinguisme とは，「ある個人がもつ複数の言語の能力のこと」である。しかし，実際には区別されずに使われていることが多いとも述べている。

ところが，2001年に欧州評議会から *Common European Framework of Reference for Languages: Learning, teaching, assessment*（『外国語の学習，教授，評価のためのヨーロッパ共通参照枠』吉島・大橋訳・編），いわゆる『ヨーロッパ言語共通参照枠』（以下，CEFR）が出版され，英語としては新語の plurilingualism という語が，Truchot (1994) の提案とはほぼ正反対の使われ方で，特別な意味を含むキーワードとして定義された。すなわちこの語は，ある個人のコミュニケーション能力を指すのだが，重要なのは，その能力にはその人間のすべての言語知識や経験が寄与し，言語同士も相互関係をもち，作用し合っているということである。それ以降，この語はその意味で定着し，日本語では「複言語主義」と訳されるようになった。

一方で，泉 (1997) は日本語では「多元」と「多重」という用語を提案し，前者を「社会的な場面でいくつかの言語が使われていること」，後者を「個人における多言語性，つまり個人の中でいくつかの層になって言語が使わ

れていること」とした。本論ではこの提案をもとに，まず次のような区別をしたい。

> 言語多元主義：ある空間での多言語併用を好ましいものと考え，それを推進する立場
> 言語多重主義：ある個人が複数の言語の運用能力をもつことを好ましいものと考え，それを推進する立場

その上で，学校における「多言語教育」とは「言語多元主義」と「言語多重主義」の両者を促進する立場に立つものであるとしたい。それは具体的には，カリキュラムで提供される言語（学習言語や教育言語[1]として）が複数あること，そして，学習者は母語以外に複数の言語を学ぶことを求められるような教育のことである。より具体的に日本の外国語教育の文脈でいえば，児童・生徒・学生が選択できる言語のレパートリーに英語のみでなく複数の言語が存在し，その中から2言語以上選択して学習できるような教育環境のことである。

● 2. 外国語教育だからこそできること

複数の外国語を学ぶ意義を問う前に，学校教育の中の1教科である「外国語」の教育を通じてできることは何であるかを考えてみたい。もちろん言語の習得であるからには，意味を伴った記号を操る能力の育成に役立つであろうことは間違いない。また，その学習を通じて，その言語が使われている国や文化圏についての知識を得ることも重要な点であろう。しかしながら「知識」を得るのであれば，それは母語で受ける地理歴史などの教科を通じてもできるし，世に多くの読み物もある。もちろん突きつめれば，その「知識」自体も，実は何語を使って得るかによって意味が微妙に異なってくることも多いのであるが……。

---

[1]「教育媒介言語」「教授言語」ともいわれるが，教科を教えるときに使用する言語のこと。

では，外国語教育「だからこそできること」，換言すれば，外国語教育「でなければできないこと」とは何であろうか。それは，異言語間コミュニケーションのツールを与えてくれることである。そのツールは学習者たちに当該言語を使っている人や社会との直の「接触」を可能にし，何よりも発信する側に回ることを保障してくれる。それは，対面交流のみではなく，インターネット等を通じての交流や，当然ながらその言語で書かれた新聞，雑誌や書籍を読むことも入る。強調したいのは，この直の交流のもつ意味は大きいということである。言語を学ぶことにより「直に」その社会や人間と触れることができるということは，人づてやメディアを通じてではなく，先入観の混じらない直接の情報を自分で得ることができるということである。このことは結果として，世にはびこる偏見やステレオタイプを跳ね返す力をくれるはずである[2]。

　また実用的な面からこの異言語間コミュニケーションツールの獲得を見ると，それはその人間の職業的な競争力向上にも直結しているだろう。最近では企業が国外へ進出したり，労働者が国境を越えて移動したりすることも以前に比べて多くなった。国内にも異言語話者が増えている。そのとき，職種にもよるであろうが，英語のみでなく，進出先・移動先の国や地域の言語を知っている，あるいは国内でも相手の言語ができるということは大きな強みとなる《➡本書第3章参照》。いずれにせよ，このような異言語間コミュニケーションツールの獲得は外国語という教科にしかできないことである。

　さて，上で述べた私たちが陥りやすい偏見やステレオタイプについていえば，それはなにも外国や外国人に関してだけとは限らない。身近なところにもそれはある。ある小学校で多言語活動をしていたときのこと，1人の男児がとてもよく韓国・朝鮮語に反応した。担任の教諭が「すごいねえ」といったところ，「だってぼくのお母さん，韓国人だもん」という答えが返ってきて，クラス中がわあっと拍手するというできごとがあった。実は

---

[2] 筆者の授業で，外国語教育「だからこそできること」について質問をしたところ，「誤解があっても，直に話すことでプラスの感情を生み出せる」（留学生）や，「心と心のコミュニケーションにもつながる」という意見も出たことを付け加えておく。

その同級生たちの反応に，担任も，そして活動を担当していた韓国人講師も驚いたと後で明かしてくれた。異なることを前にして一歩引いたり拒否反応を示したりするのではなく，好奇心をもち一歩近づくことができたらすばらしい。しかし，たとえそこまでいかずとも，寛容な気持ちをもって受容できるかどうかは，結果として大きな違いを生み出すに違いない。グローバル化が進み，身近に異言語・異文化の住民や同級生の存在がこれまで以上に増える可能性が高い現在，彼（女）らが自らの出自を隠さずにおおらかに表出できる社会を作り出すことは喫緊の課題である。しかし，これまでの日本がそうではなかったのであるから，これは容易な課題ではない。

「外国語」や「外国語活動」という教科がこのような多様性の受容に貢献できることは疑いない。しかし，そのときには遠く離れた外国のみをターゲットにするのではなく，上で述べたような，身の回りの異言語・異文化に目を開いてゆくようなカリキュラムが必要である。そのような授業を通じて，国内の方言はもちろんのこと，アイヌ語や琉球諸語，日本手話等の国内少数言語・文化への感受性も養われるに違いない。そしてそれは，他の社会的マイノリティの問題であるジェンダーや障害者との共存のあり方を考えることなどへもつながり，広い意味での多文化教育として偏見や差別と戦う力を与えてくれることだろう。

● 3. なぜ多言語教育か：
心の絆を結ぶ言語教育と外国語の相対化 …………………

さて，次に多言語教育の意義について考えてみたい。

あるとき，小学生から大学生までを含む20人ぐらいのグループを相手に，フランス語をはじめ，英語以外の外国語を学ぶ必要性について話をしていたとき，1人の中学生から次のような質問を受けた。「ぼくの周りには日本語を話す人しかいないし，学校では英語を習っていて，それだけで大変。英語は『国際共通語』だというし，他のことばに触れる必要はあるんでしょうか」。確かに，異なった言語話者が集まった場合に共通語が必

要なのは明らかであり，現在多くの場面でそのような役割を果たしている英語の重要性は強調してもしすぎることはない。私たちの多くは，お互いに英語ができたからこそ，ロシア語話者と，アラビア語話者と，あるいは中国語話者等と意思疎通ができたという経験をもっている。もちろん「国際共通語」の役割を果たすのはなにも英語だけではない。他のどの言語でも，時と場合によってはそのような共通語になり得る。しかし，そのような場合の共通語はその場での意思疎通のための記号の域を出ず，互いの話者の文化的アイデンティティと深く絡み合った言語ではないということは認識しておくべきである。そのため，用は足せるかもしれないが，相手の懐に深く入り込んで人間的な絆を作るには十分でないことが多い[3]。このことは，一度「国際共通語」以外の言語で相手と深く心の通い合いを経験したことのある人なら，だれでもその醍醐味を忘れられないはずである。

また，現在，ビジネスや自然科学系の学問分野における情報交換・意見交換が，国際共通語である英語で十分に成り立っているからといって，すべての分野が同じであるとはいえないことも押さえておきたい。特に人文社会系の研究では対象分野や言語により，研究の方法論や使われる概念なども異なってくる。それは，それぞれの言語に内在的な性質による場合もあるし，その言語で先進的な研究がなされたために，その際に使用された概念や方法論がその後もその分野をリードする場合がある[4]。したがって，必要に応じて言語を選ぶ必要が生じてくる。その社会や文化に固有のものこそ共通語ではすくい取れないからである。

そして「国際共通語としての英語」に関して，私たちがもう1つ注意すべきことがある。それは，何をするにも英語で十分であり，それで世界が理解できると考えてしまいやすくなることである。これは一種の英語至上主義とでも呼べるイデオロギーであり，残念ながら日本の文部科学省（以

---

[3] 互いに英語教育に力を入れている日本と隣の韓国との間で，その英語を通じて相互理解が進んでいるかどうかを考えてみれば，誰しも疑いの余地はないだろう。

[4] 言語学の例を挙げると，英語では language という1語しかないところ，フランス語では langue と langage の2語があり，その意味も，前者は日本語とか英語のような個別言語を指し，後者はより抽象的な「言語活動」を指すというように明確に異なる。また，テキスト分析などでは，discours / histoire という対立概念を用いてテキストの種類を分類する方法などは，フランス語での研究が開拓した方法論である。

下, 文科省) の外国語教育政策にはその傾向が否めない。また不幸なことに多くのメディアも同様の傾向を見せているため, 国を挙げて「外国語教育＝英語教育」に邁進することになる。その弊害の最大のものは, 英語ができさえすれば世界中の人と理解し合えるという幻想を生み出し, その結果, 他の言語文化の多様性に対する感受性に蓋をしてしまうことである。また, 英語ができる・できないだけで人の上下が決まってしまうような錯覚も作り出してしまう。したがって, 喫緊の課題は外国語教育の多様化であり, 英語を外国語として相対化することである。英語以外に少なくとももう1つの言語を学ぶ意義, より一般的にいえば複数の外国語を学ぶ意義, 多言語教育の意義はそのような「外国語・外国文化」の相対化にもある。

　ドイツ最大の州ノルトライン・ヴェストファーレンの文部省下にある「学校教育研究所」は, 外国語を2つ学習するということは「単に言語能力の量的な増大を意味するのではなく, 外国語やその文化へ接する際の質的な変化を伴い得る」(杉谷・高橋・伊東 2005: 39) と述べている《➡本書第4章参照》。また, CEFRには次のような記述があり, 複数の外国語を学ぶことの意義が語られている。

> あるひとつの外国語と文化の知識だけでは「母」語や「自」文化とに関わる民族中心主義を必ずしも超越できるわけではなく, むしろ反対の影響を受ける場合がある (言語をひとつだけ学習し, ひとつの外国文化だけと接触すると, ステレオタイプや先入観が弱まるどころか強化されてしまうことは珍しくない)。複数の言語を知れば, 民族中心主義を克服しやすくなり, 同時に学習能力も豊かになる。
>
> (CEFR, 6.1.3.3.)

　もちろん母語以外に2つ以上の言語に触れたからといって, 誰しもがそれぞれの言語や文化の相違を「違い」として受け止め, 自らも相手をも相対化できる複眼的な思考様式を身につけた人間になれるというわけではないかもしれない。しかしながら, そういう機会をもたない人間よりもその

可能性が高くなるであろうことは，「文化の三角測量」や「言語の三角測量」の必要性を訴える文化人類学者川田順造の言を待つまでもないであろう。川田は「現代以降の地球化のすすむ世界では」，文化と同様に言語についても，「東」「西」に「南」を加えた視野が必要だという（川田 1997: 32）。このように 1 つの外国語やその言語圏の文化を絶対化したり，逆にその裏返しとして，日本を絶対視したりする短慮を免れえるとしたら，多言語教育には大きな意義があるといえるであろう。そしてそれは同時に，批判的にものごとを見る目へとつながってゆくはずである。

● 4. 基礎となる「ことばの力」の育成

　筆者はあるとき，世界に大きく展開している国内大手メーカーの人事担当者と話をする機会があったが，その担当者も他の多くの企業人と同様，最近の日本人の若者は英語力がなくて困る，学校での英語教育を改善すべきだと強く主張するのであった。ここまでは文科省や産業界の意見と同じであったが，時間をかけて話を深めていくと，足りないのは単なる英語力ではなく，「グローバルコミュニケーション能力」（当該担当者の表現）とでも呼べるものであるということがわかってきた。その能力とは，言語・風習・価値観等が異なる人々と，協調して逞しく，創造的に課題を解決することのできる総合的な能力と，異文化に開けた態度のことであった。単なる英語の運用能力のことではないのである。

　従来，「無言で察する文化」に慣れきっている私たち日本人は，えてして「ウチ」だけで固まりたがり，異分子を排除し，異なる人々と協働することが苦手である。「面倒くさい」からだ。これは外国語ができるとできないとに関係なく，残念ながら多くの日本人に共通した傾向であろう。「ソト」の人にはいちいちことば[5]で説明し，説得しなければならないからだ。しかし，共通の言語を見つけ出し，互いに相手を説得する「論理」を

---

5)　本章ではフランス語の langue / langage の概念に対して「言語」／「ことば」を用いる（langue と langage については注 4 参照）。ただし，「言語意識」とか「言語活動」のような熟語はその限りでない。

忍耐深く探り合い，合意形成してゆく過程では，ことばしか頼りにできない[6]。ことばが通用しなくなると，「力」(権力，金力，腕力)や伝統・習慣が幅を利かせることになるので，社会的公正を実現するにはことばに頼るしかないのである。もちろん，相手が耳を傾けざるを得ないような語る内容と，互いにわかり合いたいという情熱をもつことが前提条件となるのは言うまでもない。これは個人レベルの話だけではなく，国と国との関係においても同様である。

では，このような異言語・異文化間で建設的に自己主張してゆける「グローバルコミュニケーション能力」を身につけるにはどうしたらいいのだろうか。それには外国語の習得云々という前に，まず一般的な「ことばの力」と，他者と伝え合う能力をしっかり養う必要がある。それは小さいときから何より先に母語で養いつつ，異言語・異文化に目を開いてゆけるようなカリキュラムによってこそ育成されるのだ。そういう意味で，母語による総合的な「ことばの教育」の重要性を強調してもしすぎることはないであろう[7]。

2014年にノーベル物理学賞を受賞した中村修二氏は，新聞社のインタビューに対して次のように答えていた。

> 日本はグローバリゼーションで失敗していますね。携帯電話も日本国内でガラパゴス化している。太陽電池も国内だけです。言葉の問題が大きい。第1言語を英語，第2言語を日本語にするぐらいの大改革をやらないといけない[8]。

しかし，その数年前に同じノーベル物理学賞を受賞した益川敏英氏は，母語で学ぶ強みについて次のように言う。

---

6) ことばはロゴスに通じる。「ロゴス」とはギリシア語で「ことば・理性」の意であり，世界万物を支配する理法の意ももつ。

7) 母語による「言語技術」の訓練などは大いに参考にすべきことである。(三森ゆりか (2013)『大学生・社会人のための言語技術トレーニング』大修館書店，等)

8) 朝日新聞「ノーベル賞級の発明を増やすには 中村修二さん一問一答」2014.10.18
ここに見られる「母語ペシミズム」(田中 2000) は「英語第二公用語論」(「21世紀日本の構想」懇談会 2000) と同種である。

ノーベル物理学賞をもらった後，招かれて旅した中国と韓国で発見がありました。彼らは「どうやったらノーベル賞が取れるか」を真剣に考えていた。国力にそう違いはないはずの日本が次々に取るのはなぜか，と。その答えが，日本語で最先端のところまで勉強できるからではないか，というのです。自国語で深く考えることができるのはすごいことだ，と。彼らは英語のテキストに頼らざるを得ない。なまじ英語ができるから，国を出て行く研究者も後を絶たない。日本語で十分に間に合うこの国はアジアでは珍しい存在なんだ，と知ったのです[9]。

　母語である第一言語で研究活動をすることが創造的な脳の働きに関係するということは松尾（2015）も述べている。
　母語で基本的なことばの力をつけることは重要であり，そしてこのことは昨今の文科省の文書を見ても「言語活動の充実」という表現で表され，『言語力育成協力者会議　最終報告書案』[10]（文科省 2007），『言語活動の充実に関する指導事例集【小学校版】』[11]（文科省 2011）等の文書からも，それが認識され始めていることがうかがえる。しかし，ようやく国語教育の改善，そして教科横断的にことばの力を育成してゆく必要性が問題提起されてきたところにすぎず，具体的な現場における改善はまだまだこれからではないだろうか。早急の改革が望まれる。
　それからもう1つの問題は，そうした「ことばの力」育成と「国語」教育の改善，そして盛んに議論されている英語教育の改善とがどのような関係にあるのかがよく見えないということである。この点で参考になるのが，1970年代から80年代にかけてのイギリスで E. Hawkins らによって展開された「言語意識（Awareness of Language）」教育という考え方である。彼ら

9）　朝日新聞「耕論」2014.11.2
10）　本報告書によると「言語力」とは「知識と経験，論理的思考，感性・情緒等を基盤として，自らの考えを深め，他者とコミュニケーションを行うために言語を運用するのに必要な能力」とされる。
11）　国語におけるディベートや話し合い活動，論理的な文章構成の仕方，社会科における話し合い活動などといったことがカリキュラムに含まれるようになった。

は子どもたちの学業の下支えをしている「ことばの力」の重要性を主張し，すべての言語教育（母語教育，外国語教育，古典語教育）を統合する必要性を説いた。そしてカリキュラムに「language（ことば）」という科目の導入を提言した。この運動はその後，欧州大陸では以下に述べる「多様な言語への目覚め」活動へと影響を与えてゆくことになるのである。

● 5. 幼稚園から大学までの言語教育設計

　最後に，幼稚園や小学校から大学までの教育課程において，重要と思われるポイントについて順を追って述べよう。

　まず，幼稚園や小学校でめざされるべきは，特定の外国語を学習することではなく，子どもたちのことばの力，ことばへの感受性を全体的に強化し，底上げすることであろう。それによって知力・学力を高めることをめざす。次に，幼稚園や学校という場に含まれる複数の言語・文化・価値を尊重し，異なるものへの寛容の精神を養うことであろう。多くの科学的研究が示すように，週1回程度の外国語（英語）教育は運用能力の育成にはほとんど意味をなさないのであるから，実際には「多言語活動」（後述）や，多くの子どもの母語である日本語を通じてのメタ言語能力育成（大津由紀雄式「ことばの探検」タイプ[12]）などが行われるのが望ましい。

　しかし，すでに次期学習指導要領（2020年実施）では小学校5，6年生から「教科」としての外国語（英語）が，そして3，4年生においては「外国語活動」が実施されることが決定されている現状では，これはあまり現実的な提案ではない。それなら，せめて3，4年生の「外国語活動」をこれまでのように「英語活動」にすり替えずに，多様な言語に触れる「多言語活動」にしてはどうだろうか。そして5，6年生に教科として英語を導入するのであれば，最低限それに相応しい教員を配置し，英語嫌いが生まれないように配慮すべきであろう。外国語教育はその入口が決定的に重要である。また，できれば教科「外国語」の選択肢として英語以外にも，隣国

---

12)　大津由紀雄（2004）『探検！ことばの世界』ひつじ書房等。

のアジア言語（たとえば，韓国・朝鮮語か中国語）が1つぐらい含まれていることが望ましい。子どもによって好き嫌いも，向き不向きもあるものだからである。

さて，ここで「多言語活動」について簡単に説明しておこう。これはフランスなどで Evlang (Eveil aux langues「多様な言語への目覚め」) と呼ばれているものと，スイスで EOLE (Education et Ouverture aux Langues à l'Ecole「学校での多言語に開かれた教育」) と呼ばれて，すでにカリキュラムに組み込まれているものとが代表的なものである。教室での具体的な活動は，多くの言語の音や形態に触れるのであるが，そのことにより次の2つのことをめざしている。①ことばを意識化し，操作する「能力」(メタ言語能力) を身につける，②複数の言語との出会いにより言語の相対化を促し，異なるものに対して開かれた「態度」を育成する[13]。

次に，中等教育であるが，もし小学校で1つめの外国語を学び始めたのなら，中学校ではそれを継続できるようにする必要がある。その場合には，内容や教え方の連携が重要になる。しかし，どうしても言語を替えたい生徒がいた場合，それが可能であるようなシステムでなければならない。

高等学校では2つめの外国語を導入し，それを選択必修科目として課す《➡本書第Ⅴ部「提言」参照》。「提言」には，7言語について学習指導要領（案）も添付されているので，特に外国語学習の目的と目標等について確認してほしい。そして，高校で2つめの外国語を導入するからには，大学入試では「多言語入試」[14]等，その学習成果も何らかの方法で評価の対象とすべきである。1つめの外国語の成果のみを問うのであれば，それは制度が2つめの外国語はやらなくてもいいといっているようなものである。

最後に，大学レベルでの課題は，現在ある外国語教育制度を言語種や必

---

13) 詳しいことは文献リストも含めて以下の論考を参照のこと。古石篤子（編著）(2014)『「ことばの教育の，あした」を考える―多言語活動のすすめ―』（慶應義塾大学湘南藤沢学会），大山万容 (2014)「言語への目覚め活動の発展と複言語教育」『言語政策』第10号，47-71.

14) 「英語」の問題のうちいくつかを，試験会場において他の言語（第二外国語）の問題で置き換える方式で，東京大学，大阪市立大学ですでに行われ，2016年度から慶應義塾大学湘南藤沢キャンパスでも導入される方式である。

修／選択も含め，各大学の専門性や教育・研究目的に合わせて根本的に見直さなければいけないということである。現在ほとんどの大学で，アプリオリに第一外国語として全員必修になっている英語教育も再検討を要する。もしそのようにするのなら，大学受験の頃の英語力が最高だった，などということばが聞かれないように，教員がプロ意識をもって知的刺激に満ちた外国語教育を展開する必要があることは言うまでもない。その他，研究や職業を睨んでの多様な外国語教育が展開されることが望ましいし，そのようにすることは当該大学の個性と魅力作りに貢献するはずである。若者は英語だけでなく，多様な言語や文化を学習したがっているのである《➡本書第13章参照》[15]から，その要望に応えたい。

　また，大学レベルでは「国際化」と称して，多くの大学において英語による授業の割合が増えている。しかし，英語を母語としない学生に対して英語で授業をするのであれば，それなりの方法論がなければならない。FD（ファカルティ・ディベロップメント）などを通じて教員も意識的に学んでゆかないと，大学の教育レベルの実質的低下につながってゆく危険は避けられない。明治初期のお雇い外国人の時代に戻ってはいけないのである。

● おわりに

　本章では，「多言語教育」の定義をした後，その多言語教育が日本の公教育，なかでも学校教育においてなぜ必要か，どう実施されるべきかを論じた。第Ⅱ部でも見るように，世界の国々での外国語教育は英語に力を入れているとはいうものの，英語以外の外国語も決してないがしろにはしていない。私たちはそのことの意味を，今こそ真剣に問うべきである。多様性への感性を養い，異なる他者との共存をめざすには，基本的な「ことばの力」の育成と共に，複数の外国語の教育は欠かせないのである。それは必要十分条件ではないにしても，十分に必要な条件であり，異言語・異文

---

15)　古石（2006: 119-122）も参照。

化の人々との交流がますます密になるこれからの社会において，現在の日本の学校制度が緊急に解決を図らねばならない課題である。

引用文献
泉邦寿 (1997)『1997年度ソフィアシンポジウム報告書「多元文化のなかの地域研究と外国語教育」』上智大学97シンポジウム準備委員会，上智大学外国語学部．
川田順造 (1997)「ことばの多重化＝活性化―アフリカの体験から―」三浦信孝編『多言語主義とは何か』藤原書店，pp. 18-33.
古石篤子 (2006)「モノリンガリズムを超えて―大学までの外国語教育政策―」大津由紀雄編著『日本の英語教育に必要なこと―小学校英語と英語教育政策―』慶應義塾大学出版会，pp. 111-134.
杉谷眞佐子・高橋秀彰・伊東啓太郎 (2005)「EUにおける「多言語・多文化」主義―複数言語教育の観点から言語と文化の統合教育の可能性をさぐる―」『外国語教育研究』第10号，35-65.
田中克彦 (2000)「言語と民族は切り離し得るという，言語帝国主義を支える言語理論」三浦信孝・糟谷啓介編『言語帝国主義とは何か』藤原書店，pp. 41-51.
「21世紀日本の構想」懇談会 (2000)「日本のフロンティアは日本の中にある―自立と協治で築く新世紀―」<http://www.kantei.go.jp/jp/21century/houkokusyo/0s.html> (2015.8.1 閲覧)
松尾義之 (2015)『日本語の科学が世界を変える』筑摩書房．

Council of Europe (2001) *Common European framework of reference for languages: Learning, teaching, assessment.* ［吉島茂・大橋理枝他訳・編 (2004)『外国語教育Ⅱ―外国語の学習，教授，評価のためのヨーロッパ共通参照枠―』朝日出版社］

Hawkins, E. (1984) *Awareness of language. An introduction.* Cambridge: Cambridge University Press.

Truchot, C. (éd.) (1994) *Le plurilinguisme européen-Théories et pratiques en politique linguistique.* Paris; Honoré Champion Editeur.

第3章

企業のグローバル人材育成と多言語主義

上村 圭介

● はじめに

　経済連携の拡大，国境を越えた人や資金の移動の拡大，情報通信技術の発展と普及といった動きは，一般にグローバル化と呼ばれる状況を生み出している。人，物，資金，情報が自由に行き交う状況の下では，境界を越えたルールや制度の均一化が求められる。

　そして，このような状況下では，言語についても，複数の言語が併存するより，単一の共通語が使われる方が効率的だと考えられがちである。今日の文脈において単一の共通語とは英語に他ならないが，「英語モノリンガリズム」とも呼ぶべき，このような一言語偏重の思想は，国家レベルで見られるだけでなく，一般市民や企業のレベルでも観察することができる。特に，その傾向は企業と言語との関わりにおいて顕著であるといえよう。

　しかし，企業と言語との関わりは，本来，より多面的であるはずである。本章では，初めに企業と言語との関わりの現状，企業が取り得る多言語主義の実践，そしてこれからの時代に企業あるいは企業人がもつべき言語力という点からこの問題を論じる[1]。

---

1) 本章は，上村・李（2013）を再構成・加筆したものである。

● 1. 企業と言語との関わり

　今日，日本の外国語教育政策においては，英語が他の言語に比べて特別な位置づけを与えられているが，その背景には長年にわたる経済界からの強い後押しがある。特に，過去15年は，その傾向が顕著であったといえる。しかし，経済的な関心が，直ちに英語モノリンガリズムに結びつくわけではない。ヨーロッパにおいては，経済的な関心が，むしろ英語以外の言語に目を向けさせる契機になっている。本節では，初めに日本のモノリンガリズムの高まりについて概観し，次にヨーロッパの企業と言語の関わりの多面性について検討する。

1.1 英語モノリンガリズムの広がり

　英語偏重の流れは，政財界を中心にさまざまなレベルで見ることができる。1999年，小渕恵三首相（当時）が設置した「21世紀日本の構想」懇談会は，事実上世界の共通語として使われている英語を「第二公用語にはしないまでも第二の実用語の地位を与えて，日常的に併用すべきである」と提言した（「21世紀日本の構想」懇談会 2000）。この提言の内容は，「英語第二公用語化論」という形で一般に報じられ，その是非をめぐって大きな議論を引き起こした。

　この流れは，首相の私的懇談会の提言というレベルに留まらなかった。その後，小泉純一郎首相（当時）が2001年以降に進めた構造改革の試みの中で，日本の社会や経済の制度を世界的標準に適合させることが重視され，その中で，教育や企業活動における世界共通語としての英語のあり方にも注目が集まった。

　2012年末に成立した第2次安倍晋三内閣は，閣議決定に基づき教育再生実行会議を設置した。同会議が2013年5月に出した第3次提言「これからの大学教育等の在り方について」では，小学校での英語教育の導入や高等教育における英語の活用など，グローバル人材育成の観点から学校教育における英語重点化の政策への転換を求めている。そして，このような流れを受けて，文部科学省は2013年12月に「グローバル化に対応した英

語教育改革実施計画」を策定した。政府としては，名実ともに英語教育の強化に大きく踏み込むことになった。

このような英語モノリンガリズムへの志向は，企業レベルにおいて，より先鋭化した形で見られる。インターネットサービス大手の楽天株式会社[2]や，「ユニクロ」ブランドで衣料品の製造・販売を世界的に手がける株式会社ファーストリテイリング[3]が英語を社内の「公用語」とすると発表したように，英語を共通語と位置づける試みがなされるようになっている。

1.2 企業と言語の関係における多面性

このように，企業と言語の関係については，社内公用語としての英語の導入として，あるいはその反論といった観点から論じられることが多い。英語が今日の国境を越えた経済活動において強い影響力をもっている以上，企業と英語の関係が注目されることは当然である。

しかし，企業が関わる言語は，英語だけではない。ヨーロッパでは，英語が域内共通語として使われることが増えている一方で，欧州連合東部の旧共産圏諸国では，商取り引きの共通言語としてドイツ語が使われることも多い。

2006年に欧州委員会が実施した調査では，欧州域内の11%の中小企業が，これまでに言語が原因となった機会損失を経験したことがあると回答している（European Commission 2006）。さらに，会社が直面する言語的な問題にどう対処しているかという問いについては，英語を使用するという回答の他に，必要とする言語の母語話者の採用，言語能力のある人材の雇用，社外の通訳・翻訳サービスの使用などの取り組みが挙げられた。

また，同委員会が2011年に実施した調査では，顧客の側の言語を理解することが必要になる場面として，①顧客との良好な人間関係の構築，②市場への長期的コミットメントの表明，③海外出張，④社内の国際的マイ

---

2) 日本経済新聞「楽天，海外展開を加速，三木谷社長「取扱高の7割目指す」，社内共通語を英語に」朝刊11面，2010.7.1

3) 日本経済新聞「ファストリ，今期軽減に―海外の成長カギに，柳井社長「14〜15年に日本超す」―」朝刊9面，2010.10.9

ンドの醸成，⑤競争力強化，⑥市場・顧客についての理解が挙げられている (European Commission 2011)。

　ヨーロッパにおいては，英語，フランス語，ドイツ語などの主要言語が域内共通語として使われることが少なくないが，顧客の側の言語を使用する場面も存在することがうかがえる。

　これらの調査の結果からは，ヨーロッパにおいては，企業活動を展開する過程で生起する言語問題に対して，英語で済ませばよい，という対処ではなく，より多様な言語戦略をもつことによって対処しようという姿勢が見られる。企業は，英語に代表されるような国際的あるいは域内の共通語の必要性に直面するだけでなく，共通語だけでは吸収できない言語ニーズに向き合っているといえるだろう。このように，企業と言語の関わりは，その企業が置かれた地域的・文化的文脈にも影響される。

　もちろん，日本企業が英語以外の言語の能力を無視しているわけではない。日本企業の中にも，卸売，銀行，鉄鋼，電気機器，製紙など幅広い業種で，新規採用の全従業員を対象に英語以外の言語の研修を義務化する企業や，選抜された従業員に対して一定期間の海外研修を実施し，現地の言語・文化の深い理解をもった人材の育成を進める企業が見られるようになっている。

　2010年以降の代表的な取り組みとしては以下のものが挙げられる。伊藤忠商事株式会社は，総合職の若手従業員全員に対して英語以外の主要言語の習得のために4〜6ヵ月間の海外研修を実施している（伊藤忠商事 2010）。三菱電機株式会社，株式会社東芝，丸紅株式会社も，それぞれ「海外OJT制度」，「エマージングマーケット人財育成プログラム」，「語学研修制度」といった名称で，主として若手の従業員を対象に，現地語の習得と現地での実務経験の獲得を促すための1年程度の集中的プログラムを実施している[4]。

---

4)　日本経済新聞「英語の次は新興国語　メーカー・商社，習得後押し　新市場の開拓要員を育成」電子版，2011.11.7

● 2. サムスン電子「地域専門家制度」による
言語・文化の専門家養成

　海外の進出先の国・地域における言語・文化の能力を重視する取り組みを大規模に，また先駆的に進めている企業として特筆すべきなのが韓国のサムスン電子である。同社は，1990年から「地域専門家制度」と呼ばれる研修制度を導入している。この制度は「真の国際化」をめざし，社員を海外の文化や習慣に習熟させて，その国のプロとなる人材の育成を図るものであるが，企業と言語の多面的な関わりを考える上で興味深い。

　本節ではこの制度が，どのような特徴をもち，それが現地の特性を踏まえた同社の製品やサービスの創出にどのように結びつくものなのかを検討する。

2.1 対象者と選考の方法

　サムスン電子の地域専門家制度では，優秀な社員を選抜し，韓国国内で現地語の集中研修を受けさせた上で，特定の国・地域に1年間派遣して，その国・地域の専門家（地域専門家）として育成している。

　地域専門家の候補者を選抜するための選考は，応募者の人事考課の結果と語学力に基づいて行われる。この制度に応募するためには，成績が優秀な入社4年目以降の独身社員であることなどが条件になる。応募者は，希望する派遣国・地域を選ぶことができる。しかし，希望が集中する派遣国・地域を避け，あえて希望の少ない国・地域を選ぶ応募者もいるといわれる。

　選考では語学力も考慮されるが，この段階で評価されるのは派遣先の言語ではなく英語である。具体的には，TOEICのスコアで800点以上または韓国英検2級以上の英語力が要求されるという。同社では，他の制度への応募や昇進に際しても英語が評価基準に使われており，この段階での英語力は地域専門家としての適性を見るというよりは，同社の全社的な人材開発・登用の方針を反映したものだろう。

2.2 地域専門家の派遣先

　この制度によって，サムスン電子は 2013 年までに約 5000 名の地域専門家を世界各地に派遣している（Samsung Electronics 2014）。派遣人数は，2008 年の世界的な金融危機で激減したが，表 1 に見るように，近年はそれ以前の数字に回復している。

　石田（2012）によれば，2012 年には 50 ヵ国に 285 名が派遣され，その 8 割は，中東，アフリカ，インド，中国などの新興国に派遣されている。しかし，関係者の話によれば，この制度の導入当初は，日本，ヨーロッパ諸国，アメリカなどの先進国に地域専門家が派遣されることが多かったようである。その後は，新興国市場が海外戦略の上で重視され，東南アジアやアフリカ諸国，中国，インド，ロシアといった国へ派遣されるケースも増えているということである。

表 1　地域専門家派遣人数の推移

2006 年	2008 年	2009 年	2010 年	2012 年
259	67	73	161	285

※石田（2012），Samsung Electronics（2011）をもとに作成

2.3 充実した赴任前言語研修

　地域専門家の候補者として選抜されると，派遣前に 1 日 8 時間，週 5 日，計 10 週間の集中研修を受ける。研修期間中，地域専門家候補者は，同社がソウル近郊にもつ合宿研修所に寝泊まりし，派遣先の国・地域の言語を習得することに集中する。

　言語研修では，派遣先の国・地域における公用語などの主要言語が教えられる。研修では，会話が重視され，教師は基本的にその言語の母語話者である。授業は少人数で行われ，できるだけ教師との直接のやりとりが確保できるように配慮されている。

　地域専門家として派遣されるためには，一定水準以上の現地語能力が要求される。しかも，駐在員の場合よりも高い水準が求められる。研修開始

段階での研修生の到達度にはそれぞれ差があるが，未習の言語であっても，研修後には『ヨーロッパ言語共通参照枠』（CEFR）のA2～B1レベルには到達するとされる。日本語の場合には，日本語能力検定試験で「日常的な場面で使われる日本語の理解に加え，より幅広い場面で使われる日本語をある程度理解することができる」とされるN2レベル程度の学習目標が設定される。

　これは，海外赴任予定の企業人が習得する言語能力としては，「たしなみ」を超えた高い目標設定であるといえる。後述するように，地域専門家制度では，現地での活動に非常に高い自由度が与えられている。その自由度の中で，いたずらに時間を過ごすことなく，意味のある活動を，しかも自力で行うためには，それなりの言語習得レベルが要求されるのも当然だろう。

　地域専門家制度における言語研修は，選抜された候補者に対して，業務の一環として位置づけられるもので，短期間で，派遣先に必要な言語運用能力を，比較的高い水準を目標として獲得させようとするものである。このような特徴は，第二次世界大戦中のアメリカ陸軍が開発した「アーミー・メソッド」の現代版ともいえる。アーミー・メソッドは一般の教育・研修環境では適用されにくいが，地域専門家制度の言語研修においては，言語使用目的や使用領域が明確であり，組織内の統制力も働くことから，そのような実践的な言語教育を可能にしたものといえるだろう。国際協力機構による青年海外協力隊の派遣前訓練も，地域専門家制度の派遣前言語研修と似た特徴をもつ（佐久間2014）が，地域専門家制度は民間企業の取り組みである点で，より画期的であるといえる。

2.4 地域専門家制度の事業への貢献

　派遣期間中，地域専門家は通常業務からは外れ，現地社会の理解や人脈形成に注力する。サムスン電子にとって，地域専門家を派遣する目的は，その人物を派遣先の国・地域の文化，生活習慣，言語に習熟させ，通常業務に復帰した後に，その経験や知識を会社の海外事業に活かすことである。そのため，それ以外の職務は課されない。

それぞれの地域専門家が派遣期間内にどのような活動に従事するかは，本人の裁量に委ねられている。派遣された地域専門家には，定期的に派遣期間の活動について本社に報告することが義務づけられているが，それ以外は本人の自由である。その反面，現地活動に関して会社からの支援はなく，住居の手配を始め，現地での活動に必要なさまざまな手続きは，自分で行わなければならない。地域専門家として派遣されるためには，社内の厳しい競争を勝ち抜かなければならないだけでなく，現地へ派遣されてからもタフであることが求められる。

　地域専門家経験者は，一度その国・地域で過ごしたという経験を踏まえ，将来的な駐在員の候補者として捉えられる。そのため，地域専門家を経験した人材は，その後，同じ国・地域に駐在員として赴任することが多い。サムスン電子の海外駐在員全体の35％が地域専門家制度経験者であるといわれる（曺 2012）。

　地域専門家制度は，現地市場に適した製品やサービスの開発など，同社の海外事業に直接・間接に資することを期待されている。これまでに本社に集約された700都市に及ぶ世界各地の現地事情は，同社の海外事業における貴重なデータベースとなっている。Khanna, Song & Lee (2011) が言うように，地域専門家制度を通じて得られた現地の言語・文化に関する知見や，現地社会における人脈は，製品開発や現地での事業立ち上げに結びつくものとなっている。

● 3. 企業がもつべき多言語主義再考

　前節ではサムスン電子の地域専門家制度による多言語人材の育成のあり方について検討した。本節では今日の国境を越えた経済活動の中で同制度が求められる背景を踏まえ，企業がもつべき多言語主義について考察する。

3.1 グローバル経済の中での多言語人材

　地域専門家制度は，サムスン電子という特定の企業の文脈に強く依存したものであり，言語教育だけを目的にしたものではない。また，この制度

には，国内経済界で「独り勝ち」の批判を受ける同社が「グローバル人材」の育成を通じて国内の社会貢献・利益還元を進めるという含みもある。また派遣される社員本人の上昇志向がなければ成立しないという背景もある。

　しかし，これらを差し引いても，同社の世界戦略において，現地市場を皮膚感覚で理解できるようになるための言語・文化理解が非常に重視されていることは間違いないだろう。つまり，グローバル化ということが直線的に英語モノリンガリズムにつながるのではなく，グローバル化の中にあるからこそ，多言語主義的な視点をもった人材育成策が必要となることを，同社の戦略は示しているのではないだろうか。

　これまで述べてきたように，全従業員向けに英語以外の特定の言語の研修を実施する企業もあれば，サムスン電子のように特定の従業員を選抜し，企業総体として多くの言語を習得したエリート社員を育成するところもある。いずれにしても重視すべきは，企業と言語の関わり方には，共通語としての英語だけでなく，多言語的な側面もあるということである。英語とその他の外国語は互いに矛盾するように受け止められることもあるが，実はそうではない。

3.2 企業がもつべき多言語主義の変化

　このような取り組みが求められる背景には，国境を越えた経済活動のあり方の変化と，それに応じて企業に求められる多言語主義のあり方の変化があると考えられる。

　コミュニケーションに必要な能力は，大きく分けて3つの視点から捉えられる（ネウストプニー1995）。1つは，音韻や文法といった目標言語の体系を習得し，目標言語による誤りのない発話の生成に関わる文法能力である。2つめは，これらの発話を文脈や，コミュニケーション上の目的に応じて適切に解釈し，組み合わせるための社会言語能力である。そして3つめが，これらの知識に基づいて，非言語的・文化的な規範や慣習に整合的に行動するための社会文化能力である。

　ネウストプニー（1995）は，企業人のように，その言語・文化の専門家になろうというわけではない立場の学習者にとって，文法能力から社会言

語能力，社会文化能力へとリテラシーを積み上げていくことは必ずしも必要ではないと述べる。むしろ，社会文化能力のレベルのリテラシーがあれば十分であり，有効であることも多いという。たとえば，日本と取り引きする可能性のある企業人にとっては，日本語で挨拶ができるようになることよりも，日本人が日本語でどのようなときにどのような挨拶をするのか，あるいはそれが日本語の文脈においてどのような意味や役割をもつのかを知っておくことの方が，相手の意図や行動を解釈する上で有効であるということである。

しかし，Gupta & Wang (2009: 80-85) によれば，20世紀後半のグローバルなビジネスとは，どの国・地域の市場であっても一定数は存在する富裕層向けの高級品，あるいは消費者を顧客とするわけではない天然資源や材料・素材といった生産財の取り引きのためのものであった。一方，今日のグローバル企業は途上国も含む多様な特性をもった消費者を中心とした市場を対象とするようになっている。

このような変化は企業や企業人に求められるリテラシーにも影響する。1990年代までの国際的な経済活動では，企業人はネウストプニー (1995) が言うような社会文化的能力だけによるリテラシーをもてば十分といえたのかもしれない。しかし，経済活動のグローバル化が進んだ今日，そのようなリテラシーだけでは十分ではない。今日，企業は消費者に近づくことが求められるようになっており，企業にはそのための多言語的なリテラシーを内包することがますます必要になるのではないだろうか。

3.3 企業が関わる3つの市場と言語

企業と言語の関係を考える上では，図1に見るように企業が関わる3つの市場について考えることが必要である。

1つは，製品・サービスの市場である。製品・サービス市場は，企業の収益の源泉であり，企業が接する最も重要な市場である。もう1つは，資本市場である。これは，企業活動を進める上で必要な資本や資金を調達するための市場である。そして，もう1つは労働市場である。企業が事業を円滑に進めるには，事業の現場で働く従業員や経営・業務執行に関わる役

員を必要とする。

　企業は，少なくともこれらの3つの市場に対してそれぞれ異なった形で言語と関わりをもつ。製品・サービス市場との関わりを考えれば，経営者や企業が自らの都合で顧客や消費者に対して特定の言語のモノリンガリズムを押しつけることはできない。企業が社内の共通語として英語を採用したからといって，顧客，特に消費者がそれに合わせてくれるわけではないのである。

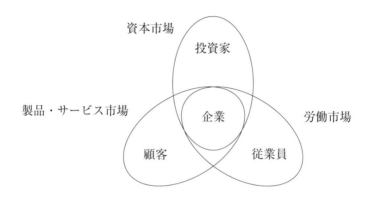

図1　企業が関わる3つの市場

　一方で，顧客や消費者の多様なニーズに迅速に応えるために，企業経営には最大限の効率性が求められる。今日の経済環境においては，国内企業との取り引きだけで事業が完結していることは珍しく，仮に従業員が日本語話者だけであるとしても，企業は国外の提携先とのコミュニケーションがますます求められるようになっている。企業における英語公用語化のような動きは，このような経営組織の効率化への反応の1つといってよいだろう。つまり，世界的に見れば顧客・消費者は言語的に，あるいは文化的に多様である。その多様である顧客・消費者が求める価値を迅速に提供できる強固な経営組織を構築するためにこそ，企業は英語モノリンガリズムを含む手段を必要とするのである。

　しかし，企業が経営組織としての合理性からある種のモノリンガリズム

を追求するとしても、その顧客がそれに追随するわけではない。企業における英語公用語化の議論には、この当たり前の視点が欠けている。英語の社内公用語化という試みは、企業が直面している3つの市場のうち労働市場から見た企業と言語の関わりにおいて生じるものにすぎないのである。

● おわりに

　グローバル化の進展の中で、英語モノリンガリズムというべき思考に私たちは囚われすぎているのではないだろうか。2国間あるいは多国間の貿易自由化の流れの中で、企業と言語の関係はとりわけ英語モノリンガリズムを前提としがちである。しかし、グローバル化という流れの中での経済活動において、企業が取り組むべき言語は必ずしも英語だけではなく、グローバル化の下の経済活動であればこそ、多言語主義的な観点が一層強く求められるのである。グローバル化を単純に英語化と結びつけることは、グローバル化が本来もつ多様性に目をつぶり、その一部だけを極大化し、結局はグローバルな多様性を必要とする消費者や利用者の利益を無視するということに、私たちは気づく必要があるだろう。

引用文献

石田賢（2012）「〈Korea Watch〉サムスン研究 第12回 グローバル人材の育成」『東洋経済日報』2012年8月2日 <http://www.toyo-keizai.co.jp/news/koreawatch/2012/12_10.php>（2015.8.5閲覧）

伊藤忠商事（2010）「グローバル人材育成に向けた特殊語学派遣制度について」2010年11月24日付プレスリリース <http://www.itochu.co.jp/ja/news/2010/101124.html>（2015.8.5閲覧）

上村圭介・李中淳（2013）「サムスン電子「地域専門家制度」に見る企業の多言語主義戦略」『社会言語学』13号、43-58.

佐久間勝彦（2014）「「グローバル人材」の育成はオールジャパンで―青年海外協力隊事業をめぐる杞憂と夢想―」西山教行・平畑奈美編『「グローバル人材」再考―言語と教育から日本の国際化を考える』くろしお出版, pp. 100-137.

曺希貞（2012）「サムスン電子のグローバル経営における組織能力の構築」『横浜国際社会科学研究』17巻2号, 37-56.

「21世紀日本の構想」懇談会（2000）『日本のフロンティアは日本の中にある―自立

と協治で築く新世紀—』<http://www.kantei.go.jp/jp/21century/houkokusyo/index1.html>（2015.8.5 閲覧）

ネウストプニー, J. V.（1995）『新しい日本語教育のために』大修館書店.

European Commission（2006）*ELAN: Effects on the European economy of shortages of foreign language skills in enterprise*. <http://ec.europa.eu/languages/policy/strategic-framework/documents/elan_en.pdf>（2015.8.5 閲覧）

European Commission（2011）*Report on language management strategies and best practice in European SMEs: The PIMLICO project*. <http://ec.europa.eu/languages/policy/strategic-framework/documents/pimlico-full-report_en.pdf>（2015.8.5 閲覧）

Gupta, A. K., & Wang, H.（2009）*Getting China and India right: Strategies for leveraging the world's fastest growing economies for global advantage*. San Francisco: Jossey-Bass.

Khanna, T., Song, J., & Lee, K.（2011）The globe: The paradox of Samsung's rise. *Harvard Business Review, July-August 2011*, 142-147.

Samsung Electronics（2011）*2011 Sustainability report–Global harmony with people, society & environment*. Samsung Electronics. <http://www.samsung.com/us/aboutsamsung/sustainability/sustainabilityreports/download/2011/Samsung%20Electronics%202011%20Sustainability%20Report.pdf>（2016.2.4 閲覧）

Samsung Electronics（2014）*Sustainability report 2014–Global harmony with people, society & environment*. Samsung Electronics. <http://www.samsung.com/us/aboutsamsung/sustainability/sustainabilityreports/sustainabilityreports2014.pdf>（2016.2.4 閲覧）

第Ⅱ部
世界における多言語教育の実態

第4章

ドイツ
―「共存力と競争力」育成の複数外国語教育―

杉谷 眞佐子

● はじめに ………………………………………………………………………

　グローバル化が進む中で，外国語教育は公教育での重要性を増している。本章では戦後ドイツの外国語教育について，次の4項目を中心に述べていきたい。
　(1) 第二次世界大戦後の特色：和解と隣国の言語の教育
　(2) 学校教育制度と複数の外国語教育
　(3) 「二言語教育」（CLIL）の展開：「共存力と競争力」の育成
　(4) 「異文化対応能力」と「外国語学習能力」：複合的な教科構成
　他にもいくつかの重要事項，たとえば学習言語力育成のための就学前の言語教育の拡充，小学校での「接触言語教育」から「教科としての外国語教育」への変化，移民の背景をもつ子どもたちへの母語教育の重視，教員養成の改革等があるが[1]，それらについては杉谷（2004, 2011, 2015）等を参照願いたい。

● 1. 第二次世界大戦後の特色：和解と隣国の言語の教育 ……

　ドイツは日本と同様，第二次世界大戦終了後の占領下による社会改革の

---

1) 移民受入が進むドイツでは，小学校のみでなく中等教育段階の教員養成課程でも全教科対象に「第2言語としてのドイツ語」の履修を求める州が増えている。

もと，戦後社会を築いてきた。日本が実質的にアメリカ一国の占領を受け，外国語としてはわずかな例外を除き，英語が義務教育に導入されたのに対し，ドイツはアメリカ，イギリス，フランス，ソビエト連邦（当時）の4連合国による分割占領を受け，各占領国の言語が第一外国語とされる時期があった。その後東西両ドイツに分断され，戦後の歴史を歩むことになる。それは外国語教育政策にも影響を与え，旧東ドイツ（ドイツ民主共和国）では，ロシア語が第一外国語として重視されてきた。

他方，旧西ドイツ（ドイツ連邦共和国）では英語が多く学習されたが，隣国フランスとの関係が政策的に重視されるようになり，フランス語教育も推進される。その重要な契機は1963年の「独仏協力条約」（以下，エリゼ条約）にあった。同条約は締結されたのみでなく，その後さまざまに具体化・深化されていき，たとえば後述のようにフランス語教育の方法にも影響を与える。独仏両国は今日，「欧州連合」（European Union, EU）を牽引する国とされるが，その基盤には1963年の条約締結以降の首脳・閣僚の定期会合の積み重ねや積極的で大規模な青少年交流がある。後者に関しては，1963年から2012年までに約30万の諸企画を通じて，およそ800万人を対象とした大規模な青少年交流プログラムが実施されており，お互いの言語・文化の学習はそのための不可欠な礎であった。現在でも毎年約5300件のグループ，約3700件の個人の交流プログラムが提供されており，20万人以上の青少年の参加が可能である[2]。さらに1980年からは職業課程の青少年に必修の職業研修を，相手の国で受ける機会が，そして成人対象には職能向上研修の機会が提供されている[3]。もちろんそのための言語・文化の学習プログラムも準備されている。

2003年のエリゼ条約締結40周年の際に，ベルリンで開催された青少年会議では，相互理解を進めるためにはお互いの歴史を理解することが重要だという認識から，共通歴史教科書の作成が提案され，それを当時のドイ

---

[2] Deutsch-Französisches Jugendwerk（独仏青少年交流局）<http://www.dfjw.org/struktur>（2015.8.15閲覧）

[3] Deutsch-Französisches Sekretariat für den Austausch in der beruflichen Bildung（職業教育における独仏交流事務局）<http://www.france-allemagne.fr/Deutsch-Französisches-Sekretariat-4269.html>（2015.8.15閲覧）

ツのシュレーダー首相とフランスのシラク大統領が取り上げて実現させるに至った。同教科書は、かつての敵国間で相互の学習指導要領の条件を満たし使用されている世界的にも稀有な『共通歴史教科書』（ガイス・カントレック監修2008）として、日本でも広く紹介された。ただしその歴史教科書にも取り上げられているように、21世紀の今日、相互の言語学習はスペイン語などに押され、やや減少傾向にもある。しかし、他方で1990年以降、ドイツ向けにはドイツ語のアナウンスとフランス語の字幕、フランス向けにはその逆という形で同一のニュースや番組を放映し、優れた報道番組でも知られる共同運営のテレビ局ARTE（アルテ）が開設されるなど、相互理解や共存へ向けての多様な取り組みは続く。

今日ドイツの外国語の前期中等教育段階（義務教育期間）の学習指導要領では、英語とフランス語が第一外国語として併記され、各州が事情に合わせ採択できるようになっている。

次に、学校教育制度に関して見ると、日本が戦後6・3・3・4制を導入したのに対し、ドイツは占領軍の提案を拒否し、戦前の複線型制度（後述）を維持した。その結果、前期中等段階より普通教育コースと2種類の職業教育コースに分岐する3学校種が、原則的に存在する。しかし、1970年代より各コース間の移動がより容易になる諸種の政策が取られてきている。また、70年代の教育改革や社会の変化を通じて、歴史教育はもちろん、母語や外国語など言語教育自体のコンセプトも変化してきた。

1990年、ドイツは、東西冷戦の崩壊を機に戦後45年の分断の歴史を閉じ、国際的に統一が承認された。実質は旧東ドイツが旧西ドイツに吸収合併される形で、統一後は旧西ドイツの国名、憲法（基本法）、社会制度、教育制度が導入されている。ドイツは現EU加盟国中最大の人口を抱え、ドイツ語はEU公用語の中で、最大の母語話者数を抱える言語である。

● 2. 学校教育制度と複数の外国語教育

2.1 学校教育制度

戦後の西ドイツ、および統一後のドイツは連邦制を取り、学校教育の権

限は，ナチ時代の画一的教育政策への反省もあり，全16州に設置された各州文部省に属する。各州が「文化大権」をもち，主要教育政策はもちろん，教科書検定や教員養成等すべて各州の責任と権限で実施される。したがってある歴史や国語の教科書がA州では採用されてもB州では不可になることがある。しかし，B州でも政権が交代すれば採用可能になることもあり，そのような形で，新しい構想の教科書や教育方法が実質的に広がりやすくなるという傾向も見られる。

以上のようにドイツでは，連邦政府が中央集権的に教育政策を決め実施することはできない。各州の文部大臣は定期的に「全州文部大臣会議」(以下，KMK)を議長持ち回りで開催し，州間の調整や共通政策を合議で取り決めている。ちなみに議題には，夏休みなどの長期休暇の16州間の調整も含まれ，北から南まで全国一斉に夏休み，などということはない。

他方で，EUの統合の深化につれ新しい傾向も見られる。それは政策の共通化や「全国スタンダード」策定の動向で，たとえば日本の大学入試にあたる高等学校卒業資格試験(Abitur，以下，アビトゥア)の主要教科の課題を共通に集約した問題群から出題し，州間格差を調整する検討等も始まっている。

以上，連邦制における教育制度の特徴を概観したが，次に，学校教育制度について述べていきたい。既述のように基本的に戦前の制度を維持したドイツの学校教育制度は州による相違はあるが，小学校は4年制(州により6年制)で，日本と同様，原則，6歳入学である。

中等教育段階は基本的に3種類の学校へ分岐している。技術系職種の資格取得が可能な「基幹学校」(5～6年制)と事務系職種の資格取得や単科大学への進学が可能な「実科学校」(6年制)の職業系コース，および大学進学が可能な普通課程の「ギムナジウム(総合学校のギムナジウムコースを含む)」(9年制であったが，EU統合の深化と共に8年制への移行も進む)である。この3種の学校から1つを選択し進学する。このように10歳前後で将来の方向が大きく決まる。5～6学年を「オリエンテーション段階」と称し，3種間の移動を行いやすくする政策もある。また，16歳まで普通教育を実施する総合学校や，職業教育系2種を統合した学校とギム

ナジウムという，2学校種の新制度の導入も見られる。

　中等段階の3学校種のうち，職業コースの基幹学校，実科学校は前期課程（9～10学年）までで，ギムナジウムは後期課程（8年制では10，11，12学年，9年制では11，12，13学年）を擁する。職業コースでは中級修了資格取得後，進学可能ないくつかの職業上級学校があり，職業系ギムナジウムでは大学進学も可能である。

　義務教育期間は，前期中等課程，すなわち6歳から15/16歳までの9/10学年までである。2011年の8学年の統計によると生徒の所属割合は，基幹学校15.3％，実科学校24％，ギムナジウム36.2％，3種統合方式の学校（16歳で職業課程か進学課程かを選択することが可能）が合計19.5％，特別支援学校4.2％である[4]。

2.2　複数の外国語教育の概観

　次に，普通課程での外国語教育についてみていきたい。本節では全16州の中で最大の人口を擁し，かつての西ドイツの首都だったボンや，ケルン，デュッセルドルフなどの主要都市を抱えるドイツ北西部のノルトライン・ヴェストファーレン（以下，NRW）州の制度を取り上げる。

　大学進学コースでもあるギムナジウムでは，伝統的に複数の外国語が教授されていたが，今日，その学年配置は図1のようになっている[5]。

　NRW州では第一外国語を英語に指定しているため，英語教育は小学校1年生から開始され，その成績は中等段階の学校種選択の際の判断材料となる。すなわち，ギムナジウムへの進学要件となるのである。次に，中等段階であるが，NRW州では，9年制と8年制のギムナジウムが存在している。本節では改革が進行中の8年制に即して述べていく。

　中等段階の前期課程は5～9学年（義務教育期間）で，後期課程は10～12学年である。前期課程，通常，2年生（6学年）から第二外国語が開始され，文系ではさらに8学年から第三外国語が開始される。したがって，

---

[4]　KMK (2014) 全国統一調査の数値ではなく各州調査からの平均数値であるため，総計は必ずしも100％にはならない。

[5]　H. Rönneper（NRW州文部省普通教育課程外国語教育担当官）日本言語政策学会第12回大会基調講演資料（2010年6月19日関西大学）

文系では3つの外国語，理系では2つの外国語が義務教育期間の必修科目で，それらの履修は大学進学のための前提条件となる。

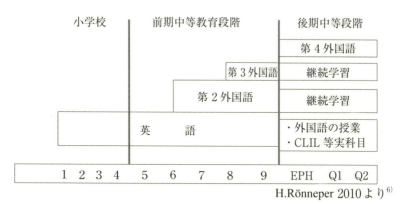

図1　ギムナジウム文系（8年制）における複数外国語の配置例（NRW州）

ここで付記しておきたいことは，NRW州などドイツで教員となる場合，ボローニャ・プロセス[7]を受け，現在進行中の教員養成課程の改革で，初等教育段階から中等教育段階の全学校種，全教科にわたり修士の資格，および外国語運用能力が求められていることである。換言すれば，ドイツでは，小学校から中学校，高等学校までの教員資格を得るためには，修士課程を修了すること，さらに，修士課程修了後1年半から2年の実習教員期間（必修）に入る際に，全教科の教員志望者は第一外国語でCEFRのB2を，外国語教科担当志望者はB2からC1の成績を証明せねばならない。

複数外国語の学習に際して，NRW州では第一外国語に英語を指定している。第二，第三外国語として，学習者数が相対的に多いのは，順に，フランス語，スペイン語，ラテン語，イタリア語，ロシア語で，その他にオ

---

6) 第二外国語は5学年あるいは6学年で開始。第三外国語は文系必修で8～9学年を通じて最低週3時間。後期課程では第4外国語選択履修も可能。EPH: Einführungsphase（導入段階），Q: Qualifikationsphase（発展・深化段階）

7) 「ボローニャ・プロセス」とは，簡略に述べると，ヨーロッパで国境を越えて高等教育圏を創出すべく，ボローニャ大学で1999年に出された宣言に基づき，学位の質保障や単位制の導入，取得資格の相互認定等を通じてモビリティを促進する等の一連の改革を意味する。その過程で，たとえばドイツでは初めて「学士」制度が導入された。また，大学教育の主要課題の1つである教員養成の制度，および内容にわたる大規模な改革も進められている（杉谷2015参照）。

ランダ語，トルコ語，現代ギリシャ語，ヘブライ語，ポルトガル語，古典ギリシャ語，中国語，日本語が選択対象となっている。また，移民家庭の出身などで母語がドイツ語でない生徒の場合は，条件が整った学校では，母語を第二，第三外国語として履修することも可能である。

　後期課程では第四外国語の履修も可能であり，文学・語学系への進学希望者は，4外国語を履修していることも珍しくない。また，ドイツではラテン語選択者が現在でも比較的多い。その理由として，将来他の外国語を学ぶ際，ラテン語の知識が有益であることや，大学の専攻領域によってはその成績証明が求められることなどが挙げられる。たとえば，英語，フランス語，スペイン語等の言語・文学，あるいは哲学，歴史等を専攻したり，これらの教職をめざす際は，2外国語の成績証明の他に，ラテン語あるいは古典ギリシャ語の成績証明が要求される。

　外国語の到達目標は，第一外国語（英語，フランス語）の場合，前期課程で，CEFR に基づく言語技能の多くで B1 から B1+である。具体的なテーマに関して「聴く，読む」などの受容技能では B2 もある。職業系の基幹学校では全般に A2 レベルである（杉谷 2010: 59-60 参照）。大学進学の前提となる後期課程では，一般に B2，部分的に C1 が求められている。

　NRW 州のみならずドイツでは一般に，大学は専門課程の勉学を目標とし，高等教育段階で全学生に初習や既習の外国語が必修として課せられることはない。もちろん，大学で中国学や日本学などを専攻する場合，新しく専攻言語を学習することはある。また，経営学などの専攻に関連して，新しい外国語の学習を始めることもある。しかし，複数外国語の学習は，教育政策として，普通教育課程の一般教養と位置づけられ，中等教育段階の重要な課題とみなされている。

　一般に事務系の職業コースである実科学校でもフランス語，あるいは他の現代語が 6 学年から第二外国語として必修とされる傾向にある。また，前期課程修了後，大学進学をめざし職業コースからギムナジウムの後期課程に編入されるためには 6 学年から継続して第二外国語を履修していることが条件とされている。技術系の基幹学校では一般に，英語のみが必修であるが，同学校種では移民家庭出身の生徒も相対的に多く，彼らの中には

母語を第二外国語として履修する生徒もいる。

ドイツでは第一外国語に関し，州による特徴的な相違も見られる。たとえばフランス語を第一外国語にする事例が，ドイツ南西部バーデン・ヴュルテンベルク州等にある。多くの親が英語を望む中，文部省が説得にあたり，地域によりフランス語が第一外国語に指定されている。説得の論拠としては，近隣国との共存を念頭に「英語はいずれ学習されねばならないので，最初にフランス語を学習しておくと，将来の就職の可能性も広がる」などが挙げられた（杉谷 2010: 62）。

事実，アルザス・ロレーヌ地方など独仏国境地帯では，スイスを巻き込み，国境を超えた地域の経済発展や環境問題への取り組みが必要で，複数外国語能力は不可欠である。観光業者はもちろん，警察・消防などの治安関係者や中小企業関係者においても，複数外国語能力の重要性は認識され，研修等も提供されている。

● 3.「二言語教育」(CLIL) の展開： 「共存力と競争力」の育成

3.1 CLIL の開始と歴史的背景

中等段階で複数外国語教育を進める場合，限られた授業時数でより効果的に学習する方法として，ドイツでは「二言語教育」が広がりを見せている。その理由は「言語を使いながら学ぶ」ところにあり，導入前段階や初期段階では，教材開発や教授法上の工夫が求められている（杉谷 2002）。

「二言語教育」は，ドイツでは「母語とパートナー言語（いわゆる「目標言語」）の 2 つの言語を使い，言語以外の実科目を学ぶ授業」と定義され，2 つの言語を使うという意味で，「バイリンガル教育」と称される。「漬け込み」を意味する「イマージョン」は使われない。本章では類似の概念で，ドイツでも使用されている "Content and Language Integrated Learning"（内容言語統合型学習，以下，CLIL）を使用する。

ドイツでの CLIL の始まりは，冒頭で述べたエリゼ条約が契機となっている。戦後ヨーロッパの平和共存のために，独仏両国の和解は不可欠で

あった。今日でこそ両国はヨーロッパ統合の推進国として欧州の平和と共存に協力して取り組む関係だが，歴史的には対立を続けてきた。19世紀後半から20世紀前半までを見ても覇権や領土拡大を狙う悲惨な戦争を繰り返している。たとえば第1次世界大戦での独仏国境，ロレーヌ地方・ヴェルダンでの戦いのみでも，塹壕戦や化学兵器（毒ガス等）の使用により70万人以上の死傷者が出ている。敗戦後1919年のベルサイユ条約でドイツは，戦争開始責任国とされ過酷な賠償義務を負う。復興は進まず，経済的混乱の中，支払滞納に対しフランスは1923年，ドイツのエネルギー産業の中心地ルール地方を占領し，激しい労働者の抵抗と発砲を含む弾圧があった。その後の世界経済の混乱もあり，ナチ政権が誕生し，第2次世界大戦が始まる。1940年から1944年までのナチス・ドイツのフランス占領とレジスタンスへの残虐な弾圧などを経験し，戦後の国民感情は，お互いに良好なものとは決していえなかった。

　世論調査でも相互の信頼感があまり醸成されていなかった時代，国際情勢の変化もあり，当時のフランスのドゴール大統領と旧西ドイツのアデナウアー首相はいわば「上からの和解」をめざし，1963年エリゼ条約を締結した。そしてその重要な柱の1つとして教育政策をおき，青少年担当相が2ヵ月に1回以上会うこと，学校教育担当省は，相互理解を進めるためお互いの言語の学習を促進すること等を取り決めたのである。

　しかし，国民感情はすぐに好転することはなかった。1960年代多くのドイツ人の学生や知識人がフランスへ留学するが，たとえばホームステイ先で受入家族の親族が訪問してきた際，挨拶を拒まれるなどの経験が述懐されている。

　1960年代はしかし，世界的に見ても大きな変革の年であった。周知のように60年代後半，日本を初め多くの「西側先進国」で学生運動が起こり，伝統的な権威主義的価値観に反対し，新しい民主的価値観を社会に定着させる運動が広がった。旧西ドイツにおいては自国の過去を問う歴史認識の問題が国内のさらなる民主化運動と結びつき，歴史教育を含め広範な教育改革の時期を迎える。1969年の総選挙で戦後初の社会民主党主導の政権が誕生する。国内世論が割れる中，首相ヴィリー・ブラントがワル

シャワのゲットー蜂起記念碑の前で跪き，戦後のドイツ社会の変化を国際的に印象づけたのが 1970 年であった。

このような社会的変化や教育改革の中で，1969 年外国語科目と実科目を統合する教授法として，ドイツの CLIL は誕生したのであった。具体的には，1963 年のエリゼ条約の精神を言語教育政策の中で具体化する 1 つの試みとして，1969 年フランスとの国境に近いジンゲン市のギムナジウムで初めて「ドイツ語・フランス語コース」が開設され，科目として地理と歴史が選ばれ，フランス語の学習も兼ねながら教えることが，新しい教授法として承認され，制度化されていった[8]。

3.2 「共存力と競争力」の育成へ向けて

上記の例が示すように，ドイツの CLIL の原型は，隣国フランスとの平和共存や相互理解促進という目標から生じており，このことは強調されてよいだろう。すなわち「近隣国言語の運用能力の育成」を目標に，単に 4 技能の上達をめざすのではなく，地理や歴史の授業の中で，相手の言語も使いながら，地名の変遷や歴史的事件の呼称が各言語で異なる理由について考えるなどが，学習の対象となったのである。そのような作業は，相手の視点を知り，その違いについて考え，そこから将来の共存への課題を明らかにし，思考を深める貴重な契機となり得る。お互いの違いを知り，自己の視点を相手に伝えるなどの課題は，言語と実科目を統合しつつ学ぶ，より具体的には，実科目での必要な表現に即して外国語を学習するチャンスでもある。

今日ドイツの CLIL の学習では，言語運用力育成と共に「相手の視点を知る」ことや異文化対応能力の育成が目標とされている。NRW 州文部省も CLIL の学習目標として「パートナー言語の視点から諸事象を見たり，考えたりする力，および自己の視点や考えを相手の言語で表現する力の育成」と明記している。

他方で 1990 年代以降は，ヨーロッパ統合の深化や「国際共通語」として

---

[8] KMK (2013) など．ドイツの全州文部大臣会議は，定期的に CLIL に関する全国的な調査を公開している．

の英語の役割の増大から，英語でのCLILが展開していく。並行して「第一外国語」を英語に特定する州も増えてきた。その理由は，図1にもあったように，英語をある程度学習した後は，「外国語」は英語以外の言語の学習に充て，英語はCLILを通じて運用能力をさらに育成することができるからである。その際，英語でのCLILの主要科目は，やはり地理，歴史，政治・経済等の社会科系科目である。2013年秋の各州の調査結果によると，CLILに使用される言語は英語，フランス語が圧倒的に多いが，イタリア語，スペイン語，デンマーク語，オランダ語，ロシア語，現代ギリシャ語，ポルトガル語，ポーランド語，チェコ語，トルコ語，さらには東部ドイツのソルブ語の順で並んでいる (KMK 2013: 13)。

　一定の条件を満たしたCLILの優秀な修了生には，AbiBac (ドイツの「アビトゥア」とフランスの「バカロレア」を統合した名称) や「国際バカロレア」取得の道が拓かれている。AbiBacは，1987年独仏で共同宣言が出されたものであり，両国の大学進学資格を取得できる試験制度である。すなわち，高校での相互の言語学習を通じ，両国の高等教育に参加する機会が提供されるので，そのことを通じて，EUが目標とする実質的な「モビリティ」(移動能力) の育成へと続く制度となっている。

　大学進学コースのみならず，職業コースの実科学校でもCLILは導入され，協定校を通じて相手国の言語と文化の学習と職業体験を組み合わせたプログラムなどがある。対象国は英語圏，フランス語圏のみならず，トルコ語・トルコ文化の学習と現地での職業体験を組み合わせる事例などもある。職業コースにはトルコからの移民家庭出身の生徒も相対的に多く，彼らとの交流をもとに，相互に異文化対応能力の育成を図るプログラムの開発が見られる。

　以上述べたように，ドイツではCLILが普及しているが，そこには，共存力と同時に，国境を越えて移動する能力の育成，すなわち，個人としてのグローバル化する世界における競争力育成の観点も明らかに見られる。

　CLILがドイツで普及するもう1つの理由として，教員免許の複数教科制が指摘できる。中等教育段階の教員免許取得には，2教科以上の資格取得が求められており，「フランス語と歴史」「英語と地理」「英語と生物」

等の組み合わせの免許をもつ教員が存在し，彼らがCLILを開始しやすいという前提があった。しかし，実際の授業では，単に実科目と外国語の教授能力のみでは不十分であるため，多くの大学や各地域の教員研修センターでCLILのためのいわば「修了生対象のコース」や，現職教員研修等が多数提供されている。

● 4.「異文化対応能力」と「外国語学習能力」： 複合的な教科構成

ドイツの外国語教育の特徴として最後に，最新の学習指導要領を概観してみたい。各州で策定される学習指導要領に共通の枠組みとなるKMKの前期中等教育（義務教育段階）の「第一外国語スタンダード」は表1のとおりである（杉谷2004）。この表1から明らかなように，外国語は「言語知識」や「言語運用力」のみでなく，以下に述べるように3領域から複合的に構成されている。

(1)「機能的コミュニケーション能力」では，「教育スタンダード」に取り入れられたCEFRに準じてコミュニケーション技能領域が7領域に分けられている。それぞれの領域では中等教育段階の到達目標に合わせて，A1からB2までの能力記述文が策定されており，言語コミュニケーション能力を支える力として，文法や語彙学習が位置づけられている。この領域は，従来の外国語教科の領域と考えられよう。注目すべきは続く2つの領域である。

(2)「異文化対応能力」では，異文化圏の社会・文化に関する知識が歴史的側面も含め学習対象とされている。並行して，異文化との接触場面での言語行動力・対応能力の育成が求められている。各州の指導要領を見ると，学習対象言語の文化圏に対する知識と言語行動力という，2つの次元で達成されるべき能力の指標が2学年単位で記述されており，異文化間対応能力の育成が，知識次元と行動次元で求められている。

(3)「言語の学習方略」では、「言語を学習する力」そのものの育成がめざされており、諸メディアを使う力や、自己の外国語学習方法を反省的に捉え改善する力など、言語学習のための複合的な基礎力の育成が図られている。ここには、欧州評議会がCEFRで提案する「ヨーロッパ言語ポートフォリオ」の活用も含まれている。

表1 「教育スタンダード―第一外国語：英語・フランス語」[9]

機能的コミュニケーション能力	
コミュニケーション技能	言語体系の知識
－聞いて／見て理解する（聴・視覚情報理解力） －読んで理解する（読解力） －話す 　・会話に参加できる（対話能力） 　・まとまりのある話ができる（独話能力） －書く能力（作文能力） －機能的通訳・翻訳能力＊	－語彙 －文法 －発音とイントネーション －正書法
異文化対応能力	
－社会・文化的知識 －文化の相違に対して理解ある態度の形成と適切に行動する力 －異文化間接触場面での諸問題を解決する実践的力	
言語の学習方略	
－社会的相互行為の能力 －テクスト受容能力（聞いて理解する力，読んで理解する力） －テクスト構成能力（話す力，書く力） －学習方略を運用・工夫・開発する能力 －プレゼンテーション能力と諸メディアを使う能力 －（言語）学習やその過程自体を自覚化し，自分で学習環境を創り出す力	

（文部大臣会議『教育スタンダード：第1外国語』、詳細は杉谷（2004: 90-91）参照）
＊目標，状況，テクストタイプに応じて母語と目標言語を相互に仲介する能力が含まれている。

● おわりに

以上、ドイツの外国語教育政策を、冒頭で述べた4点を中心に概観して

---

9) 一部、同文書の説明部分からの意訳を含む。「社会・文化的知識」に関しては、「異文化社会に関して方向づけができるための基本的知識」の意味で、「オリエンテーションのための知識」（Orientierungswissen）という用語が使用されている。

第 4 章　ドイツ―「共存力と競争力」育成の複数外国語教育―　　57

きた。日本とドイツでは地政学的環境や社会的背景が異なり，その影響もあり戦後の歴史的展開も大きく異なっている。戦後70周年を迎えた2015年，両国を取り巻く国際環境も異なり，アジアでは不信と緊張が続いている。そのような中で，外国語教育は相互理解を促進する大きな可能性を秘めている。その具体例をドイツの外国語教育政策の展開に見てきた。最後に，一部重複するが，それらの特徴をまとめておきたい。

　第1に，1963年に締結されたエリゼ条約とその教育政策における具体化である。独仏両国間においては，大規模な青少年交流と「お互いの言語の学習」を通じて，40年の歴史を経て，世界でも初めての試みである『共通歴史教科書』が作成されている。EU統合の深化の過程で50年を経て今日でも，相互理解の動きは，国政から地方行政に至るまで，普通教育，および職業教育の両課程で続けられている。

　第2に，言語と実科目を統合し「外国語を使いながら学習する」CLILの普及が挙げられる。普及の理由として，ドイツにおける中等段階の複数教科の教員免許取得の制度が指摘できた。日本でもそのような制度が存在すれば「韓国・朝鮮語と歴史」など複数教科を教えることが容易になる。その際，歴史の時間に一部韓国・朝鮮語を使うなどして，重要概念を日韓両国の言語で学ぶことや，そのことを通じて韓国・朝鮮語を学習する動機を高めることも可能になる。また，生徒たちも「なぜ英語のみでなく韓国・朝鮮語を学ぶことが重要なのか」をより深く理解するかもしれない。そのような経験は，グローバル時代を生きる若い世代の複眼的な思考を育てる力になるであろう。

　第3に，第2の点と関わるが，複数の外国語教育が，普通教育で有する重要な役割が指摘できる。日本では外国語教育の目標として「言語運用力の育成」のみが強調される嫌いがある。これに対して，ドイツの学習指導要領は第4節で述べたように運用力のみでなく，異文化対応能力を大きく知識と行動力に分け，その到達目標を学年段階別に明らかにしている。狭義の言語運用力を超え，複合的な構成内容で，異文化間での共存力育成が，具体的に，目標とされ明記されているのである。

　第4に，広義の競争力育成について，確認しておきたい。モビリティ育

成については CLIL の箇所でも触れたが，外国語の学習能力自体の育成も，重要な競争力育成の観点である。グローバル化の時代，生徒たちは学校教育を修了し社会に出た後，職業等の関係で新しい外国語を学習する必要性に迫られることは十分に考えられる。そのような生徒の将来を見すえ，自己の外国語学習の特徴を自律的に省察し，改善する手段や方法を学ぶことがめざされている。すなわち，異文化対応能力と並び，個々人の外国語学習能力自体の育成を通じて，広義の競争力育成が射程に入るような，複合的な教科「外国語」の構成へと変化しているのである。

再度，強調されてよいのは，このような複数の言語や文化の学習を通じて，グローバル時代へ対応する能力の育成は，高等教育ではなく，中等教育段階で行われるべきと考えられていることである。

以上，ドイツの外国語教育の特徴を，「共存力と競争力」の育成という観点から述べてきた。最後に，NRW 州文部省が複数外国語教育を重視する理由を引用して，本章を閉じる。

> （1 外国語のみでなく）2 外国語を学習することは，生徒個人が，さらに 1 外国語の能力を身に付ける，ということにとどまらない意義をもち得る。第一外国語の学習が，それまでの母語や母語と不可分であった母語文化のありかたについて距離をもって考えることを可能にするように，第二外国語の学習は「外国語」のあり方自体を，さらに上位の次元で考察するための契機を内包している。すなわち（母語に対する）「外国語自体」や外国語に代表される「外国文化自体」は存在せず，第一外国語やそれが代表する文化を相対化し考察する視点を可能にするのである。そのため「母語 + 1 外国語」としての「2 言語主義」に対し「複数言語主義」は，単に言語能力の量的な増加のみを意味せず，外国語やその文化に接する際の質的な変化を伴い得るのだ。
>
> （NRW 1997: 12, 杉谷 2005: 39，強調は筆者による）

引用文献

ガイス, P.・カントレック, G. 監修（2008）『ドイツ・フランス共通歴史教科書【現代

史】―1945年以後のヨーロッパと世界―』(福井憲彦・近藤孝弘監訳) 明石書店.
杉谷眞佐子 (2002)「ヨーロッパ統合とドイツにおける多言語教育政策―その展開を中等教育段階における「バイリンガル教育」にみる―」日本独文学会編『ドイツ文学』108, pp. 12-23.
杉谷眞佐子 (2004)「ドイツ」国立教育政策研究所編『外国語のカリキュラムの改善に関する研究―諸外国の動向―』pp. 71-103.
杉谷眞佐子 (2005)「1.「多言語主義」(Multilingualismus) と「複数言語 (外国語) 主義」(Plurilingualismus)」杉谷眞佐子・高橋秀彰・伊東啓太郎「EUにおける『多言語・多文化』主義―複数言語教育の観点から言語と文化の統合教育の可能性をさぐる―」『外国語教育研究』第10号, 37-41.
杉谷眞佐子 (2009)「文化政策」,「教育政策」村上直久編著『EU情報辞典』大修館書店, pp. 298-313.
杉谷眞佐子 (2010)「ドイツ―「外国語能力の複合性」と新学習標準―」大谷泰照 (代表) 編『EUの言語教育政策―日本の外国語教育への示唆―』くろしお出版, pp. 53-69.
杉谷眞佐子 (2011)「ドイツ, ノルトライン・ヴェストファーレン州の事例から―ポートフォリオと外国語学習の基礎を考える―」河原俊昭・中村秩祥子編著『小学校の英語教育―多元的言語文化の確立のために―』明石書店, pp. 57-88.
杉谷眞佐子 (2015)「ドイツの外国語教員養成」大谷泰照 (代表) 編『国際的にみた外国語教員の養成』東信堂, pp. 272-283.

Council of Europe (2001) *Common European framework of reference for languages: Learning, teaching, assessment*. [吉島茂・大橋理枝他訳・編 (2004)『外国語教育Ⅱ―外国語の学習, 教授, 評価のためのヨーロッパ共通参照枠―』朝日出版社]

Landesinstitut für Schule und Weiterbildung Nordrhein-Westfalen (1997) *Wege zur Mehrsprachigkeit. Bd.1*. Soest, Düsseldorf. (本章ではNRW1997と略記)
KMK (2013) Konzepte für den bilingualen Unterricht―Erfahrungen und Vorschläge zur Weiterentwicklung. <http://www.kmk.org/fileadmin/veroeffentlichungen_beschluesse/2013/201_10_17-Konzepte-_bilingualer_Unterricht.pdf> (2015.8.15閲覧)
KMK (2014) Grundstruktur des Bildungswesens in der Bundesrepublik Deutschland. <http://www.kmk.org/dokumentation/das-bildungswesen-in-der-bundesrepublik-deutschland.html> (2015.8.15閲覧)

第5章

フランス
―豊富な言語のレパートリー―

古石 篤子

● はじめに

　日本の外国語教育に慣れた目でフランスのそれを見るとき，印象づけられる点がいくつかある。

　まず，日本の「外国語」に相当するフランスでの教科名は「生きている言語 (langue vivante: 以下，LV)」(現代語) である。これはいわゆる「外国語」のみではなく，国内の地域語[1]等をも包括した概念であり，日本でいえばアイヌ語や琉球諸語，日本手話なども含み得る。これらが第2現代語 (LV2)，第3現代語 (LV3) として，外国語と並んで選択可能であるということは大きな特徴であり，選択言語のレパートリーを広げている。

　次に，フランスはドイツと共にヨーロッパ統合を当初から牽引してきた国であり，外国語教育政策においてもヨーロッパの共通政策を反映している。具体的には，「母語以外に2つの言語の習得」ということが教育基本法 (loi d'orientation sur l'éducation) に盛り込まれて，学校のカリキュラムもそれに沿って組まれ，日本の学習指導要領にあたる文書に欧州評議会の『ヨーロッパ言語共通参照枠』(以下，CEFR) への言及もある。

---

1) 欧州評議会で1992年に採択された「欧州地域語・少数語憲章」第1条によれば，「地域語・少数語」というのは，「国家の中のある地域で歴史的に使用されている，その国の公用語とは異なる言語で，その話者はその国家の国民であるが，他の言語より話者の数が少ない言語のことである。その中には，その公用語の方言や移住者の言語は含まない」とされる。

そして，最後に，大学入学のために合格しなければならないバカロレア試験において，受験可能な「現代語」の数が20以上あることも目を引く点である。とにかく選択言語のレパートリーが広いのがフランスの特徴といえる。

本章では，以上の点を軸にして小学校から高校までの教育を概観しよう。

● 1. 教育制度

フランスの教育制度は連邦制を取っているアメリカ合衆国やドイツなどとは異なり，日本と同様に中央集権体制を取っている。したがって学校の教育内容は詳細な国家基準により，教科ごと，学年ごとの programme という形で指示されている。これが日本の学習指導要領に相当するものであり（以下，学習指導要領），より具体的な授業の内容の説明や教材提示に踏み込んだ学習指導要領解説（accompagnement）と一体となっていることが多い。しかし日本と異なるのは，「個性重視や教育の自由の原理」（桑原 1997: 12）であろう。「教育目標の国家基準によって，学校で育成する知的・技術的水準の指定制度を保持しながら，そこに到達する方法は，教育の専門家の自由にゆだねられている」（同上：13）。また，教科書も学習指導要領に基づいて民間会社で編纂されているが，検定制度や使用義務はない。

学校制度の全体は以下の図1を参照されたい。日本と比較した特徴としては，義務教育が6歳から16歳までの10年間で日本より1年長いこと，また，フランスでは就学前教育もほぼ義務化している[2]ということが挙げられる。幼稚園は小学校，コレージュ（ほぼ日本の中学校に相当）以降の課程へと続く教育システムの一環として考えられているのである。

学年の名称は日本とは異なり，中等教育では第6級（6e）から始まり，上にいくに従って第5級（5e），第4級（4e），第3級（3e），第2級（2nde），第1級（1ère），そして最終級（terminale）となる。小学校は，1年目は準備級（CP），次に初級1年（CE1），初級2年（CE2），中級1年（CM1），中級

---

[2] 5歳児の就「学」率が100%になったのは1970年ごろ，4歳児は1980年ごろ，そして3歳児は1997年である。（Auduc 1998: 24-31，Auduc 2003: 44）。

2年(CM2)と呼ばれる。

　さて義務教育の後は進路が分かれるが，高等教育機関に進学するにはリセ（高校）に進み，バカロレアという試験に合格しなければならない。これは中等教育修了資格と高等教育入学資格を兼ねる国家資格の取得試験である。バカロレアには一般バカロレア，技術バカロレア，そして職業バカロレアの3種類がある。一般バカロレアと技術バカロレアは3年制リセの卒業時に，職業バカロレアは4年制職業リセの卒業時にそれぞれ受験し取得する。大学への進学コースは一般バカロレアであり，文系，経済・社会系，理系の3つの系列に分かれている。バカロレアの合格率は，1985年のシュヴェヌマン改革時に，20世紀の終わりまでに同年代の若者の80％をめざすとされたが，1995年以来62％という数値に落ち着いている。

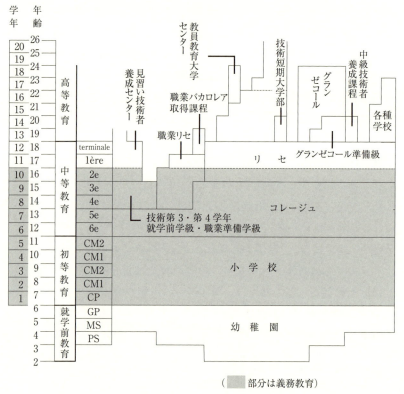

（■部分は義務教育）

図1　フランスの学校制度

フランスにはこの他にエリート養成のためのグラン（ド）ゼコール（grandes écoles 大学校）という学校群があるが，ここに入るには厳しい入学試験があり，そのためにリセの最終級修了後2年間の「準備学級」に通って受験勉強をする。これはふつうリセに併設されている。

● 2. 現代語教育

欧州レベルでの「母語以外に2つの言語の習得」という目標を初めて法律に盛り込んだのは，「外国語の表現や用語」使用の制限を設けたことで知られる「1994年8月4日第94-665号フランス語使用に関する法律」，いわゆるトゥーボン法[3]である。外国語使用制限のことのみ有名になり，次のことはあまり知られていないが，この法律の第11条第II項により，1989年7月10日89-486号教育基本法（ジョスパン法）第1条第2段落の後に次の条文が追加された。

> フランス語を使いこなすこと，およびその他の言語を2つ使えるようにすることは教育の基本的な目標の一部を成す。（トゥーボン法 第11条第II項）

このトゥーボン法には第21条にフランスの地域語についての文言[4]もある。

ところで，「はじめに」でも述べたように，日本の「外国語」に対応するフランスでの教科名は「生きている言語」[5]（現代語）であり，外国語のみではなく，国内の地域語をも包括した概念である。中等教育では第1現代語（LV1），第2現代語（LV2），第3現代語（LV3）の別があり，LV1とし

---

3) 「トゥーボン」とは当時の文化・フランス語圏担当大臣の名である。
4) 教育に直接関係するものではないが，記しておく。「第21条：この法律の規定は，フランスの地域語に関する法律や規則を損なうことなく適用され，それら（地域語）の使用に反対するものではない。」
5) 参考までに付記すれば，「生きている言語」の反対は「死んでいる言語＝死語」となる。確かに古代ギリシア語やラテン語はすでに話されなくなった言語であり，死語であるといえるが，これらの言語は教科名としては「古典語（langues anciennes）」と呼ばれる。

ては常に外国語を選択しなければならない決まりがあるが，LV2, LV3 と
してなら地域語も選択肢に入る場合がある。

2.1 初等教育

　初等教育における外国語教育は1989年以降，大臣が代わるごとに新し
い方式が提案され，教育現場では一種の混乱が生じていたが，2002年1
月25日付省令公布の学習指導要領[6]によってようやく全国的に教育内容
も目標も一律に定められたものになった。開始時期としては，基礎学習期
の第1年目，すなわち幼稚園の年長組から「外国語または地域語」が初め
て必修とされたことで反響を呼んだ。しかし，その方針も実現可能性の低
さから，2005年春に施行されたフィヨン法[7]で早々と撤回されてしまった。
　「外国語」に関しての現行学習指導要領は2007年7月25日付省令のも
のであるが，その第4条には，幼稚園の年長組における外国語教育の項目
(2007年4月4日付省令付則）は正式に削除されると記述がある。した
がって，現在のフランスにおける外国語教育開始年は小学校の CE1 (初級
1年，日本での小学2年生に相当）であり，対象言語は8言語（ドイツ語，
英語，アラビア語，中国語，スペイン語，イタリア語，ポルトガル語，ロ
シア語）である。また学習時間数は年間54時間で，これは週に3回30分
でも，週に2回45分として行ってもかまわないとされる。小学校での到
達レベルは CEFR の A1 レベルだが，「能力」と「知識」の内容は CEFR の
「学童用バージョン」で提示されている。
　その他，フランスの初等教育における外国語教育に関して注目すべきは
プリムラング (Primlangue) というインターネットサイトである[8]。これは

---

6) この7年ぶりに大改訂された学習指導要領は2002年9月より実施に移されたが，多くの新
しい考え方が盛り込まれた。その1つは学力を底支えするものとしての言語教育を重視する
方針であり，「ことばの習得・フランス語の習得」を強化する考え方が示された《➡「ことば」
という用語については，第2章注5参照》。

7) 正式名称は2005年4月23日2005-380号「学校の未来のための教育計画基本法」であり，当
時の国民教育大臣の名前を取って「フィヨン法」といわれる。そこでは外国語教育の現状改革
は優先課題の1つとして扱われている。

8) <http://www.primlangues.education.fr/> このサイトはポータルサイトの他に，次の6つの大項
目で構成されており，公的機関のものでありながら大変アットホームな雰囲気がある。①公
文書（学習指導要領を含む），②さまざまなリソース（教案，教室活動，教材 等），③メディア

2002年9月にCIEP（教育研究国際センター）によって作られ，現在はCNDP（国立教育資料センター）が運用しているが，教案や教室活動，そして教材などを提供して教員をサポートすることを主な目的としている。

2.2 前期中等教育（コレージュ）

フランスの子どもたちがコレージュに入学するのは日本の中学校より1年早い11歳であり，第6級から第3級までの4年間在学する。その間，全員に2つの現代語（LV）が必修とされ，LV1は第6級（11歳）から，LV2は第4級（13歳）から開始されることになっている。LV1とLV2，およびそれぞれの週当たりの時間数をまとめると表1のようになる。

LV1はあくまでも「外国語」であり，選択肢としての「地域語」は含まないが，LV2（第4級・第3級履修）は地域語を選択することも可能である。

表1　コレージュ：LV履修学年と時間数（週当たり）

	第6級	第5級	第4級	第3級
LV1	4時間	3時間	3時間	3時間
LV2			3時間	3時間

第4級では，LV2として外国語を選択した場合には，別に「地域語」という選択科目（3時間）があり，希望すれば3つめの言語としてそれを履修できる。これと同様，第3級でも，LV2として外国語を選んだ場合（「LV2外国語」）には，それとは別に「LV2地域語」を，また，LV2として地域語を選んだ場合（「LV2地域語」）には，それとは別に「LV2外国語」を3つめの言語として選択履修することができる。しかし，「職業発見」という科目を6時間選択履修した場合には，LV1の3時間のみで，LV2はなしとなる。

小学校に外国語教育が導入されて以来，LV1に関しては小学校からの連続性が重要な課題となり，2005年7月25日付省令で公布されたコレー

（辞書，図書，マルチメディア教材等の案内），④教員養成に関する情報，⑤国際交流サイト（外国のクラスとの交流情報や教員向けの留学情報等），⑥情報交換（相互交流用）。

ジュの学習指導要領で，初めて「パリエ palier」（段階）という新しい概念が導入された。パリエには1と2があり，それぞれ次のように設定されている。

　　パリエ1：小学校で開始した言語は CEFR の A2，初習の LV2 は A1 が
　　　　　　目標
　　パリエ2：（コレージュでの最終目標）：小学校で開始した言語は B1,
　　　　　　コレージュで開始した言語は A2 が目標

　また，この学習指導要領はドイツ語，英語，アラビア語，中国語，スペイン語，ヘブライ語，イタリア語，ポルトガル語，ロシア語の9言語に対して適用され，日本語および地域語のパリエ1に関する学習指導要領は2007年に公布され，適用されている。これらの学習指導要領に共通した特徴は，外国語という教科を，異文化に目を開かせ，批判的な視点を身につけることを可能にする重要な科目と位置づけていることである。しかし，その目標のために，たとえば読解のみに重点を置くなどの方法を取るのではなく，言語を社会的なタスク（あるテーマについて議論したり，課題を解決する等）を達成するための道具と位置づける行動中心アプローチを推奨し，言語運用能力の育成も図ろうとしていることであろう[9]。

2.3 後期中等教育（リセ）

　リセ（高等学校）は第2級，第1級，最終級の3年間であり，系列別に分かれるのは第2級以降である。後期中等教育では，「新しいリセ」と呼ばれる大改革が2010年から始まり，まず第2級，2011年には第1級，2012年には最終級へと進んだ。そこでは外国語教育は大変重要な位置を占め，すべての生徒が少なくとも母語以外に2つの言語を使えるようにしようというのが大目標である（「地域語」も「外国語」と同等レベルに置か

---

[9] コレージュの外国語教育に関しても，次のサイトが関係公文書などを載せて充実している。Langues vivantes au collège（コレージュでの現代語）<https://eduscol.education.fr/cid45725/l-apprentissage-des-langues-vivantes-au-college.html>（2015.1.31 閲覧）

れている）。以前は系列によって差があったり（理系はLV1のみが必修），第2級のLV2は選択だったりしたのだが，系列差もなくなり，表2に見られるように，第2級のLV2も復活した。大学進学につながる普通教育課程では，系列に関係なく全員が2言語を学ぶのである。なお，LV1とLV2に割り当てられる時間数は合計で示され，LV1/LV2の割合は各学校の自由裁量に任されている。これはこの枠内で，能力別クラスやインテンシブコースの設置等を自由にできるようにするためである。また，この上に，文系ではLV1あるいはLV2の時間数追加，またはLV3を，その他の系列ではLV3を3時間選択して履修できる。

表2 リセ：LV履修学年と時間数 （週当たりの時間）

		第1級			最終級		
	第2級	経済・社会系	文系	理系	経済・社会系	文系	理系
LV1+LV2	5.5	4.5			4		

学習指導要領の記述をもとに古石作成

到達目標としては，第2級修了時に，LV1はCEFRのB1，LV2はA2，LV3はA1，最終級修了時にはLV1はB2，LV2はB1，LV3はA2が設定されている。また，文系でLV1やLV2の時間数追加を選択した場合には，LV1はC1，LV2はB2が到達目標とされる。

では，バカロレアではどのような試験をいくつの言語で受けねばならないのだろうか[10]。系列ごとに言語関連のみ記す。筆記試験の時間の長さ，および面接試験（口頭），外国語による外国文学等があるのが特徴である。

〈経済・社会系〉および〈理系〉
　LV1：筆記（3時間）・口頭（20分）
　LV2：筆記（2時間）・口頭（20分）

---

10) 一般バカロレアに関しては以下のWebサイトを参照した。（すべて2015.1.31閲覧）
　Baccalauréat général <http://eduscol.education.fr/cid58532/serie-es.html>
　Baccalauréat général <http://eduscol.education.fr/cid58534/serie-l.html>
　Baccalauréat général <http://eduscol.education.fr/cid58536/serie-s.html>

【選択（最大2科目）】
　LV3（外国語か地域語）：口頭（20分），あるいは筆記（2時間）
　　※口頭か筆記かは言語による
　フランス手話（「面接」20分），ラテン語（口頭15分），古典ギリシア語（口頭15分）
〈文系[11]〉
　LV1：筆記（3時間）・口頭（20分）
　LV2：筆記（3時間）・口頭（20分）
　外国文学（外国語による）：口頭（10分）
　次の内から1つ選択：ラテン語（筆記3時間），古典ギリシア語（筆記3時間），LV1あるいはLV2追加，LV3（口頭20分）
【選択（最大2科目）】
　LV3（外国語か地域語）：口頭（20分），あるいは筆記（2時間）
　　※口頭か筆記かは言語による
　フランス手話（「面接」20分），ラテン語（口頭15分），古典ギリシア語（口頭15分）

　学習指導要領の他の特徴として，オーラル優先の指導（2013年度のバカロレア試験からこの傾向を取り入れることになった），姉妹校提携の促進，文系における外国語による外国文学の教授等々が挙げられる。また，既存のAbibac[12]（ドイツのAbitur＋フランスのbaccalauréat）に加えて，2010-2011年度からBachibac（スペインのBachillerato＋フランスのbaccalauréat）とEsabac（イタリアのEsame di stato＋フランスのbaccalauréat）など，2つの国の中等教育終了資格を同時に取得できる制度も動き出した[13]。

11）文系ではLVの種類の多さ，時間の長さの他に，得点調整係数の大きさからLVが重要視されていることがわかる。

12）フランスの国民教育省のWebサイトでも，これらの綴りは一定していない（Abibac, AbiBac, Bachibac, bachibac, Esabac, esabac 等）。

13）リセの外国語（地域語）教育に関しても，次のサイトが言語ごとに授業案などを載せて充実している。（すべて 2015.1.31 閲覧）
　Langues vivantes au lycée général et technologique（普通／技術リセでの現代語）<http://eduscol.education.fr/cid56575/banque-d-idees-de-themes-d-etude.html>
　Langues vivantes au lycée général et technologique（普通／技術リセでの現代語）<http://eduscol.

2.4 多彩な言語の種類

フランスでは，学習指導要領に記載されている語種以外にも中等教育課程で履修可能とされる現代語がある。また，バカロレアで受験可能な言語も多様なので，リセの場合を例にとって見てみよう。

2.4.1 リセで履修できる外国語および地域語

ドイツ語，英語，アラビア語，スペイン語，現代ヘブライ語，イタリア語，ポーランド語，ポルトガル語，ロシア語，中国語，デンマーク語，現代ギリシャ語，日本語，メラネシア諸語，オランダ語，トルコ語，地域語（バスク語，ブルトン語，カタロニア語，コルシカ語，オック語，タヒチ語，ガロ語，アルザス諸語，モーゼル諸語）

(『官報』*Bulletin Officiel*, no. 44, 2002年11月28日)

すべての学校にこれらの言語の授業があるわけではなく，実際，多くの学校では英語，ドイツ語，スペイン語のみを提供しており，これに選択が可能な言語として，イタリア語，ポルトガル語，ロシア語を付け加えている場合もある。学校に設置されていない言語をあえて希望する場合には，通信教育で受講することも可能である[14]。

2.4.2 バカロレアで受験可能な外国語

バカロレア受験の言語は登録手続きの際に，受験可能言語の中から自分でLV1やLV2等を明確にして登録するが，習ったときの序列に関係なく，LV1，LV2，LV3の区別は好きなように選択決定できる。受験可能な言語は以下のとおりである（『官報』*Bulletin Officiel*, no. 30, 2003年7月24日)。

---

education.fr/cid56577/exemples-de-demarches-detaillees.html>
Langues vivantes au lycée général et technologique（普通／技術リセでの現代語）<http://eduscol.education.fr/cid65776/ressources-pour-le-cycle-terminal.html>.

[14] CNED（国立通信教育センター）を通じて受講する。CNEDのWebサイトによると，LVとしては，ドイツ語，英語，アラビア語，中国語，スペイン語，ヘブライ語，イタリア語，日本語，ポーランド語，ポルトガル語，ロシア語の11言語の学習が可能である。<http://www.cned.fr/>（2015.8.14閲覧）

(1) LV1 として（下線付の言語はリセで履修可能な言語以外のもの。下線は筆者による。）
ドイツ語，英語，アラビア語，<u>アルメニア語</u>，<u>カンボジア語</u>，中国語，デンマーク語，スペイン語，<u>フィンランド語</u>，現代ギリシャ語，ヘブライ語，イタリア語，日本語，オランダ語，<u>ノルウェー語</u>，ペルシャ語，ポーランド語，ポルトガル語，ロシア語，<u>スウェーデン語</u>，トルコ語，<u>ベトナム語</u>

(2) LV2, LV3 として（外国語または地域語）
上記 (1) の他に，バスク語，ブルトン語，カタロニア語，コルシカ語，メラネシア諸語，オック語（オーベルニュ，ガスコン，ラングドック，リムザン，ニサール，プロバンサル，ヴィヴァロ・アルパン），タヒチ語

● 3. バイリンガル教育・多言語活動

　最後に，最近のフランスの現代語教育で注目すべき動向を 2 つ挙げる。
　その第 1 は，バイリンガル教育の広まりである。最も有名なものが，一般に「ヨーロッパ・セクション」と呼ばれているものである。フランスでは，1992 年度に「ヨーロッパ・セクションあるいは東洋語セクション (sections européennes ou de langues orientales)」という制度が新たに設置された (Duverger 1996: 150)。これは普通のコレージュやリセで，数学や歴史というような教科をフランス語以外の言語で教えようという試みである。従来の外国語強化クラス (LV2 や LV3 を選択する代わりに，LV1 で選んだ言語の時間数を追加して学ぶクラス) を改造して発足したといわれるが，外国語「を」教えるのではなく，外国語「を使って」他の内容教科を教えるところが画期的であった[15]。本来は，対象となる言語にはヨーロッパで話されている

---

15) ドイツやスペインではこのような教育は CLIL と呼ばれているが，フランスでは CLIL という表現は使わない。しかし同じタイプのバイリンガル教育といえる《➡本書第 4 章，第 6 章参照》。

言語のみではなく、アラビア語や日本語なども含まれる（東洋語セクション）が、何といってもヨーロッパ・セクションの方が圧倒的に数が多い。1992年には120ほどのクラスが発足したが、2004年にはその数はコレージュとリセを合わせて2500以上に上り、2014年現在では18万人の生徒が3,944のセクションで学んでいるといわれる。それはコレージュの26％、リセの34％、そして職業リセの9％に当たる[16]。フィヨン法付帯文書には、「中等教育教員はフランス語以外の言語で自分の担当科目を教える能力をつけることが望ましい」と書かれている。

　もう一種類のバイリンガル教育は「地域語バイリンガル・セクション (sections bilingues langues régionales)」[17]と呼ばれるものである。これは地域語とフランス語の割合を半々にして、両言語を使って内容教科を教えようとする試み、いわゆる部分的イマージョン教育 (partial immersion) である。公立の学校では、地域語の授業以外は、地域語だけで教える科目があってはならないとされるので、地域語の早期全面イマージョン教育 (early total immersion) を行うことはできない（条例2003年5月12日 Arrêté du 12 mai 2003）が、私立学校はその限りではない。

　第2の注目すべき動きは、Evlang (Eveil aux langues「多様な言語への目覚め」) や Ja-Ling (Janua Linguarum「ことばの門」) と呼ばれる、多言語活動をベースとする一種の教育運動である。Evlang は EU のプロジェクト (1997-2000)、Ja-Ling は欧州評議会のプロジェクト (2000-2003) として、数ヵ国の研究者、教員、教育機関関係者が共同で行ってきているもので、初等、中等教育レベルで複言語教育を促進し、子どもたちのことばの力を全体として底上げすることを目標としている。これは1980年代の英国の「言語意識 (Awareness of Language)」教育という運動にヒントを得て始められたものであるが、子どもたちの言語・文化に対する「態度」と「能力」に働きかけ、異文化に開かれた広い視野と寛容の精神、そして異言語学習に適したメタ言語能力の開発をめざすものである。フランスでは小規模に行われて

---

16) <http://eduscol.education.fr/cid46517/sections-europeennes-ou-de-langues-orientales-selo.html>（2015.9.2 閲覧）

17) <http://www.onisep.fr/Choisir-mes-etudes/Au-lycee-au-CFA/Dispositifs-specifiques/Les-sections-linguistiques-au-lycee/Les-sections-bilingues-langues-regionales>（2015.8.14 閲覧）

いるのみであるが、フランス語圏スイスでは、小学校ですでにある程度まで制度として取り入れるところまで進んでいる《➡本書第2章注13参照》。

● おわりに

　長い間「外国語が苦手」といわれてきたフランス人も、最近では欧州統合やグローバリゼーションの動きの中で徐々にこの「汚名」を返上しつつあるように見える。実際フランスはEUの主要国として、義務教育期間に母語以外の2言語を習得させるべく、外国語教育には力を入れている。そして、何より学校教育で選択可能な言語のレパートリーの豊富さや、バカロレア試験で受験可能な言語の数には圧倒されるのである。まさに「多言語」な言語学習環境といえる。そうなった理由に関しては、識者に尋ねても、書物をひもといても定かな答えが見つからないのであるが、国民の3～4人に1人は祖父母の世代に外国人がいるというほどの、移民受け入れ国家としての長い歴史をもつからなのかもしれない。あるいは、この国が長い植民地支配の歴史をもつことによるのかもしれない。いずれにしても、この多様なレパートリーは日本の外国語教育が参考にしたい重要な点である。また、その選択肢から国内の地域語等が排除されていないことも注目すべき点であろう。

引用文献

桑原敏明（1997）「1989年教育基本法の基本原理―20世紀フランス教育改革の総決算―」小林順子編『21世紀を展望するフランス教育改革―1989年教育基本法の論理と展開―』東信堂，pp. 5-23.

Auduc, J.-L.（1998）*Les institutions scolaires et universitaires,* Paris; Nathan-Université.
Auduc, J.-L.（2003）*Le système éducatif français,* Paris; Scérén.
Duverger, J.（1996）*L'enseignement bilingue aujourd'hui,* Paris; Albin Michel.
〈フランス公文書〉
Arrêté du 12 mai 2003 relatif à l'enseignement bilingue en langues régionales à parité horaire dans les écoles et les sections *langues régionales des collèges et des lycées.*
Bulletin Officiel, no. 44 du 28 novembre 2002.
Bulletin Officiel, no. 30 du 24 juillet 2003.

第6章

スペイン
―英語・国家語・地域語のせめぎあい―

柿原 武史

● はじめに

　本章では，スペインの初等・中等教育における外国語教育の概要を紹介する。スペインは1975年の独裁者フランコの死後，1978年に現行憲法を制定し，民主国家となった。同憲法により地方分権が進められ，17の自治州からなる自治州国家となり，外交や国防など国家の専管事項を除く多くの権限が各自治州政府に移譲された。そのため，教育に関しても自治州の権限は大きい。また，言語に関しては，歴史的経緯から国家の公用語に加え，地域語を公用語として自治憲章で定めた自治州もあり，それらの自治州は程度の差こそあれ国家公用語と自治州公用語を学校教育に導入している。スペインでも近年急速に英語教育が拡大しており，教育現場における地域語の存在は，これまでのように国家語だけでなく英語とも競合することになった。

● 1. 国内の言語事情

　1978年憲法は，カスティーリャ語（いわゆるスペイン語）を国家の公用語と定め，自治憲章で地域固有の少数言語（以下，地域語）を公用語に定めた自治州においては，その言語も公用語とすることを認めている。その

結果，6つの自治州が地域語を自治憲章内で公用語として定め，それらの言語は当該自治州内では国家の公用語であるカスティーリャ語と同等の地位を有することになった。スペイン全体として見ると，「公用語」と呼ばれるものは国家の公用語と自治州公用語を合わせて6言語となる。つまり，カタルーニャ語（カタルーニャ自治州，バレアレス自治州），バスク語（バスク自治州，ナバラ自治州）ガリシア語（ガリシア自治州），バレンシア語（バレンシア自治州），アラン語（カタルーニャ自治州）が，国家の公用語であるカスティーリャ語とともに自治州の公用語とされているのである。バレンシア語は言語学的にはカタルーニャ語の一変種と考えられている。また，アラン語はアラン谷という非常に限られた地域で話されている言語である。そのため，図1のように，スペインにはカスティーリャ語に加えて3つの主要な地域語があると紹介されることが多い。

　また，それぞれの自治州公用語は学校教育において，教科としても，他の教科を教えるための教育言語としても導入されているが，その導入の程度は自治州によって異なっている。

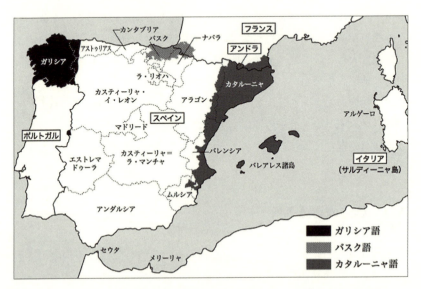

図1　自治州公用語となっている主要な地域語の分布[1]（萩尾 2014）

なお，ここでいう地域語には，カスティーリャ語とガリシア語のように相互の理解が容易にできるほどに言語距離が近い言語もあれば，バスク語のように言語の系統がロマンス諸語どころか印欧語とも異なる言語もある。また，アストゥリアス語やアラゴン語など自治州公用語とはなっていない地域語も存在する[2]。

　本章で中心的に扱う外国語教育についても各自治州が，独自の取り組みを行っている。具体例として取り上げるマドリード自治州とガリシア自治州は，近年，英語教育を重視する方針を打ち出したことで注目を集めている。これら2つの自治州を取り上げる理由は，マドリード自治州は地域語を公用語としていないのに対し，ガリシア自治州は地域語であるガリシア語を公用語としている点で異なるからである。

　日本では地域語回復政策の先進的な事例として紹介されることが多いスペインにおいても，やはり英語教育は重視されている。しかし，一方で，地域語を公用語とする自治州では，英語教育が拡大する中，国家語と英語に加えて地域語の教育も堅持した教育が実施されている。ガリシア自治州では，「複言語」教育（plurilingüismo no ensino）と呼ばれる新たな取り組みが行われている。これまで同自治州ではカスティーリャ語とガリシア語の二言語教育が行われてきたが，「複言語」教育は，カスティーリャ語とガリシア語の均衡を保ちつつ，英語教育を充実させようという意欲的な改革である。学校教育における英語の存在が拡大することで，地域語の地位が低下する懸念もあるが，3言語を平等に扱った教育により，自己の言語・文化を相対化し，異言語・異文化に対しより開かれた態度を育む真の「複言語」教育が実現する可能性もある。地域語と国家語，さらには英語がせめぎあうガリシア自治州の「複言語」教育に課題はないのだろうか。以下では，英語の勢力が拡大する中，複数の言語が学校教育に存在し続けるた

---

1) 図1は地理的に離れたカナリア諸島を除く16の自治州と主要な地域語の分布を示している。アラン語は話されている地域が狭いため記載がない。バレンシア語はカタルーニャ語にまとめられて記載されている。

2) Ethnologueによるとスペインには12の音声言語と3つの手話言語が存在するとされている。（Languages of the World, Spain（世界の言語「スペイン」）<https://www.ethnologue.com/country/ES/languages>（2015.8.31 閲覧））

めのヒントとその意義を考える。

● 2. 教育制度の概要

　スペインの教育制度は自治州ごとに異なる部分もあるが，義務教育年限や学年制度などの枠組みについては中央政府の専管事項とされている。2013年に制定された新たな教育法「教育の質の向上のための組織法(LOMCE)[3]」は2014/15年度[4]から段階的に導入されている[5]。そのため，表1にあるように，2014/15年時点では以前の教育法「教育組織法(LOE)[6]」の制度からの移行期にある。LOEによると，0～6歳の子どもには無償の幼児教育が提供され，その後，義務教育として6～12歳(6年)の初等教育(Educación Primaria)，12～16歳(4年)の中等義務教育(Educación Secundaria Obligatoria)がある。さらに，2年間の後期中等教育(Bachillerato)，職業訓練学校(Formación Profesional)がある。大学への進学希望者は，後期中等教育課程へ進学し，大学入学資格試験を受ける。この試験と後期中等教育の成績などを含めたものが「大学へのアクセスのための試験[7]」と呼ばれている。一方LOMCEでは，教育年限については大きな変更はないが，初等教育の2年ごとの区分けがなくなり，中等義務教育では最初の3年間が第1期になり，最終学年が第2期になる。そして第2期では，「学術教育」か「応用教育」，または「職業訓練基礎」を選択する。その後，大学進学者は後期中等教育に進学し，それ以外は「職業訓練中級」，さらに「職業訓練上級」へと進学する。なお，現行の大学入学資格試験で選択できる外国語は，英語，フランス語，ドイツ語，イタリア語，ポルトガル語である。

---

3) Ley Orgánica para la Mejora de la Calidad Educativa．日本の学習指導要領に相当する。
4) 　スペインの学年暦は9月に始まり，翌年の夏季休暇期間が始まる前の6月末に終わるため，慣例として2014/15年度と表記する。
5) 　初等教育1, 3, 5年次は2014/15年度より，2, 4, 6年次は2015/16年度より実施。中等義務教育1, 3年次は2015/16年度より，2, 4年次は2016/17年度より実施される。
6) Ley Orgánica de Educación．日本の学習指導要領に相当する。
7) Pruebas de Acceso a la Universidad; PAU.

第6章 スペイン―英語・国家語・地域語のせめぎあい― 77

表1 LOEとLOMCEによる大学を除くスペインの教育制度の概略

	LOE			LOMCE	
	学年	標準年齢	外国語	学年	外国語
幼児教育	第1期	0〜3		第1期	
	第2期	3〜6	第1（提供）	第2期	第1（提供）
初等教育	第1期（1〜2）	6〜8	第1（必修）	1〜6	第1（必修）+第2（選択）
	第2期（3〜4）	8〜10	第1（必修）		
	第3期（5〜6）	10〜12	第1（必修）+第2（選択）		
中等義務教育	第1期（1〜2）	12〜14	第1（必修）+第2（選択）	（1〜3）	第1（必修）+第2（選択）
	第2期（3〜4）	14〜16		（4）*2	
後期中等教育	1〜2*1	16〜18	第1（必修）+第2（選択）	（1〜2）	第1（必修）+第2（選択）

＊1 後期中等教育（普通課程）の他，職業訓練学校への進学という進路もある。
＊2 中等義務教育第2期（4学年：15歳〜16歳）より職業訓練・基礎（2年間），中級（1年間），上級（2年間）という進路も並行して存在する。
＊3 表中のすべての第二外国語（選択）は，学校によって提供される選択教科の1つであり，必ずしもすべての学校で選択可能とは限らない。

● 3. 言語をめぐる教育改革

　次に，スペインで進む英語教育の拡充政策の実態を概観し，国家語と英語の「二言語」教育，さらには地域語をも含む「複言語」教育が抱える問題点と可能性について考察したい。ここでいう「複言語」教育とは，後に詳しく見るように，国家語と地域語に加えて外国語としての英語も用いた3言語による教育という意味であり，ヨーロッパの言語教育において一般的に用いられる「複言語教育」という用語が指すものとは異なる概念である。
　近年スペインでは国民の間で高まる英語熱に答える形で，公教育における英語教育が拡充されてきている。ここでは，スペインにおける言語教育の現状を理解するために，国家語と地域語の二言語を用いる従来の二言語

教育，近年話題になっている英語と国家語による二言語教育，地域語を有さず単一言語地域であるのに，あえて「二言語自治州」であると宣言したマドリード自治州の狙い，さらには地域語と国家語に英語を加えた3言語を扱うガリシア自治州の複言語教育について概観する。

3.1 公教育における二言語教育

先に述べたように，1978年憲法に従って，6つの自治州が地域語を自治憲章で自治州の公用語に定めた。これら自治州では，行政など公的領域，学校教育，マスメディアなどで自治州公用語の使用の回復と促進をめざす「言語正常化」と呼ばれる政策が実施されている。これは，たとえば，多くの言語が共存しながらも，フランス語のみを公用語としている隣国フランスとは大きく異なる言語政策である。

教育言語に関しては，カタルーニャ自治州ではカタルーニャ語が教育を実施するための主要な言語となっているのに対し，バスク自治州ではバスク語のみを使用する学校からカスティーリャ語のみを使用する学校まで複数のモデルが存在している。なお，バレンシア自治州では，両親が子どもの教育言語を選べるが，実際にはバレンシア語の授業が存在しない学校もある。

後に詳しく見るガリシア自治州の場合，1981年に自治憲章でガリシア語をカスティーリャ語とともに公用語と定め，1983年制定の言語正常化法により両言語を大学を除くすべての教育段階における公用語であると定め，初等・中等教育課程の修了時までに生徒が両言語の同等の知識を有することを教育目標として掲げている。2010年の州政令79号「教育における複言語[8]」も，両言語同等の知識の習得を目標に掲げており，ガリシア語で行われる授業とカスティーリャ語で行われる授業時数を可能な限り同じにするよう定めている（第4条）。

このように，地域語を公用語としている自治州では，程度や方法の差はあれ，国家の公用語であるカスティーリャ語と自治州のもう1つの公用語

---

8) Decreto 79/2010, para o plurilingüismo no ensino non universitario de Galicia.

の2言語による教育が実施されている[9]。そして,それらの言語の教育は単に教科としてその言語を提供するだけではなく,他の教科を教授するための教育言語として使用しているのである。

3.2 英語と国家語の二言語教育

外国語教育に関しては,現行の教育法 LOMCE および旧教育法 LOE では,初等教育第1学年から必修となっており,幼児教育においても第2期(3歳)から外国語に触れることが推奨されている[10]。また,LOE では初等教育第3期から,LOMCE では初等教育第1学年から第二外国語を選択科目として設定することができる。その結果,2011/12年度の統計[11]によるとスペイン全体で中等義務教育に在籍する生徒の41.9％が第二外国語を履修していた。

1990年代後半からスペインでは英語教育の拡充が教育改革の主要なテーマとなっている。たとえば,スペイン教育科学省(現教育文化スポーツ省:日本の文部科学省に相当)は1996年に英国ブリティッシュ・カウンシルと協定を結び,公立学校における二言語教育プログラムを開発することにした。この協定は2013年に更新され,現在では10自治州で84の公立幼児教育・初等教育校,43の公立中等義務教育校で国家語であるカスティーリャ語と英語の二言語教育プログラムが実施されている。2010年に出版された同プログラムに関する報告書によると,2008年時点でこの協定に基づく二言語教育プログラムを実施していたのは,バレアレス自治州を除いて,すべて自治州公用語を有さない自治州であった(Dobson et al. 2010: 14)。これは学習目標言語を用いて,言語以外の教科内容を学ぶ授業であり,専門的には CLIL (Content and Language Integrated Learning: 内

---

9) 国家の教育法「教育の質の向上のための組織法(LOMCE)」は初等・中等教育における全授業時間の50％以上に相当する主要教科群(asignaturas troncales)を設定し,それらの内容は国家が決定すると定めている。一方,自治州が内容を決められる自治州自由裁量教科群(asignaturas de libre configuración autonómica)を設定し,その枠組みで自治州公用語や公用語を用いた教科教育を行うことができる。

10) 2006年勅令1630号は幼児教育の第2期で外国語に触れることを奨励している。

11) Ministerio de Educación, Cultura y Deporte, *Estadística de las enseñanzas no universitarias - curso 2011-12, La enseñanza de lenguas extranjeras.*

容言語統合型学習）と呼ばれるものである。このプログラムは全授業時間の約40％に相当する授業を英語によって実施するというもので，科学，歴史，地理の授業が英語によって行われる。このプログラムの目的の1つには，生徒の家庭の社会経済的状況に関わらず，すべての生徒が二言語教育にアクセスできるようにすることとあり，私立学校に通う裕福な家庭の生徒たちとの間に格差が生じないように配慮しているのである（Ministerito de Educación, Cultura y Deporte 2013)。つまり，その前提には，英語ができると社会的成功につながるという考えがあるものと考えられる。

3.3 マドリード自治州は「二言語自治州」なのか

こうした中，地域語を公用語としないマドリード自治州が2004/05年度に独自の二言語教育を大規模に開始した。このときのキャッチフレーズは，「二言語自治州，マドリード（Madrid, Comunidad Bilingüe)」というもので，それまでスペインで二言語自治州というと地域語を公用語とする自治州のことを指していたため，カスティーリャ語と英語の二言語自治州になるという表明は目新しく，大いに注目を集めた。

マドリード自治州の従来の公立学校教育では，初等教育で週に2時間から3時間，中等義務教育で週に3時間の英語の授業が実施されていた[12]。2004/05年度から導入された新制度では，自治州の公募に応じ，諸条件を満たした学校が二言語校に指定され，そこでは教科としての英語以外の一部の授業（全授業時間数の30％から50％）も英語で行われることになった[13]。当初，公立の初等教育校26校で開始されたが，2010/11年度には自治州内782校の初等教育校のうち242校で二言語教育が実施されるに至った。2010年のマドリード自治州教育省令5958号によると，二言語校に指定された初等教育校（Colegio Bilingüe）では，英語の授業は毎日1時間（週5時間）で，それを含め全授業時数の少なくとも3分の1を英語で実施することとされている。算数とカスティーリャ語の授業以外は，いかなる分

---

[12] 2004年マドリード自治州教育省令2199号，2007年3319-01号，2007年3320-01号による。初等教育では1年次から2年次に週2時間，3年次から4年次に週2.5時間，5年次から6年次に週3時間。中等義務教育（7〜10学年）では週3時間。

[13] 2004年マドリード自治州教育省令796号による。

野の授業も英語で実施可能である。また，社会・文化に関する知識領域は，1 年次から 6 年次まで必ず英語で実施することとされている。

　筆者が 2011 年に訪問したマドリード市内の小学校では，第 1 学年から週 6 時間の英語の授業を実施しており，それに加え，自然科学・社会科学の授業を，第 1 学年から 5 学年にかけて週 4 時間，第 6 学年で週 5 時間，それぞれ英語で実施していた。また，週 1 時間の芸術の授業も英語で実施しており，全授業時間の 3 分の 1 を英語で実施していた。

　中等義務教育校に同プログラムが導入されたのは 2010/11 年度からで，32 校が二言語校（Instituto Bilingüe）に指定された[14]。2010 年マドリード自治州教育省令 3331 号および 607 号によると，二言語校に指定された中等義務教育校では，通常コースである二言語プログラム（Programa bilingüe）と上級コースである二言語セクション（Sección bilingüe）が設けられる。二言語プログラムでは毎日 1 時間（週 5 時間）の英語の授業が実施され，それ以外にホームルーム（tutoría）と他の 1 教科（体育，芸術，音楽，技術，人権市民教育，倫理のいずれか）の授業が英語で実施される。また，生徒のレベルに応じてグループ分けが行われ，課外活動も英語により実施される。一方，二言語セクションでは，毎日 1 時間（週 5 時間）の上級英語（inglés avanzado）の授業が実施され，第 1 学年から 3 学年までは社会科学，地理，歴史，自然科学の授業が英語で実施され，第 4 学年ではさらに 1 つ別の教科も英語で実施される。このコースでは，全授業時間の少なくとも 3 分の 1 は英語で実施され，数学とカスティーリャ語，第二外国語以外の教科をすべて英語で実施することも可能となっている。

3.4　地域語を併用公用語とするガリシア自治州の外国語教育

　ガリシア自治州は，1983 年制定の言語正常化法により，大学を除くすべての教育段階においてカスティーリャ語とともにガリシア語が公用語であると定めている。そして，義務教育修了時までに生徒が両言語の同等の知識を有することを目標として掲げている。1983 年制定の州政令 135 号

---

14)　2009 年マドリード自治州教育省令 3245 号による。

により，教科としてのガリシア語とカスティーリャ語の授業時間数が同じになるよう定められているため，「芸術」，「体育」，「レクリエーション」の授業時数を削減することで調整している。基本的には初等教育で週4時間，中等義務教育で週3時間のガリシア語の授業が実施されている。そもそもガリシア語はカスティーリャ語と近似した言語であることもあり，ガリシア自治州人口の9割以上の人が話せる言語であるが，こうした教育の成果で，読み書きできる人の割合も高まってきた[15]。

現在は，2010年の州政令79号により，ガリシア語で実施すべき教科（例：初等教育では自然科学や社会科学など）とカスティーリャ語で実施すべき教科（例：初等教育では算数）が決められており，それ以外の教科については，各学校が両言語で教授される授業時数が同等になるように配慮して，どの教科をどの言語で実施するかを決めることになっている。

ところで，この州政令の正式名称は，「大学を除く教育における複言語のための州政令」である。これまでガリシア語とカスティーリャ語の二言語教育を実施してきたガリシア自治州において，新たに「複言語」教育という用語を用いたのは，これらの言語に加えて英語教育を拡充しようという意図があったからである。つまり，教育言語として英語を導入することを意図していたのである。たとえば，第21条1項は各学校が自発的かつ段階的に「外国語，特に英語により教授される教科」の授業時数を週当たり最大で3分の1にまで拡大することができると規定している。この州政令がその根拠としている調査では，幼児教育に在籍する幼児の保護者の91.5％，初等教育に在籍する児童の保護者の75.2％，中等義務教育に在籍する生徒の保護者の63％が，教育言語として英語を使用することに賛成している（Xunta de Galicia 2009: 10-18）。つまり，この州政令は，英語による教育を求める保護者の強い要望に応えたというのである。

こうした点では，ガリシア自治州でも教育における英語の存在が拡大しつつあるといえる。しかし，この州政令は，英語で教える教科が増えた場

---

[15] ガリシア統計局の2013年調査によると，聞いて理解できる人は95.83％（よくわかる69.96％，かなりわかる25.87％），話せる人も86.93％（よく話せる57.31％，かなり話せる29.62％）に達している。読める人は84.77％（よく読める52.96％，かなり読める31.81％），書ける人は59.17％（よく書ける29.40％，かなり書ける29.77％）である。

合も，ガリシア語とカスティーリャ語の授業時間が均等になるように配慮すべきであると明記している（第21条2項）[16]。つまり，単に英語を拡大するだけではなく，地域語，国家語，英語を均等に扱うことには留意しているのである。当然のことながら，英語で教える教科が増えると，残りの二言語で教える教科が減るため，この州政令によりガリシア語教育が後退したとの批判もある。そのため，同州政令が2つの公用語を平等に扱っている点では評価できるが，この「複言語」教育がもたらし得る結果についての評価は慎重に行う必要があるだろう。

● おわりに

　本章では，スペインにおける「二言語」教育および「複言語」教育の最新動向を紹介した。従来，スペインで二言語教育というと，自治州公用語と国家の公用語との二言語教育を指していたが，近年では，自治州公用語のないマドリード自治州などで実施されている英語とカスティーリャ語の二言語教育をも指すようになってきた。そうした二言語教育は英国のブリティッシュ・カウンシルとスペイン中央政府，あるいは自治政府が協定を結んで主に公立学校で実施されており，生徒の家庭の経済的状況によって英語教育に触れられる機会に不公平が生じないようにするという配慮がその背景にある。英語が格差を生むという考えを前提に，それを是正しようという点では評価に値するが，英語が成功に必要であるという考え，つまり英語の威信を再生産しているという点では大いに問題がある。

　従来，自治州公用語と国家の公用語の二言語教育を実施してきたガリシア自治州などでは，「複言語」教育という現代ヨーロッパでは肯定的に捉えられる名称を用いて，結局は英語教育を拡充せざるを得ない状況にある。英語という「威信言語」を特別扱いするようでは，少数言語である自分の言語を，英語と国家語に次ぐものとして，さらに低い位置づけにする言語観を子どものうちに植えつけてしまうことになる危険性がある。しか

16）　同州政令が定めた教育言語の配分については柿原（2011）を参照のこと。

し，英語による教育を拡充しつつも，ガリシア語とカスティーリャ語による授業時数の均衡を保つように配慮している点は注目に値する。従来からの同自治州の言語政策の理念である「均衡のとれた二言語主義」が「均衡のとれた複言語主義」へと受け継がれれば，理想的な複言語教育が実現するのではないだろうか。つまり，複数の言語を学ぶことで，自分の言語や英語を相対化する態度が身に付くのではないだろうか。

　現在のヨーロッパでは，留学や就職先を求めて国境を越えて移動することは非常に容易である。特に，経済状況が悪く，若者の就職状況が厳しいスペインでは，多くの若者が国外に職を求めて移動している。その際必須なのが語学力であるのは言うまでもなく，ますます多くの若者がリンガ・フランカとしての英語を習得しようとしている。しかし，英語圏以外の地域に移動する者も多く，彼（女）らはその地域の言語にも触れ，それを習得しようとするだろう。このように国境を越える就職への垣根が低くなった現在のヨーロッパでは，多様な言語に触れる機会も多く，英語を相対化する態度も身に付く可能性は高いだろう。また，従来から国内での言語的多様性に触れているスペインには自他の言語を相対化する素地はある。その意味では，ガリシア自治州における「複言語」教育などは，今後の運用次第では，英語を身の回りに存在する複数の言語のうちの1つとして相対化する態度を若者たちに身につけさせることも可能になるかもしれない。

　こうした環境は，外国語といえば英語しか見ないような日本とは対照的である。バランスの取れた言語観，さらには自己の言語・文化を相対化し，異言語・異文化に寛容な態度を身につけるという「真のグローバル人材」育成のための教育のあり方を考える上で大いに参考になるだろう。

引用文献

柿原武史 (2011)「マイノリティ言語話者にとって「複言語」教育とは何か―スペイン・ガリシア自治州で進む言語教育改革が抱える問題点を探る―」『ことばと社会』13号，81-102.

萩尾生 (2014)「越境する「少数言語」の射程―現代スペインにおける国家語と少数言語の対外普及政策―」『第8回多言語社会研究会・名古屋研究大会予稿集』, 59-68.

Dobson, Alan, María Dolores Pérez Murillo, Richard Johnstone (2010) *Programa de Educación Bilingüe en España, Informe de la evaluación,* Ministerio de Educación.

Ministerito de Educación, Cultura y Deporte (2013) *Programa Bilingüe MECD/British Council* (二言語プログラム MECD／ブリティッシュ・カウンシル) <http://www.mecd.gob.es/educacion-mecd/areas-educacion/sistema-educativo/ensenanzas/ensenanza-idiomas/centros-bilingues.html> (2015.8.19 閲覧)

Xunta de Galicia. (2009) *Consulta ás familias sobre a utilización das linguas no ensino non universitario de Galicia,* Consellería de Educación e Ordenación Universitaria.

第7章

ロシア
―多様な外国語教育の伝統と現代的課題―

白山 利信・鈴木 千賀・小田桐 奈美

● はじめに

　私たちは，全ての教育段階における外国語教育に対する積極的姿勢を歓迎する。

　これは，2006年6月にロシアで初めて開催されたサンクトペテルブルグ主要国首脳会議（G8サミット）において，教育に関する共同声明として発表された「21世紀のイノベーション創成社会のための教育」第22条冒頭の一文である。この声明に呼応するかのように，同年9月からはロシアで早期外国語教育が始まり，初等教育の段階から外国語を学べるようになった。近年ロシアは積極的に外国語教育政策を打ち出し，実施している。このような児童・生徒の外国語能力習得を求める動きは決して今に始まったことではない。帝政ロシア時代やソ連時代にも見られた。しかし，外国語教育はそれぞれの時代の影響を受けやすく，一律に同様の展開を見せてきたわけではない。

　本章では，ロシアにおける外国語教育制度の歴史的変遷と，サンクトペテルブルグ市を中心とした外国語教育の現状を明らかにすることを通して，ロシアにおける多様な外国語教育の諸相を描き出すとともに，その多様性の背後にある現代に特有な課題を浮き彫りにしたい。ここでは，公立

第 7 章 ロシア—多様な外国語教育の伝統と現代的課題— 87

の全日制普通教育学校（общеобразовательная организация）[1]）を主に扱い，その中でも特に個別の科目を深く学習する中等普通教育学校（Средняя общеобразовательная школа с углубленным изучением отдельных предметов）（以下，特別学校）を具体例として取り上げる。

ロシアの教育制度では，初等普通教育（начальное общее образование，日本の小学校に相当し，1～4 年生を指す）[2]）、前期中等普通教育（основное общее образование，日本の中学校に相当し，5～9 年生を指す），後期中等普通教育（среднее（полное）общее образование，日本の高等学校に相当し，10～11 年生を指す）の三段階に分かれており，このうち初等普通教育から前期中等普通教育までが義務教育となる。ただし，ロシアでは 11 年間を通して一貫した教育が行われており，公立の全日制普通教育学校の約 7 割が日本の小中高一貫校に相当する。

特別学校もその多くは 1 年生から 11 年生までの一貫教育が行われる初等・中等普通教育学校である。本章では外国語特別学校に注目するが，外国語の他には物理や数学などの理系科目や，スポーツや音楽など芸術系科目を重点教育科目とする特別学校が見られる。

● 1. ロシアにおける外国語教育の変遷……………………

ロシアの外国語教育の歴史は古い。おそらく，外国語を教えるという行為は，キリスト教（東方正教）の聖典などとの関わりの中で営まれていた。これは，ロシア民族のルーツ国家であるキエフ・ルーシの国王ウラジーミル大公が，10 世紀末（988 年）に東方正教を国教として受容したことが契機となっている。

1.1　帝政ロシア期からソ連時代まで

ロシアでは，17 世紀までは修道院や教会付属学校のように，主にロシ

---

[1]　モスクワ市とサンクトペテルブルグ市の公立全日制普通教育学校は基本的に国立である。その他では，地方自治体立（муниципальный）の全日制普通教育学校もある。本章では国立と地方自治体立の区別をせず，「公立」で統一する。
[2]　初等普通教育学校には満 6 歳から入学することができる。

ア正教系の組織が教育機関の役割を果たしていた。そこでは教養教育としてラテン語や古典ギリシャ語が教えられていた。公教育機関としての学校が設立されたのは，18世紀初め，ロシアの近代化をめざしてピョートル大帝が始めた社会制度改革の時期である[3]（クリュチェフスキー 1983）。この近代化政策の下では，西欧社会が模範とされたことから，中等教育機関でまずフランス語とドイツ語という西欧言語の教育が始まった。また，この時期はロシア帝国が東部へと版図を拡大した時期でもあり，ヨーロッパだけではなく，日本や中国との関係にも注意が向けられていた。そのことから，日本語や中国語などの東洋言語の教育も高等教育機関において開始された。

その後，1917年10月革命後のソヴィエト政権による教育制度改革によって，学校教育としての古典語，つまり，ラテン語と古典ギリシャ語の教育は廃止され，フランス語とドイツ語が正規の外国語として教育されるようになった。さらに英語が加わり，特に60年代以降，外国語科目の中心的地位を占めるようになる。外国語は初等・中等普通学校の5年生以降に週2～4時間履修する必修科目であったが，当時の教育における中心的な関心は労働教育や初等・中等教育の義務教育化，民族語による教育などの問題に向けられていたため，外国語教育に対する注目度は相対的に低かった。一方，初等教育の早期段階から英語やドイツ語などの外国語について英才教育を行う専門化された普通学校 специализированная школа が例外的にごく少数存在した。そこでは，2年生から必修科目として週3～7時間外国語が学習された（川野辺 1978）。

1.2 ペレストロイカ期およびそれ以降の教育制度改革

ロシアの教育制度は，1980年代後半から始まるペレストロイカ期の教育改革，1991年のソヴィエト連邦崩壊，そしてロシア連邦の誕生を機に大きく転換した。ペレストロイカ期における教育制度改革では，ソ連時代

---

[3] サンクトペテルブルグ市は，1703年，ピョートル大帝によって，当時立ち後れていたロシアの近代化・西欧化を先導する新たな都として，バルト海に面したネヴァ川沿いに建設された。

の教育制度が過度に中央集権的で柔軟性を欠いた画一的なものだったという反省点を踏まえ，学校の自主性と創意工夫を重んじ，特色ある教育を推進し，教育の多様化を図ることがめざされた。中でも重要な変化は，外国語の選択肢が大きく広がったことである。これは，ペレストロイカ期のカリキュラムの自由化によって，学校が一定の範囲内で授業作りを自由裁量で行えるようになったためである。

　それに伴い，第二外国語やその他のさまざまな外国語が学ばれるようになり，2007年には「希少な外国語の学習について」という公文書がロシア連邦教育・科学省から発表された[4]。この文書では，これまで第一外国語とされていた英語，フランス語，ドイツ語，スペイン語[5]といった西欧言語だけでなく，他の「希少な外国語」の選択可能性についても触れている。ここでいう「希少な外国語」とは，ポーランド語，イタリア語，フィンランド語，トルコ語，アラビア語，韓国・朝鮮語，中国語，日本語である。広大な国土をもつロシアでは，地方政府[6]が位置する地政学的条件によって，地域社会の外国語教育に対するニーズと関心が異なっている。そのため，ヨーロッパの言語だけではなく，アジアの言語を含む幅広い選択肢から外国語を選びたいとの要望が高まったものと考えられる。

　ここで，普通教育学校における現在の外国語教育の学習時間数等について簡単に触れておく。ソ連時代から2006年までは，外国語教育が開始されるのは中等普通教育からとなっていたが，2002年からの試験的導入を経て，2006年からは正式に初等普通教育から外国語教育が始まっている。ロシア連邦教育・科学省で定める外国語の標準学習時間数によれば，表1

---

4) 出典は，2007年5月13日付ロシア連邦教育・科学省通達第03-513号「普通教育制度における希少な外国語の学習について」(Письмо от 13 марта 2007 г. N 03-513 «Об изучении редких иностранных языков в системе общего образования») による。
5) スペイン語は1960年代前半から第一外国語として導入されている。
6) 「連邦構成主体 (субъект федерации)」とも称され，アメリカの州にほぼ対応する。ロシアの地方政府は83ある。内訳は，46州 (область)，21共和国 (республика)，9地方 (край)，4自治管区 (автономный округ)，1自治州 (автономная область)，2特別市 (город федерального значения) となる。なお，ロシア連邦政府の発表によれば，2014年のクリミア編入により地方政府は85あるとしているが，日本政府を含む国際社会は未だ承認していないことから，本章ではロシア連邦政府が公表する「クリミア共和国」と「セヴァストポリ市」を除き83としている。

が示すように2～4年生までは週2時間，5～9年生では週3時間の学習時間数が設けられている。また，表2が示すように10～11年生では標準学習科目として週3時間が標準とされているが，語学・文学系統に重点を置く学校では系統学習科目[7]として週6時間の学習が標準とされている。

表1　初等・前期中等普通教育の標準学習時間数（週／教育言語：ロシア語）*

科目＼学年	I	II	III	IV	V	VI	VII	VIII	IX
外国語	0	2	2	2	3	3	3	3	3
総学習時間数	20	22	22	22	26	27	29	30	29
地域または学校裁量による学習時間数（5日制）	0	0	0	0	2	2	2	2	3
最大学習時間数（5日制）	20	22	22	22	28	29	31	32	32
地域または学校裁量による学習時間数（6日制）	0	3	3	3	5	5	5	5	6
最大学習時間数（6日制）	20	25	25	25	31	32	34	35	35

＊I～IVは初等普通教育，V～IXは前期中等普通教育

表2　後期中等普通教育の系統学習別標準学習時間数（週）

科目・項目＼学習系統	社会・経済	社会・人文	語学・文学
外国語（標準学習科目）	3	3	0
外国語（系統学習科目）	0	0	6
地域裁量による学習時間数	2	2	2
学校裁量による学習時間数	5	3.5	3
総学習時間数	38	36	36

2004年3月9日付ロシア連邦教育・科学省令第1312号に基づき作成[8]

---

7) 系統学習とは，学習科目を差別化・個別化して特定の科目をより高い水準で学習することにより，生徒の関心を高めるとともに，高等教育の準備教育として専門性を高めることを目的としている。たとえば物理数学，化学生物，生物地学，社会経済，文学，情報科学，芸術美学，スポーツなどの系統がある。系統学習科目とは，各系統に応じてより高い水準での学習をめざす科目を指す。これに対して，標準学習科目とは基礎的な水準での学習をめざす科目で，ロシア語，文学，外国語，数学，歴史，体育，社会科学一般，自然科学一般が必須科目となっている。ただし，この中から系統学習科目で学習する時間を確保する場合は，標準学習科目としての学習は行われない。

8) 出典は，2004年3月9日付ロシア連邦教育・科学省令第1312号「ロシア連邦普通教育学校のための連邦基礎学習時間及び模範学習計画について」（Приказ Минобразования РФ от 9 марта 2004г. N1312 «Об утверждении федерального базисного учебного плана и примерных учебных планов для образовательных учреждений Российской Федерации, реализующих программы общего образования») による。

なお，以上の学習時間数はあくまで標準であり，標準学習科目としての外国語である点に注意が必要である。省令によれば，地域または学校裁量による授業構成が可能であり，最大学習時間数の中で各地方政府や学校において自由に学習科目や学習時間数を設定する枠が設けられている。したがって，この時間数を用いて第一外国語の重点教育や，それ以外の言語の導入が可能となっている。

ロシアでは，教育法において母語で教育を受ける権利が保障されており，各地方政府または学校ではロシア語以外の言語を教育言語とすることができる。同様に，6日制とするか5日制とするかは，各学校の裁量により選択できる。ロシア連邦教育・科学省令では，教育言語がロシア語の場合とロシア語以外の場合の2つのパターンの標準学習時間数が定められているが，表1および2では教育言語がロシア語の場合を示している。

2. サンクトペテルブルグ市の多様性豊かな外国語教育……

サンクトペテルブルグ市は人口513万2千人（2014年1月現在）を有するロシア第2の都市で，ロシア北西部に位置する。同市は，帝政ロシア時代に首都として栄えた時期もあり，現在モスクワ市と並んでロシアの文化・学術の中心地と位置づけられている。

2.1 活況を呈する「特別学校」を中心とした外国語教育

このサンクトペテルブルグ市で学校教育の外国語教育が社会的関心を呼び，急速に多様化が進んだのも，ソ連崩壊前後の教育改革の結果である。特にソ連崩壊（1991年）以降，特定の外国語を重点的に学び，中にはその外国語で授業が行われることもある外国語特別学校の数が急増し，外国語教育が活況を呈している。現在も続く外国語教育熱の中心となっているのは，英語系の特別学校である。

ロシア全土の公立普通教育学校数は，2013/2014学校年度[9]で43716校

---

9) ロシアの学校年度は，当該年の9月1日から始まり，翌年の8月31日までとなる。

である。これは定時制学校を除いた学校数で，軍事幼年学校や特別支援学校，寄宿制学校も含めた普通教育を行う学校すべてを含んでいる。このうち特別学校数は1287校（公立普通教育学校数の2.9%）となっている。

一方，表3が示すように，サンクトペテルブルグ市の学校数は686校であり，このうち特別学校は全体の約2割に当たる130校[10]である。さらにこれらの特別学校のうち，外国語特別学校が93校で，特別学校全体の7割に達している。このうち英語は48校，ドイツ語は13校，フランス語は13校，フィンランド語は2校あり，スペイン語，ポーランド語，イタリア語はそれぞれ1校である。表3では，第一外国語以外の外国語を重点教育科目として指定する特別学校を「その他外国語」としてまとめて掲載している。これらの学校の名称は，「○○語を深く学習する中等普通教育学校」（○○には外国語名が入る）である。その他，表3では「複数の外国語」としてまとめているが，日本語，英語など複数の外国語を重点教育科目として指定する特別学校が11校ある。これらの学校はすべて英語を重点教育科目に指定しており，表3の備考欄には英語以外に学ぶことができる外国語を掲載している。11校のうち9校の学校の名称は「複数の外国語を深く学習する中等普通教育学校」であり，1校は「日本語と英語を深く学習する中等普通教育学校」，残りの1校は「ロシア語，英語，フランス語を深く学習する中等普通教育学校」である。また，外国語と他の科目（芸術，情報科学など）を併せて重点教育科目としている学校が3校ある。具体的な重点教育科目名は，表3の備考欄に掲載している。

外国語特別学校の中で最も多いのが英語特別学校で，外国語特別学校全体の5割強を占めている。英語が最も多い背景には，ロシア社会においても英語が国際コミュニケーション語の最上位にある言語であるとの評価が定着していることがある。こうした社会的なニーズを学校側が敏感にキャッチして，特色ある教育活動の柱として英語教育を導入したものと推測される。

なお，外国語特別学校以外の特別学校は37校あるが，これらは物理や

---

10) 以下のサンクトペテルブルグ市の特別学校数は，サンクトペテルブルグ市教育委員会のWebサイトから集計したものである。

第7章 ロシア―多様な外国語教育の伝統と現代的課題― 93

化学，数学などの理系科目や音楽などの芸術科目，さらには情報科学技術や経済などの科目を重点教育科目としている学校である。

表3 2013/2014学校年度におけるサンクトペテルブルグ市の特別学校数

学校の種類				学校数	構成比	備考
1 公立普通教育学校				686	―	全ロシア（43,716校）の1.6%
	2 特別学校			130	―	全ロシア（1,287校）の10.1% 市の公立普通教育学校の19.0%
		3 外国語特別学校		93	100.0%	市の特別学校の71.5%
		学校名にある重点教育科目	英語	48	51.6%	
			ドイツ語	13	14.0%	
			フランス語	13	14.0%	
			スペイン語	1	1.0%	
			その他外国語	4	4.3%	フィンランド語2校，ポーランド語1校，イタリア語1校
			複数の外国語（いずれも英語を含む）	11	11.8%	ドイツ語5校，フランス語5校，スペイン語1校，イタリア語1校，ヒンディー語1校，フィンランド語1校，ヘブライ語1校，日本語1校
			外国語とその他の科目	3	3.2%	ドイツ語と芸術1校，文学と歴史と外国語（独・仏・英）1校，外国語（英・仏・ヘブライ語）と情報科学1校

サンクトペテルブルグ市教育委員会Webサイトに基づき作成

2.2 地域的特色と外国語教育

　サンクトペテルブルグ市の地域的特色として指摘できるのは，フィンランド語教育である。同市にはフィンランド語の外国語特別学校が2校と，英語とフィンランド語を学べる外国語特別学校が1校ある。この他にも，特別学校以外の一般の普通教育学校が第二外国語としてフィンランド語教育を導入しているケースも見られる。学校教育におけるフィンランド語教育は，ロシアの隣国であるフィンランドとの地理的な近さが深く関与している。その他にヨーロッパ言語の外国語教育が盛んであることも特徴的で，ドイツ語，フランス語，ポーランド語，イタリア語など，ヨーロッパ

との地理的な近さや歴史的な背景と無関係ではないだろう[11]。

　さらに，サンクトペテルブルグ市の地域的特色として，国際都市としての背景がより多様な外国語への関心を高め，実践的な教育が行われている点も指摘できる。同市中心部の歴史地区と関連建造物群は1990年にユネスコの世界遺産に登録されており，多くの外国人観光客が訪れている。同市では地域裁量による学習時間数を用いて5～7年生で「サンクトペテルブルグの歴史と文化」を学習することを推奨している。たとえば，第606番英語特別学校[12]では，外国語でサンクトペテルブルグ市の歴史や文化を学んだ後，外国人観光客に観光施設を案内する実習を行っている。また，サンクトペテルブルグ港は国内有数の港湾として，首都モスクワも含めた主要消費地への物流の拠点としての役割も担っており，世界各国との貿易需要の高まりとともに同市への投資が進んでいる。

　このような背景が第一外国語だけではなく，多様な外国語への関心を高めており，第二外国語の導入にも影響を与えている。サンクトペテルブルグ市の外国語の標準学習時間数は，国の示した表1の基準に依拠し，重点教育科目として学習する場合にはさらに1～4年生で週1時間，5～9年生で週1～4時間を追加することとしている。これらの重点教育は学校裁量による学習時間数を用いて行われる。同様に第二外国語を選択する場合は，5～7年生で週2時間以上学習することとされている。実際に学習されている第二外国語としては，フランス語，ドイツ語，イタリア語，ブルガリア語，セルビア語，中国語などがあり[13]，西欧の言語だけでなく，中欧や東欧の（ロシア語と同系の）スラヴ系の言語やアジアの言語が学ばれ

11）　極東のウラジオストク市では，日本語，ヒンディー語，韓国・朝鮮語，中国語，ベトナム語，タイ語などの東洋言語教育に力が入れられている。

12）　ロシアの公立学校名は，各自治体単位で通し番号が付されていることが多い。サンクトペテルブルグ市の場合も，市内の公立学校で通し番号が付されている。

13）　たとえば，第639番外国語特別学校では第一外国語を英語，フランス語，ドイツ語から，第二外国語は5～11年生ではフランス語，ドイツ語から，7～10年生ではイタリア語を選択することもできる。第二外国語の学習時間は週2時間となっている。これは同校Webサイトで確認したものである。第479番学校では，ブルガリア語・セルビア語が学習されているが，これは2007年12月11日，鈴木が同校に対して電話によるインタビューを実施し，確認したものである。また，第515番ドイツ語特別学校では中国語を選択科目として学習しているが，これは2007年5月28日，鈴木が同校へのメールにより確認したものである。

ている点が特色といえよう。また，同市の学習計画作成要領では，1〜9年生で週当たり約10時間までの課外学習が認められているため，学校によってはこれらの時間を用いてより高い水準の外国語教育を行うことも可能である[14]。

多様な外国語教育を行っている学校は，その学校が「希少な外国語」の教育を先駆的に導入したことや，地域でその言語を学習できる例外的な学校であることなどを強みにして，他校との差別化を図っている。その一方で，生徒の学習意欲の維持や，保護者らに対する「希少な外国語」教育の意義の説明など，魅力ある教育理念と教育戦略を描きながら，きめ細やかな「希少な外国語」の教育活動に取り組んでいかなければ教育事業として成り立たないという現実がある。この点が，すでに国際コミュニケーション語としての評価が定着している英語とは異なる点である。

● 3. ロシアにおける外国語教育の現代的課題：
　　民族語をめぐる諸問題

ロシア国内において言語問題を扱う際に必ず問題となるのが，ロシア語とロシア国内で話されるロシア語以外の言語，すなわち，民族語の問題である。

3.1 民族語の尊重とロシア語の防衛・普及

ロシアは，160以上の民族を抱えるといわれる多民族・多言語国家である。2010年のロシアの国勢調査によると，総人口1億4343万人のうち，80.9％をロシア人が占めている。ロシア人に次いで人口が多いのは，タタール人（531万人，全体の3.9％），ウクライナ人（193万人，全体の1.4％）

---

14) 出典は，2015年5月21日付サンクトペテルブルグ市教育委員会第03-20-2059/15-0-0号「2015/2016学校年度における前期中等普通教育実現に向けてのサンクトペテルブルグ市普通教育学校のための学習計画作成要領」（Инструктивно-методическое письмо Комитета по образованию от 21.05.2015 N 03-20-2059/15-0-0 «О формировании учебных планов образовательных организаций Санкт-Петербурга, реализующих основные общеобразовательные программы, на 2015/2016 учебный год»）による。

である。現在，ロシアの国家語[15]はロシア語であるが，同時にその他の民族語を使う権利も憲法や言語法で保障されている。たとえば，ロシア連邦の83の地方政府のうち21は共和国だが，そのほとんどはロシア連邦全体の国家語であるロシア語の他に，各共和国独自の言語政策によって基幹民族語が共和国の国家語として定められている[16]。連邦国家としての統一性を守るためにロシア語の重要性が説かれる一方で，各民族によって自らの母語である民族語を守ろうとする動きもある。ロシア語と民族語の使用をめぐっては，民族間の複雑な利害関係なども絡み，デリケートな社会・政治問題となっている側面がある。

　このような2つの公的に定められた言語，すなわち，連邦国家語であるロシア語と共和国国家語である基幹民族語をめぐる社会的摩擦の問題が存在する一方，近年の，英語を中心とする外国語熱の高まりに比例するように，ロシア語の規範に乱れを引き起こす外来語（特に英語）からロシア語を守ろうという声も上がっている。日常のロシア語使用の中で，英語をもとにして作られた語や言い回し（たとえば，「オケイ（окей）」（OK，大丈夫）や，「シュガーフリー（шугафри）」（sugar free，無糖）などがある）が氾濫している状況を嘆き，これに歯止めをかけようというのである。

　ロシア語を外来語から守ろうという国内の動きに加えて，海外におけるロシア語教育の普及やロシア語の地位向上にも関心が集まっている。ロシア政府は2007年を「ロシア語年」と定め，1年間で800以上の行事を開催した。「ロシア語年」の目的は，ロシア国内に留まらず，全世界でロシア語・ロシア文学・ロシア文化等に対する関心を高め，ロシアのイメージアップを図ることにある。

---

15) 国家語の定義は国や地域によって異なるが，ロシアを含む旧ソ連諸国では，国家語は通常憲法やその他の法律によって規定されており，国を象徴する役割を有している（小田桐2015）。

16) たとえば，ロシア連邦の地方政府であるタタールスタン共和国の基幹民族語はタタール語である。同共和国では，タタール語がロシア語に加えて国家語として定められている。ロシア語がロシア全土に適用される連邦国家語で，タタール語はタタールスタン共和国のみに適用される共和国国家語である。こうした事情からタタール語を教育言語とする学校ではロシア語が教科として学習され，ロシア語を教育言語とする学校ではタタール語が教科として学習されている。

第 7 章　ロシア—多様な外国語教育の伝統と現代的課題—　　97

表 4　旧ソ連諸国においてロシア語で学校教育を受けた児童・生徒の人数の推移

国　名	1990/1991	2000/2001	2010/2011	20 年間の増減
	ロシア語で学校教育を受けた児童・生徒数			
ベラルーシ	1,204,300 人	1,068,000 人	758,200 人	446,100 人▼
ウクライナ	3,518,000 人	1,197,200 人	685,900 人	2,832,100 人▼
モルドバ	239,100 人	133,600 人	81,400 人	157,700 人▼
カザフスタン	2,224,000 人	1,441,700 人	834,400 人	1,389,600 人▼
キルギス	248,900 人	253,300 人	283,500 人	34,600 人△
ウズベキスタン	636,000 人	321,000 人	221,000 人	415,000 人▼
タジキスタン	120,000 人	18,000 人	47,000 人	73,000 人▼
トルクメニスタン	127,100 人	42,300 人	6,500 人	120,600 人▼
アゼルバイジャン	250,000 人	107,500 人	94,700 人	155,300 人▼
アルメニア	92,000 人	9,200 人	1,500 人	90,500 人▼
グルジア	207,000 人	38,100 人	8,500 人	198,500 人▼
ラトビア	168,100 人	115,300 人	56,600 人	111,500 人▼
リトアニア	76,200 人	41,200 人	15,900 人	60,300 人▼
エストニア	75,900 人	54,000 人	26,600 人	49,300 人▼
計	9,186,400 人	5,561,000 人	3,121,700 人	6,008,000 人▼

Арефьев А. Л.(2014) に基づき作成

　国家政策として海外でロシア語を積極的に普及する活動を展開している理由の1つは，ソ連崩壊後に旧ソ連諸国や旧東欧諸国などでロシア語の習得者数が大幅に減少し，世界におけるロシア語の社会的影響力が急速に低下したことにある。現在，旧ソ連諸国であった 15 ヵ国のうち，ロシア語に何らかの法的地位を与えているのは，ロシアを除くと，ベラルーシ，カザフスタン，キルギスの三国だけである。表 4 が示すように，旧ソ連諸国においてロシア語で学校教育を受けた児童・生徒の人数は，過去 20 年間（1990/1991–2010/2011 年度）で劇的に減少した。この中で中央アジアのキルギスだけが微増している[17]。

---

17)　キルギスは，天然資源に恵まれていない上，目立った産業も育っておらず，地理的にも内陸で高地に位置しているなど，数々の悪条件が重なって，旧ソ連諸国の中で経済的な自立と発展が最も遅れている国の1つとなっている。そうした背景から，独立・建国後もロシアへの依存度が非常に高く，政治・経済・教育・外交・防衛など，ロシアとの結びつきが極めて強いことが，ロシア語学習者の増加に寄与したものと推測される。

3.2 民族語を外国語として学ぶサンクトペテルブルグ市

近年，ロシアでは非ロシア系の民族や，国外からの移民の子どもたちを対象とした民族語教育とともに，彼らの言語を他のロシア人児童たちが外国語として学習する試みが始まっている。

サンクトペテルブルグ市は，旧ソ連諸国（ロシアを除く）などから数多くの移民を受け入れている多民族都市である。その移民の子どもたちは公立の普通教育学校で学ぶのが一般的であるが，中には，主に特定の移民の子どもたちの普通教育を行うための「民族学校」も存在する。たとえば，同市の第122番普通教育学校はグルジア[18]人の子どもたちが数多く在籍する民族学校で，外国語としての英語教育に加えて，民族教育としてのグルジア語教育に力を入れている。2003年まではグルジア語を重点的に教育する私立学校であったが，サンクトペテルブルグ市の主導で公立普通教育学校へと改組された[19]。同校では，日本の学習指導要領に当たる「ロシア国家教育スタンダード」に基づいて教育が行われ，ロシア語が教育言語として使用されている。同校のグルジア語教育は，グルジア系の児童たちにとっては民族的アイデンティティ形成・保持，ロシア系の児童たちにとっては異文化理解教育の一助としての外国語教育となっている。

グルジア語教育に力を入れている第122番普通教育学校の他にも，ヘブライ語教育を実施している学校もある。たとえば，第550番外国語・情報科学特別学校では，外国語科目として英語，フランス語，ヘブライ語が教えられている。ロシア語を教育言語として，ヘブライ語・英語クラス，または英語・フランス語クラスのいずれかを選択できる。また，イスラエル政府と協定を結び，イスラエルの歴史や伝統を学習する授業も設けられている。

一方，民族語教育は，デリケートな問題を抱えている。近年，スキンヘッドと呼ばれる外国人および異民族排斥運動を支持する若者たちによ

---

[18] 「グルジア」という国名呼称は，2015年4月22日付の日本の法律改正により，英語表記のGeorgiaに合わせる形で，日本語表記が「グルジア」から「ジョージア」に変更されたが，本章では従来の呼称である「グルジア」を使用する。

[19] 2007年12月13日，第122番学校の当時の教務担当教頭に対して，鈴木が電話によるインタビューを実施し，確認した。

る，外国人留学生や非ロシア系の住民を狙った傷害事件が多発している。おそらく，こうした不穏な動きなどが背景にあり，ロシアでは自らの民族名や国籍を明かすことを好まない傾向さえ見られる。2010年国勢調査では，ロシア全土で563万人が自らの民族名の申告を拒否した[20]。国籍についても414万人が申告を拒否している[21]。

注目に値するのは，第122番普通教育学校などの民族教育を重視する学校に対して，こうした「排外主義」の動きをけん制する役割が期待されているという点である。サンクトペテルブルグ市教育委員会の教育現代化推進担当課長であるレオニード・イリューシン氏（当時）は，民族学校の数を増やすことに積極的な姿勢を示し，「私たちはこの問題（外国人および異民族排斥運動）を解決することに関心を持っている。このような学校の設立が，異文化の統合を促し，ひいてはサンクトペテルブルグ市で見受けられる外国嫌いを抑制することにつながる」と語っている（ロスバルト紙 Росбалт 2005.9.29）。

サンクトペテルブルグ市の民族学校がロシア国内の排外主義的な動きに対する有効な抑止力となり得るのか否かについては，未知数である。しかし，サンクトペテルブルグ市当局による教育政策は，多民族社会の融和と調和に向けた勇気ある挑戦であり，ロシア社会の懐の深さを感じさせるものである。

● おわりに

本章では，ロシアの外国語教育の歴史と現状を概観し，現代ロシア社会の外国語教育の多様性の諸相とその課題について整理・検討した。

ロシアの学校教育における外国語教育の変遷は，各時代と社会の要請を反映している。現代ロシアの外国語教育は，世界の中のロシアというグローバル時代のニーズと，学校が存在する地域の特性というローカルな

---

20) この数値は2002年の数値の約4倍である。2002年の国勢調査では，146万人が民族名の申告を拒否した。
21) この数値は2002年の数値の約3.5倍である。2002年の国勢調査では，127万人が国籍の申告を拒否した。

ニーズを背景にした多様な外国語教育である。特色ある教育の柱として，外国語特別学校だけでなく，公立の普通教育学校などでも第一外国語として指定されている英語，フランス語，ドイツ語，スペイン語以外の言語や第二外国語を導入している学校が数多く存在している。特に，普通教育学校において，旧ソ連諸国からの移民の子どもたちの民族語を，第一外国語として指定されている4つの言語と並んで，正規の外国語科目の1つとして導入する取り組みは，ロシア国家特有の課題ともいえる，多民族国家ロシアが抱える深刻な社会問題の一面を映し出している。しかしながら，その教育理念と教育活動の実践は，ロシア国内に留まらず，ロシア国外の学校教育における外国語教育の多様性と社会的意義をより一層広げていく可能性を秘めている。

付記：本研究の一部は，平成27年度科学研究費補助金（基盤研究（C），課題番号：25370462，研究代表者：臼山利信）の助成を受けたものである。

引用文献
小田桐奈美（2015）『ポスト・ソヴィエト時代の「国家語」―国家建設期のキルギス共和国における言語と社会―』関西大学出版部．
川野辺敏（1978）『ソビエト教育の構造』新読書社．
クリュチェフスキー，В. О.（1983）『ロシア史講話4』（八重樫喬任訳）恒文社．

Арефьев А. Л.（2014）Русский язык в мире: Прошлое, настоящее, будущее, *Вестник Российской Академии Наук*, том 84, No. 10, с.31-38.
Образование в Российской Федерации 2014（2014）Статистический сборник, Москва, Национальный исследовательский университет, «Высшая школа экономики».

サンクトペテルブルグ市 Web サイト <http://www.gov.spb.ru/>（2015.8.21 閲覧）
G8 議長国ロシア公式 Web サイト <http://g8russia.ru/documents/>（2015.8.21 閲覧）
日本国外務省 Web サイト <http://www.mofa.go.jp/mofaj/press/release/press4_002048.html>（2015.8.21 閲覧）
ロシア連邦教育・科学省 Web サイト <http://old.mon.gov.ru/work/obr/dok/obs/3601>（2015.3.3 閲覧）
ロシア連邦統計局 Web サイト <http://www.gks.ru/>（2015.8.21 閲覧）

第8章

韓国
―理念と現実のはざまで―

長谷川 由起子

● はじめに …………………………………………………………

　近年，日本で英語教育強化政策が取られるようになる中で，韓国の英語教育政策の「成功」が注目されてきた。日韓は言語的にも社会的にも教育制度的にも多くの共通点をもっているが，こと英語教育に関しては，日本は韓国に大きく水を開けられた感があるためであろう。
　ところで，英語教育ばかりが注目されるが，実は，「第二外国語（英語以外の外国語）」の教育においても，韓国は日本よりはるか先を行っている。最近は第二外国語教育に翳りが見えているともいわれ，確かに高等学校での第二外国語の履修者数や履修単位数は減少したが，韓国社会で第二外国語が不要だと認識されたわけではなく，その背景にはさまざまな社会的要因が複雑に関わっているものと思われる。
　本章は，韓国の外国語教育政策について可能な限り適切に理解し評価するため，まず，①韓国の英語教育が成果を挙げるに至った経緯と，②韓国の中等教育を取り巻く特有の教育事情について概観した後，これらを踏まえて，③韓国の外国語教育政策の歴史的展開，④大学入試制度が及ぼす第二外国語教育への影響，⑤教員養成と外国語教育政策の関係について論じ，最後に，⑥諸課題と日本の外国語教育政策への示唆に触れる。

● 1. 英語教育政策の「成功」

　韓国・朝鮮語は語彙・文法構造が日本語と類似し，したがって英語との言語間距離が遠いため，韓国人も日本人同様，英語学習が苦手だとされてきた。

　しかし，TOEFL の国別平均点を公表している ETS の過去 20 年間のデータを分析すると，1990 年代には日本と同じく百数十ヵ国中 100 位以下だった韓国が，2000 年頃からじわじわと順位を上げ，2007 年には 155 ヵ国中 90 位に上昇し，その後は中位圏を維持している。同じ 2007 年，日本は 131 位，その後も 150～170 ヵ国中，下から 20～30 位あたりを上下するに留まっている[1]。韓国では，1997 年に第 6 次教育課程（教育課程は日本の学習指導要領にあたる）が改訂・施行されて小学校 3 年生から「外国語（英語）」が教科として導入されるなど，抜本的な英語教育改革が行われた[2]ため，その成果が TOEFL の順位上昇に現れたものと説明するのが一般的である。

　確かに，1990 年代中盤以降，韓国は国家として英語教育強化策を進める中で，教員の養成と再教育，英語を母語とする補助教員の増員，地方自治体による英語村の設置など，莫大な財源と人材を投入してきたのは事実である（文部科学省 2005: 12-23）。しかし，韓国の英語教育の「成功」要因を，その公的な施策だけで説明するのには無理があり，その重要な要因として韓国に特有の教育観や教育文化が背景にあるものと考えられる。

　韓国では，あらゆる社会層で高い教育こそが社会的成功につながるという強い信念が共有されており（有田 2006: 5-7），その教育熱の高さは大きな教育費用負担をも甘んじて受け入れる素地となっている（pp. 104-106）。そこへ，英語教育重視が国是となるや，小学生や幼稚園児を対象とした英語教材，英語教室は言うに及ばず，すべてのプログラムを英語で行う，

---

[1]　EST (2015) では 169 ヵ国中，韓国が 68 位，日本が 140 位だった。
[2]　あらゆる分野で「世界化戦略」が推進された金泳三政権下で 1995 年に打ち出された「新教育のための教育改革方案」に基づく。

「英語幼稚園」[3]や母親同伴の早期留学が流行[4]するなど，大変な英語教育フィーバーが巻き起こった。当然のことながら，中・高・大学生も英語学校，語学留学，TOEFL対策講座と，英語学習に多くの費用と時間とエネルギーを費やすが，それを経済的に支えるのは保護者である[5]。

このように韓国の英語教育の「成功」は政策的努力によってのみ実現したとは考えにくく，多少無理をしてでも自分の子どもに有利な地位を得させたいと思う保護者の情熱に負うところが大きいのである。

● 2. 韓国特有の教育事情

本節では，上述の教育熱の高さがいかに大きな社会的エネルギーであるかを示す韓国特有の教育事情について概観しよう。

まず，前提となる教育制度について述べておく。現在の「教育基本法」は韓国政府樹立翌年の1949年に制定された「教育法」が全面改訂されたものであるが，「教育法」施行当初，6・4・2・4制だった学制が，1951年の第2次改訂で6・3・3・4制となり，そのまま現在に至っている。初等教育は小学校6年間，中等教育は中学校3年間と高等学校3年間，高等教育は大学（4年制）と大学院（修士課程2年，博士課程3年）の他，2年制大学もあり，基本的な枠組みは日本の学制とほぼ同じである。

義務教育も，当初は小学校のみであったが，1984年以降，中学校も島嶼部から順次義務化され，2004年に全国の中学校義務教育化が完了した

---

[3] 「幼稚園」は，幼児教育法および幼稚園教育課程に従わなければならないが，「英語幼稚園」はこれに従うものではないため，本来は「幼稚園」を名乗ることはできない。

[4] 中学生以下の私費語学留学は，法律的に認められていない（教育部2014）にも関わらず流行し，本国に残って母子への送金にいそしむ父親を大量に生んで社会問題となった。しかし，留学先で思うようにことばが身に付かない，帰国後，学校の授業についていけない，進学に必ずしも有利に作用しないなど，早期留学の否定的な面が指摘されるようになり（国際教育振興院2007），景気沈滞の影響も受けて，2007年をピークにブームはやや沈静化傾向にある（教育新聞ベリタス・アルファ2010.5.14「カンナム初中高生の早期留学4年連続減少」ファン，チヒョク）

[5] 統計庁（2013）によれば，2012年，初等・中等教育段階で正規の学校教育以外の教育にかけた家計支出は，子ども1人当たり年間283万2000ウォン（約28万3200円），科目別では英語教育にかける費用が最も高かった。なお，文部科学省（2012b）によれば日本の初等・中等教育段階での補助教育費（図書，家庭教師，塾などの費用）の平均は子ども1人当たり年間18万5016円であった。

ため,現在は日本と同様である。高等学校への進学率は,1980年代半ばには90％を,2000年前後には99％を超え,事実上,全入となっているという点で,むしろ日本を上回っている。

　高学歴志向が強く,名の通った大学に入学することに大きな社会的価値を置いており,初等・中等教育段階での学習が最終的に大学入試とどのような関係にあるかが,生徒・教師・保護者のいずれにとっても重大な関心事であるという点で,教育的風土は日本と類似している。しかし,教育熱の高さにおいては日本をはるかに凌駕するものがある。

　朝鮮戦争が休戦となって間もない1950年代後半,韓国では中学校入試の競争激化がすでに社会問題となっていた。もっとも,この頃は上級学校への進学を希望する生徒に対して学校の絶対数が不足していたことが主な原因だった(姜2004)。ところが,1960年代になると,入試競争の激しさが塾や家庭教師などに支払われる「私教育費」[6]の増大や不正入試などの悪弊を招き,これに対処するため政府は諸策を打ち出した(金2006)。まず1968年に中学校入試の無試験・抽選制が実施され,1974年には「高等学校の平準化」が実現した。高等学校の平準化とは,入試競争が激化しやすい都市部を中心に,中学3年生を対象とした全国共通試験である「連合考査」を行った後,学区内の高等学校に機械的に生徒を振り分けるというものである[7]。これにより,高校進学時の過剰な入試競争は大部分解消され,学区間の格差や人気学区の住宅価格上昇などの弊害はあるものの,基本的に中等教育の機会均等を保証するこの制度は国民に支持され,維持されてきた。

　その一方で,同じ1974年,芸術,スポーツ,産業分野における専門人材育成を目的とする高等学校が「特殊目的高等学校(以下,特殊目的高)」に指定され,平準化の対象外とされた。芸術・スポーツ分野では青少年期に特殊な才能を開花させる教育が必要であり,産業分野では特殊技術をもつ人材の育成が急務だったためである。ところが,1983年に科学高等学校が,1992年に外国語高等学校(以下,外語高)が特殊目的高の指定を受

---

6) 正規の学校教育以外の教育にかかる費用。
7) 平準化の対象校は私立,公立を問わない。学費は私立と公立とで,ほとんど差がない。

けるようになったことにより，これらの高等学校も平準化の対象外とされた。それ以来，大部分の生徒が平準化された高等学校に通う中，ごく一部の生徒[8]に対しては国策としての英才教育が行われてきたのである[9]。

本章のテーマと関連する外語高について概要を紹介すると，2014年現在，全国に外語高は31校あり，学校ごとに専攻語として英語，中国語，日本語，フランス語，ドイツ語，ロシア語，スペイン語，アラビア語，ベトナム語のうち，おおむね4〜7言語が置かれている。入学者は中学校の内申書の成績（以下，内申成績）と教科試験で選抜されるが，その際，英語の成績が重視される。文系の成績優秀な中学生の多くが外語高をめざすという[10]。高等学校3年間で専攻言語について40単位（日本の高等学校の20単位に相当[11]）以上を履修し，英語と専攻語の高い語学力を身につけることが期待される。

ところで，外語高にはそもそも成績優秀者が集まるため，彼らは一流大学への進学を希望することになる。大学進学のためには専門科目以外に入試科目も勉強しなければならず，外語高生は受験勉強に明け暮れることになるが，学校もこれを支援することから，外語高は当初の目的から逸れて，一流大学進学のための予備校と化していった（チョン・パク 2007，キム 2007）。このことが学校教育の健全さを損ない，教育格差を生む社会問題であるとして批判され，近年は外国語専門人材育成という当初の目的に重点を置くよう法整備が行われた[12]ため，外語高への成績優秀者の集中は多少緩和されたという。

---

8) 2014年，全国の高等学校2,326校，高校生1,839,372名のうち，外語高は31校（1.33％），外語高生は20,863名（1.13％）であった（教育部・韓国教育開発院 2014）。
9) 「教育基本法」（1997年制定）第19条には「国家や地方自治体は，学問・芸術または体育などの分野で才能が特に優れたものの教育に必要な施策を樹立・実施しなければならない」と規定されており，英才教育を積極的に支援する「英才教育振興法」（2002年制定，2010年改訂）の法的根拠となっている。
10) 1998年より新設された「国際高等学校」が特殊目的高に指定され，非平準化校として2002年から「自立型私立高等学校」（2011年に「自律型私立高等学校」に移行）という学校形態が導入されると，これらも外語高と並ぶ人気の文系英才教育の場となった。
11) 日本の高等学校では50分授業35週で1単位だが，韓国の高等学校では50分授業17週で1単位となるため，同じ時間数で単位数は韓国が日本のほぼ2倍となる。
12) 教育科学技術部（2009b）の中で，外語高を外国語堪能人材養成という本来の目的に立ち返らせるため，2011年から専門外国語の必履修単位数を全体の50％以上に増やし，クラス定員を抑える措置が取られた。

しかし，ここで注目したいのは，外語高の生徒たちが，ゆくゆくは社会の中枢を担うエリート集団になるという認識がすでに一般化しており，英語を含む外国語が堪能な人は社会的成功者と見なされる傾向にあるという点である[13]。また，その入口で英語の成績が求められることからも，韓国の英語教育熱の高さを十分に説明することができよう。

● 3. 教育課程における「第二外国語」の歴史概観

本節では，「第二外国語」の位置づけの歴史的な経緯を概観してみよう。なお，本節での議論には，特殊目的高や実業高等学校は含めず，一般の高等学校（以下，一般高）[14]を中心に論じていく。

日本からの解放後で米軍占領下だった1946年，米軍政庁の教育方針のもと「教授要目集」に基づく学校教育が開始された。1948年には大韓民国政府が樹立されたが，2年後に勃発した朝鮮戦争のため自前の教育課程の策定が遅れ，休戦後の1954年にようやく第1次教育課程が制定された。李承晩政権下である。その後，朴正熙政権下の1963年に第2次，同政権維新体制期の1974年に第3次，全斗煥政権下の1981年に第4次，盧泰愚政権初期の1988年に第5次，同じく末期の1992年に第6次，金泳三政権下の1997年に第7次と，およそ政権ごとに大幅な改訂が行われてきた。盧武鉉政権下の2007年と李明博政権下の2009年にも改訂が行われたが，それぞれ第7次教育課程の枠組みを踏襲するものとして，2007年改訂教育課程，2009年改訂教育課程と呼ばれている。2009年改訂教育課程は高等学校で2011年より1年生から順次施行されたが，2015年現在は2009年改訂教育課程の2011年改訂版[15]の施行が始まったところである。

---

13) チョン・パク（2007）の調査では，外語高への進学理由として約3分の2が「優れた教育環境」を，約半数が「名門大学進学のため」を挙げ，「語学的素質を磨くため」を挙げたのは3分の1に留まった。なお，「優れた教育環境」とは，施設や教師陣のことではなく，優秀な生徒が集まり，お互い切磋琢磨し合える雰囲気のことを指すのだという。

14) 高等学校の種類と名称は時期によって異なるが，実業高等学校や特殊目的高等学校と区別され，常に多数を占める学校種を本章では「一般高」とする。

15) 2011年の改訂は2009年改訂教育課程の部分改訂であり，2011年改訂教育課程とは呼ばれない。

第8章 韓国―理念と現実のはざまで―　　107

以下に，それぞれの時期に高等学校の外国語教育が教育課程の中でどのように位置づけられてきたかを見てみよう。（言語名は一部略語を使用）

表1　歴代教育課程における高等学校外国語の科目および標準単位数

教育課程 （公布年／施行年*）	外国語に関する履修規定 （単位数は人文系・自然系または一般高の場合）
第1次 （1954／1955）	選択教科「外国語」として英語・独語・仏語・中国語から1言語または2言語を選択。
第2次 （1963／1968）	英語Ⅰ（必修18単位）に加え，英語Ⅱ・独語・仏語・中国語から1言語または2言語（選択必修30単位）。
（1969／1969）	選択科目に西語追加。
（1973／1973）	選択科目に日本語追加。
第3次 （1974／1977）	英語（必修10～12＋課程選択10～12単位）に加え，独語・仏語・中国語・西語・日本語から1言語（必修選択10～12単位）。
第4次 （1981／1984）	英語（共通必修6～8単位＋課程別選択14～16単位）に加え，独語・仏語・中国語・西語・日本語から1言語（必修選択10～12単位）。
第5次 （1988／1990）	英語（共通必修8単位＋課程別選択34単位）に加え，独語・仏語・中国語・西語・日本語から1言語（必修選択10単位）。
第6次 （1992／1996）	英語（共通必修8単位＋課程必修32単位）に加え，独語・仏語・西語・中国語・日本語・露語から1言語（課程別必修12単位）。
第7次 （1997／2002）	英語（必修8単位＋選択40単位）に加え，独語・仏語・西語・中国語・日本語・露語・アラビア語から1言語（選択6～12単位）。
2009年改訂 （2009／2011）	英語（必修15単位）。英語以外の外国語は教科名が「第二外国語」となり，「技術家庭」「漢文」「教養」と共に「生活・教養」教科領域（16単位）からの選択となる。
（2011／2013）	第二外国語の選択科目にベトナム語追加。

＊文教部（1954, 1963, 1974, 1981, 1988），教育部（1992, 1997a），教育科学技術部（2009a），教育科学技術部（2011）より作成。施行年は高等学校1年次で施行された年。1単位は50分授業を1学期間（17週）履修した量にあたる。

表1に見るように，第1次教育課程から第2次教育課程までは，英語を基本軸としながら他の外国語も選択できるものとしていた。第3次教育課程から第6次教育課程までは，高等学校は入学時に人文系，自然系，実業系の3つの課程から選択する制度となり，人文系および自然系の課程に進

んだ生徒は英語必修に加えて第二外国語を必修選択するものとしてきた。第7次教育課程からは，高等学校入学時の課程選択が廃止され，代わりに初等学校1年生から高等学校1年生までの10年間が「国民共通基本教育課程」とされ，高等学校2年生と3年生が「選択中心課程」と位置づけられたことにより，第二外国語は必修科目ではなくなったが，実質的には従来と同様の履修状態だった。学べる言語も第1次教育課程では英語の他にドイツ語，フランス語，中国語の3言語だったものが1969年にはスペイン語が追加され，1973年には日本語，1996年にはロシア語，2002年にはアラビア語が追加されて7言語となった。また，第7次教育課程から中学校でも「裁量時間」に高等学校と同じ7言語の中から「生活外国語」として第二外国語を設置し，履修できるようになって，文字どおり第二外国語教育の全盛期を迎えた。

　ところが，2009年改訂教育課程で高等学校の第二外国語は，「技術家庭」「漢文」「教養」の3教科と共に新たに設けられた「生活・教養」領域に含められ，この領域全体から16単位を選択履修するものとされて，事実上，単位縮小の憂き目に遭ったのである。第二外国語は習得上の難易度に言語による差がある上，後述するように，大学入試科目としての位置づけが安定しないことから，進学を最優先に考える生徒たちにとって第二外国語を一律に多く課すことは過重な負担になると考えられているようである。ただし，2014年現在，単位数や履修者数が減ったとはいえ第二外国語をまったく教えていない高等学校はまずないという。なお，2013年からベトナム語が選択科目に加わった。

　また，第6次教育課程以前は学校ごとに第二外国語科目の中から1つか2つの言語を校長が指定して設置していたものが，第7次教育課程からは「教師中心から学習者中心へ」という教育政策の方針転換により，生徒の希望に合わせ外国語科目を開講し履修させるものとした[16]。これにより，第7次教育課程が高等学校で施行された2002年以降，履修者の割合が，ドイツ語，フランス語から日本語，中国語へと大きくシフトした（図1）。

---

16)　実際には，クラス編成の都合により，生徒への希望調査は限定的なものである場合が多いという。

さらに，国際環境の変化に合わせて選択言語を増やしてきたものの，スペイン語，ロシア語，アラビア語，ベトナム語の履修者は極めて少数，もしくはゼロの年もある[17]など，履修者数の偏りが問題となっている。

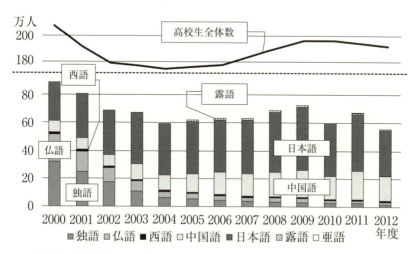

* 教育部・韓国教育開発院 (2000〜2012)「普通教科選択教科目開設現況」より作成。2013年以降は第二外国語の履修者数が公表されていない。

図1　高等学校における第二外国語履修者数の推移

2012年現在，第二外国語を履修する韓国の高校生は551,968人（高校生全体の28.1％）と，2000年の886,087人（同41.5％）と比べれば大幅に減少している。それでも，英語以外の外国語を学習している日本の高校生49,328人（同1.5％，文科省2011，2012a）に比べれば，実数で約11倍，高校生の人口比では実に約20倍もの開きがある。さらに，第7次教育課程より導入された「生活外国語」を開設する中学校は2012年現在で881校，履修者数は267,218人に上る（教育部・韓国教育開発院2012）。韓国の第二外国語教育に翳りが見えるといっても，まだまだ日本の現状とは比較にならない充実ぶりなのである。

---

17)　図1において，ロシア語は2006年以降ほぼ毎年1000人以上の履修者があるため，かろうじて図示されているが，アラビア語は2004年に31人，2011年と2012年に100人前後の履修者があったのみであるため，図に表れていない。

● 4. 大学入試と第二外国語

　第2節でも述べたように，韓国では入試競争が過熱しやすい。そのため，大学入試で各科目がどう扱われるかが，高等学校における各科目の位置づけを大きく左右する。そこで，本節では大学入試制度について概観する。

　独立から朝鮮戦争休戦までの混乱期には大学ごとの個別試験が行われていたが，独自の教育課程が制定された1954年，全国共通試験[18]を導入し，不正入試防止や大学間・地域間の格差の解消，受験生の負担軽減が図られた。しかし，改革の結果，大学の独自性が損なわれ，選抜基準に問題があるなどの批判が起こって，翌年には再び大学の個別試験のみで選考が行われた。その翌年には個別試験と内申成績を併用することになり，これがしばらく続いたが，1962年度入試には再び全国共通試験が実施された。その後も，全国共通試験と大学個別入試と内申成績のうちのいずれかを実施したり，組み合わせ方や比重が変わったりと，国家規模での入試改革が頻繁に行われた（姜2004，カン2007）。

　現在実施されている「大学修学能力試験（以下，修能試験）」は，1994年度入試から導入されたもので，最も安定した共通試験である。しかし，これ以前の学力考査に含まれていた第二外国語が修能試験の入試科目からは外された。そのため第二外国語の学習に身が入らなくなったとされる。

　また，内申成績については，それぞれの入試実施主体ごとに指定された換算方法があるが，第二外国語の成績は十分に反映されないことが多いという。なぜなら，一般高の第二外国語と外語高の専攻外国語の内申成績を同列に扱うと，成績優秀者ばかりが集まる外語高の生徒にとって，相対評価である内申成績は不利にならざるを得ないためである[19]。いずれにせよ，

---

[18]　全国共通試験の名称は，1954年度実施のものが「大学入学連合考査」，1962〜63年度実施のものが「大学入学資格国家考査」，1969〜81年度実施のものが「大学入学予備考査」，1982〜93年度実施のものが「大学入学学力考査」，1994年度より実施のものが「大学修学能力試験」である。

[19]　この問題の解決のため，学校ごとの学力分布と内申成績の素点から各受験生の「内申成績」を再計算する「比較内申制」が導入された時期もあった（Chung 1999）が，教育の機会均等に反するとして現在は利用されていない。

一般高の生徒にとって第二外国語は修能試験でも内申成績でも評価されないことになり，非主要科目扱いされるようになっていった。

2001年度入試では修能試験科目に第二外国語が復活した[20]。しかし，2002年度以降，小論文や面接などを含む大学での入学者選抜方式の多様化が進んで，実際には第二外国語を入学者選抜に利用しない大学が多かったため，第二外国語教育の活性化には直結しなかった。

2014年現在，修能試験の第二外国語の成績はソウル大学のみが必須としている。また，主に上位圏の大学では第二外国語の成績を「社会探求（日本の地歴・公民に相当）」科目の成績に代替することができ，修能試験の第二外国語の成績によって加算点が与えられる大学もある。しかし，ここでも有利なのは外語高の生徒である。与えられた枠組みと限られた時間の中で大学入試に備えなければならない一般高の生徒は，第二外国語を切り捨てざるを得ず，教育現場で第二外国語軽視の風潮は進む一方なのだという。

さらに，修能試験の第二外国語で上位成績を狙う生徒が，競争相手の少ない言語に殺到するという珍現象をもたらしたりもした。上述のように，高等学校でアラビア語，ベトナム語を学ぶ高校生はほとんどいないにも関わらず，2009年度入試から2013年度入試にかけてはアラビア語に，2014年度入試に基礎ベトナム語が試験科目に加わると，今度は基礎ベトナム語に受験生が殺到し，受験者数で他の言語を圧倒したのである[21]。

韓国は，国家として英語以外の外国語の学習の意義を認めているがゆえに，外語高で外国語人材を育成し，一般高の生徒にも第二外国語の学習を課してきた。しかし，外語高がエリート育成機関として機能する一方で，一般高の第二外国語は存在意義を見失ってしまったというのが実情のようだ。外語高のめざすものと，一般高の第二外国語学習の意義が両立するような施策が求められているといえよう。

---

20) 選択科目は，ドイツ語，フランス語，日本語，中国語，スペイン語，ロシア語，アラビア語および漢文の8科目である。一般的な文書はハングルのみで表記することが基本とされている韓国では，漢字学習を含む漢文は，外国語を学ぶことと同列に捉えられている。
21) ソウル新聞 (2010.12.8)「2011学年度修能成績発表／アラビア語効果終り？」チェ・ジェホン，韓国日報 (2013.10.11)「修能ベトナム語，学校にはなく塾にだけある」ピョン・テソプ。

● 5. 第二外国語の教員養成

　日本では，教育大学や教育学部に英語以外の外国語の教員を養成する課程がほとんどないことから，英語以外の外国語の教員免許状は一般に外国語学部や文学部などで教職課程を履修することによって取得される。一方，韓国では中等教育を担当する教員は，師範大学（日本の教育大学または教育学部に相当）に置かれる外国語の教育学科や，師範大学以外にも設置されることのある教育学科において養成されるのが一般的である。教育学科以外の学部・学科の学生も教職課程を履修することはできるが，履修者は学科内での成績上位者でなければならない[22]。つまり，韓国では，学校教育を担う教員に，教育者としての専門性と専門科目に関する高い資質を要求しているのである。

　しかし，これだけ有能な教員を確保しているということは，ある科目の履修者が極端に減ったり，必修でなくなったり，単位数が少なくなったりした場合，コマ数減による教員の余剰をどうするのか，という問題が生じてくる。逆に，ある科目の履修者が急増した場合は教師の確保に窮することになる。実際に第7次教育課程施行時は，第3節で述べたように生徒の選択言語がドイツ語，フランス語から日本語，中国語へシフトしたことにより，ドイツ語，フランス語の教員が余り，日本語，中国語の教員が不足した。このため，2000年から政府主導でドイツ語，フランス語教員に研修を受けさせ，日本語，中国語担当に転換させるなどして不足を補ったが，数ヵ月から1年程度で，資格は取れても，未専攻の言語を教えるには問題が多く，教員教育現場からは多くの不満や不安の声が上がった[23]。

　2011年から2009年改訂教育課程が施行され，高等学校の第二外国語の全体コマ数が減じたことにより，当面，第二外国語教員の新規採用の見通しがない。そのため師範大学等の第二外国語の教育学科は存亡の危機に立

---

[22] 「教員資格検定令施行規則」（1976年制定）第15条（1982年改訂）は，教職課程を置く学部・学科ごとに教職課程履修者数は教職課程履修申込み者の中から人間性・適性・成績などを考慮し入学定員の30％以内に選抜するよう規定している。

[23] 文化日報（2002.10.7）「短い研修で外国語教師養成」チョン・ヨンヒ，国民日報（2003.1.9）「高校第二外国語偏り深刻」イ・サンイル，キム・ジェサン。

たされているという。第二外国語教育の将来を考えると，由々しき事態だといわざるを得ない。

● 6.「第二外国語は学ぶ必要がないか」

　では，韓国社会はもはや第二外国語を必要としていないのであろうか。
　韓国のサムソン電子が，海外の取引先のことばと文化に精通した「地域専門家」を育成する戦略によって成果を挙げてきたことはよく知られている《➡本書第3章参照》。そこまで徹底した戦略を取っていない場合でも，建設，港湾，物流，金融など，さまざまな業界で，求人広告には中国語やスペイン語など英語以外の外国語堪能者が優遇される旨の文言がしばしば見られる。就職に備え，英語以外の外国語を学びに語学学校に通ったり[24]，語学留学したりする学生も多い。韓国の企業では，海外に進出するには英語だけでは不十分であるということが，すでに常識となっているといってよい。
　しかし，単に経済活動の最前線で活躍する外国語能力の高い人材が必要なのであれば，外語高での専門人材育成がこれに応えており，あえて一般の高校で第二外国語教育を実施する必要はないともいえる。にも関わらず現に一般高で第二外国語が教えられ続けているのは，その目的が経済的理由だけではないことを意味する。
　現在施行中の2009年改訂教育課程（2011年部分改訂）では，中等教育における第二外国語の教育課程を，従来のように中学校と高等学校に分けず，一貫した課程として記述しており，その全体の目標となる記述が中学校の選択科目である「生活外国語」の冒頭にある。これによれば，中学校に「生活外国語」が設置されたのは，グローバル時代を迎え，世界の主要国の言語および文化を早期に教育すべきだという社会のニーズに応えたものであるが，同時に，学校教育における外国語教育は実用的な価値だけでなく，異なる文化の学習を通じて視野を広げ，人格の成長を図ることが重

---

[24] 韓国の語学学校では，1回50分のレッスンを週に3〜5回受講するコースが一般的で，複数コースの同時受講も可能であるため，短い期間でもかなりの力をつけることができる。

要であると強調している。感受性豊かな青少年期に第二外国語に接し，コミュニケーション能力とコミュニケーションしようとする態度を育むことで，異なるものに対する肯定的な価値観をもつことができ，世界の中の韓国人として生きていくのに必要な基礎的素養を育てることができるとしているのである（教育技術科学部 2011）。外国語教育がさまざまな思惑に翻弄され，第二外国語教育に翳りがあるといわれる韓国であるが，複数の外国語を教育する理念は貫かれていることを見逃してはなるまい。

また，2011年4月14日付の京畿日報は，2010年から高等学校での選択科目枠自由化に伴い第二外国語の履修者が72万人から60万人に減ったことを憂えた「第二外国語は学ぶ必要がないか」と題する記事の中で，①「世界化」を進めるにあたって，英語だけでは通り一遍のコミュニケーションに留まる，世界の人々と真のコミュニケーションをするには現地のことばと文化を知る必要がある，②情報収集の道具としても多言語は重要で，ヨーロッパ人は複数言語を駆使できる人が多い，③英語教育ばかりを強調することで英米文化に偏ってしまう，文化的多様性を図るためにも多元的交流の窓口となる多言語教育が重要だと述べている。長年にわたり第二外国語教育を行ってきた実績のある韓国では，言語の道具的側面が重視されつつも，その多元的思考を促す機能についても明確な認識が浸透しているのである。

近年減少したといっても，韓国では毎年数十万人の一般高および中学校の生徒が第二外国語を学習しており，毎年1万人以上の外語高生が英語以外の外国語を専攻語として学んでいる。韓国に行けば，日本語を流暢に話す韓国人に数多く出会うし，韓国から来たばかりの日本語専攻ではない留学生が，さしたる不自由もなく日本の大学生と一緒に講義を受ける姿も珍しくはない。以前はこれを植民地時代の日本語教育の名残だと説明したものだが，世代が入れ替わった現在の状況は，第二外国語の意義が認識され，教育が着実に行われてきた結果に他ならない。

第4節でも述べたように，韓国の政策立案者は，一旦は高い理想に向かい，確固とした理念に基づいた施策を打ち出すが，世論や社会状況からくる要求に押され，試行錯誤を繰り返す傾向にある。現在の高等学校におけ

る第二外国語教育施策はそういった試行錯誤の過程にあるのではないか。このまま第二外国語教育が衰退してしまうとは考えにくく，第二外国語教育に対する社会のニーズと教育的意義が共有されている限り，問題を抱えながらも維持されてゆくであろう。

● 7．第二外国語教育正常化のための訴え

諸課題の解決のために，韓国では言語や学校種別を超えた外国語教師団体の連合体による活動が行われている。2003年に発足した「第二外国語教育正常化推進連合[25]」は，当初，第7次教育課程で生じた教員構成と言語履修者数のミスマッチの解消を訴えていたが，現在は，2009年改訂教育課程を第7次教育課程並に戻すことや，入試制度における第二外国語の扱いの改善を訴えている（第二外国語教育正常化推進連合 2013）。

この訴えは「第二外国語教育の正常化対策推進建議案」として政府や国会議員，教育政策立案部署，大学関係者などに送付され，連合会はさまざまな学会，公聴会などで訴えを続けている。ソウル市議会でも，この運動に賛同する議員を通じて「現在の高校の外国語教育は大学入試中心の教育システムと直結することにより，英語に偏りすぎた歪んだ構造となっているが，グローバル化・多文化化の時代であることを考慮し，世界と通じ合える人材の育成のためには第二外国語の正常化は絶対に必要だ」と訴え[26]，英語と第二外国語の格差解消のための事業予算を勝ち取るなどの成果[27]を挙げている。

---

25) 2014年現在の参加団体は，韓国ドイツ語ドイツ文学会，韓国フランス文化学会，韓国中国学会，韓国日語日文学会，大韓日語日文学会，韓国スペイン語文学会，韓国アラブ語アラブ文学会，韓国イスラム学会など65の学会・協会である。
26) 韓国経済（2014.12.17）「キム・ヒョナ議員「第二外国語教育正常化」建議案発表」チェ・ヒョンホ。
27) ソウル特別市教育庁「2015ソウル第二外国語教育活性化推進計画」には，中国語を母語とする補助教師の増員，第二外国語教員の研修活動や授業研究活動への支援，生徒の第二外国語関連サークル活動への支援，放課後・休暇中の第二外国語キャンプ運営，履修希望者の少ない言語を学校間協力や休暇期間の利用により履修を可能にする施策などが示されている。

おわりに

　韓国では人材育成と人格涵養のためには第二外国語教育が重要であることが十分に認識されている。しかし，教育現場は大学入試と直結したシステムに呑み込まれ，本来，国家の意図する教育の目的が歪められてしまっている。生徒たちも自分が何を学びたいかを考える前に，大学入試に少しでも有利な道を選択してしまう傾向にあるため，せっかく中学生や高校生が多様な外国語を学べる仕組みがあるにも関わらず，有効に機能せず，過小評価されてしまっているという点が，韓国の第二外国語教育の問題であるといえよう。

　現在，韓国の第二外国語教育は受難の時代を迎えてはいるが，だからといって，不要だとして中等教育から切り捨てられてしまうとは考えにくい。必要ではあるが，諸条件との兼ね合いでしばし袖にされているという状況だとすれば，変化の激しい韓国の教育政策の中で再浮上するときが必ず来るであろう。

　英語教育だけでなく，多言語教育においても，日本は韓国に大きく水を開けられている。日本の青少年がグローバル化への意識と対応力において，韓国に遠く及ばないままになってしまわないよう，中等教育における第二外国語という形で豊富な実績と経験をもつ韓国に学び，いち早く政策的努力をすべきではないだろうか。

※本稿執筆にあたっては韓国日本語教育研究会顧問であり第二外国語教育正常化推進連合前代表であるチョン・テジュン氏（カンソ高等学校日本語科教師）と韓国中国語教師会副会長であり第二外国語教育正常化推進連合常務理事であるイム・スンギュ氏（ユシン高等学校中国語教師）にさまざまな情報と示唆を得た。

引用文献
有田伸（2006）『韓国の教育と社会階層─「学歴社会」への実証的アプローチ─』東京大学出版会．
金愛花（2006）「日韓中3ヵ国における大学入試制度の変遷」『東京大学大学院教育学研究科紀要』第46巻，165-173．

文部科学省（2005）『韓国における小学校英語教育の現状と課題』（中央教育審議会初等中等教育分科会外国語専門部会（第9回）議事録・配布資料［参考資料4-1］）．
文部科学省（2011）『平成23年度高等学校における国際交流の状況について』文部科学省初等中等教育局国際教育課．
文部科学省（2012a）「平成24年度学校基本調査」文部科学省．
文部科学省（2012b）「平成24年度子どもの学習費調査」文部科学省．

〈韓国語引用文献〉　　　　　　　　　　　　　　　　　　　　　　＊訳は筆者による
姜一國（2004）「1950年代の中学校入試制度改革の展開過程」『アジア教育研究』5-4, 195-217.
カン，チャンドン（2007）「韓国の大学入試制度の社会的変遷と特徴に関する研究」『教育問題研究』第28巻, 83-113.
教育科学技術部（2009b）『高等学校先進化のための入学制度及び体制改編方案』教育科学技術部．
教育科学技術部（2011）『第二外国語科教育課程』教育科学技術部．
教育部（2014）『国外留学に関する規定』教育部（1979年制定）．
国際教育振興院（2007）『早期留学の理解』国際教育振興院．
キム，ヨンチョル（2007）『外国語高等学校の運営実態分析研究』韓国教育開発院．
Chung Yeon soo (1999) A Study on Computing Method of the Individual Scholastic Evaliation in the Comparrative School Records. *The Communications in Statistics*, 6-1, 635-643.
チョン，ヨンヘ・パク，ソヨン（2007）『特殊目的高の現状と特目校政策の今後の改善方案』韓国教育開発院
第二外国語教育正常化推進連合（2013）「第二外国語／漢文教育の正常化のための提案」<http://cafe.daum.net/flenc>（2015.8.15閲覧）
統計庁（2013）「2012年私教育費調査結果」統計庁．

〈英語参考文献〉
ETS (1994a/1994b) TOEFL Test and Score Manual Supplement 1992-93/1994-95 edition, Educational Testing Service.
ETS (1995/1996/1997/1998/1999/2001/2002/2003) TOEFL Test and Score Data Summary 1995-96/1996-97/1997-98/1998-99/1999-00/2000-2001/2001-2002/2002-2003 edition, Educational Testing Service.
ETS (2004/2005/2007/2008/2009) TOEFL Test and Score Data Summary 2003-04/2004-05 Test Year Data, Educational Testing Service.
ETS (2007) Test and Score Data Summary for TOEFL Internet-Based Test September 2005-December 2006 Test Data, Educational Testing Service.
ETS (2008/2009) Test and Score Data Summary for TOEFL Internet-Based and Paper-based Tests January 2007-December 2007/January 2008-December 2008 Test Data,

Educational Testing Service.
ETS (2010/2011) Test and Score Data Summary for TOEFL Internet-Based and Paper-based Tests January 2009-December 2009/2010-December 2010 Test Data, Educational Testing Service.
ETS (2014a) Test and Score Data Summary for the TOEFL ITP Test January-December 2012 Test Data, Educational Testing Service.
ETS (2014b/2015) Test and Score Data Summary for TOEFL iBT Tests January 2013-December 2013/January 2014-December 2014 Test Data, Educational Testing Service.

〈韓国語参考文献〉　　　　　　　　　　　　　　　　　　　　＊訳は筆者による
教育科学技術部 (2009a)『高等学校教育課程』教育科学技術部 (2009 年改訂教育課程).
教育部 (1992/1997a)『高等学校教育課程（Ⅰ）』教育部 (第 6 次／第 7 次教育課程).
教育部 (1997b)『高等学校外国語教育課程解説』教育部.
教育部・韓国教育開発院 (2000～2014)「教育統計年報 2000～2014」教育部.
教育人的資源部 (2007)『高等学校教育課程（Ⅰ）』教育人的資源部 (2007 年改訂教育課程).
文教部 (1954)『國民學校中學校高等學校師範學校教育課程時間配當基準令』文教部 (第 1 次教育課程).
文教部 (1963/1981)『高等学校教育課程』文教部 (第 2 次／第 4 次教育課程).
文教部 (1974)『人文系高等学校教育課程』文教部 (第 3 次教育課程).
文教部 (1988)『高等学校教育課程（Ⅰ）』文教部 (第 5 次教育課程).

〈韓国語参考サイト〉　　　　　　　　　　　　　　　　　　　＊訳は筆者による
教育統計サービス＞統計刊行物 <http://kess.kedi.re.kr/index>（2015.8.15 閲覧）
国家教育課程情報センター＞教育課程原文および解説書 <http://www.ncic.re.kr/mobile.dwn.ogf.inventoryList.do>（2015.8.15 閲覧）
国家法令情報センター <http://www.law.go.kr/>（2015.8.15 閲覧）
統計庁＞私教育費調査 <http://kostat.go.kr/survey/pedu/index.action>（2015.8.15 閲覧）
韓国言論振興財団メディアカオン <http://www.kinds.or.kr/>（2015.8.15 閲覧）

第9章

中国
―国家の人材育成のための外国語教育―

水口 景子

● はじめに …………………………………………………………

　1960年代初頭，周恩来首相（当時）は外国語教育関係者を集めた会議を開催し，中国の外国語教育改革の方針として，「多语种，高质量，一条龙（多言語で，質の高い，一貫した）」の九文字を示した。一国の首相が外国語教育の方針を明確に示すという事実から見えてくるのは，中国では，外国語教育は国家建設の人材育成において重要な要素だと位置づけられているということである。

　本章では，まず，この方針に基づき，国として具体的にどのような外国語教育政策や施策を策定したのか，それが時代とともにどのような変化を見せてきたのかを見てみたい。また，方針の1つである「多言語」教育実施の経緯を辿るとともに，実際の取り組み状況を日本語教育の観点から紹介する。

　中国の外国語教育施策を辿っていくと，関係者を集めての会議の開催，そこで国が示す明確かつ具体的な方針，教育そのものを取り巻く条件の格差がある広い中国だからこその段階的な施策の実施が浮かび上がってくる。中国が取ってきたこうした施策は，日本における多様な外国語教育を推進していく上での1つの参考になると考える。

　なお，本章が主な対象とするのは，1949年の中華人民共和国誕生以降

である。また，執筆にあたって参考とした主たる文献は，《中国外语教育政策发展研究》[1]（李娅玲 2012），改革開放 30 年を記念して，中国における基礎教育（初等中等教育に相当）の発展の歴史をまとめた《基础外语教育发展报告（1978-2008）》（刘道义主编 2008）および外国語教育に関する年度報告書《2012 中国外语教育年度报告》（文秋芳・徐浩主编 2013），《2013 中国外语教育年度报告》（文秋芳・徐浩主编 2014）であることを申し添えておく。

● 1. 教育制度……………………………………………………………

　中華民国時代の学制改革以来，文化大革命の時代に修学年限が短縮されるなどの一時的な変化はあったものの，基本的に 6・3・3 制が維持されてきた（文部科学省 2005）。1986 年には，中華人民共和国建国後初めてとなる全国的な義務教育の実施を定めた「義務教育法」が制定・施行され，義務教育が 6 歳から 9 年間と定められた。
　小学校は 6 年制が原則となっているが，農村部などでは 5 年制のところも多い。小学校に続く初級中学（日本の中学校に相当）は，3 年制もしくは 4 年制である。初級中学卒業後の進路は，普通教育を行う普通高中（日本の一般的な高等学校に相当），職業技術教育を行う中等専業学校や職業中学（日本の実業高等学校に相当）に分かれる。本章では，普通教育を行う学校を中心に記述する。

● 2. 外国語教育政策は国策……………………………………………

2.1 中華人民共和国建国前の外国語教育
　ここからは，中国の外国語教育の変遷を見ていく。最初に，中華人民共和国建国前の外国語教育について触れておきたい。建国前の中国で外国語教育が正式に始められたのは 1902 年である。同年，教育段階ごとの目標，

---
1) 書名，政府が出した公式文書などを原文（中国語）で記した場合は，中国語のルールに従い《 》で括った。

位置づけ，入学条件，カリキュラムの詳細などを制定した中央臨時教育会議を経て，正式に学制を定めた《欽定学堂章程》が公布され，全国の小中学校の外国語の授業は，英語を主とすることが定められた。清朝政府は1904年に《奏定学堂章程》を公布し，学制，学校の設置や管理法，教授法などを示した。この後，中学校から大学まで外国語の授業が広く行われるようになった。1912年，中華民国の中央臨時教育会議を経て，正式に学制を定めた《学校系統令》に続き，南京の臨時政府は，「条件の整っている高等小学校（日本の小学校の5，6年に相当）では，外国語の授業を開設してもよい。外国語は英語を主とするが，地方の状況に併せてフランス語，ドイツ語，ロシア語にしてもよい」とした。

2.2 重視する外国語は国内外の情勢で変化

1949年の中華人民共和国建国後は，共産党の「ソビエト社会主義共和国連邦に学べ」に従い，ロシア語ができるリーダーの育成は国家建設の鍵を握るとされた。1952年に教育部（日本の文部科学省に相当）は中学校と高等学校のカリキュラムを規定する《中学暫行規程》が発行された。そこでは，中学校と高等学校ではロシア語か英語を設置し，時間数は中学校3年間で全授業時間数の10％である360コマ，高等学校では全授業時間数の13.3％である480コマと定められた。ロシア語教育を推進するために，英語の開設が認められるのは，教師や教材などロシア語教育実施の条件が揃っていないところに限られた。1954年に教育部が発表した《关于1954年秋季起中学外语设置的通知》[2]では，中学校は外国語を開設せず，高等学校1年生から外国語（ロシア語）を設置せよとの指示が出された。中学校からとせず，高等学校からとした理由は，生徒の負担を軽減し，まず国語，つまり中国語や他の科目の学習を優先させるべきだと考えたことと，中学校の教師のレベルが低かったからである。高等学校1年生からロシア語教育を実施することで，ロシア語教師は不足したが，それを補うために英語教師のロシア語教師への転換が行われた。

---

2) 《通知》というのは，上級機関が下部組織に対して発する公式文書で，その内容に関する具体的な指示を示すもの。

高等学校のみで外国語を開設するという状況が続く中で，中学校で外国語を学習しないことは，生徒の知力の発達にかえって不利であり，外国語教育の質の向上の妨げになることが明らかになり，中学校での外国語教育が開始された。1956年7月に教育部が発表した《关于中学外国语科的通知》では，「社会主義経済と文化建設には，中学校・高等学校の外国語教育が必要である。外国語教育の中身としては，ロシア語に加えて英語教育を推進する。1956年の秋からは，英語の教師のレベルや人数など条件が比較的整っている地区は，高等学校1年生から英語を開講する学校を増やす」ことが明文化された。また，1957年秋には，中学校1年生からの外国語教育を復活させた。その際各地のロシア語と英語の開設校の比率は半々とされた。

1960年代に入ると，中国とソ連（当時）の関係の悪化をはじめ世界情勢が変化し，それが，中学校・高等学校の外国語教育に大きな影響を与えた。1964年に公布された，外国語教育7年計画である《外语教育七年规划纲要》では，1970年以降，英語とロシア語の学習者比率を2：1に調整するとされた。ロシア語から英語に変える学校が続出したため，今度はロシア語教師から英語教師への大転換が行われた。

1966年に始まった文化大革命により，中等教育段階の外国語教育はほぼ停止状態に陥ったが，1971年に中国が国連に加盟し，1972年にアメリカ合衆国のニクソン大統領（当時）が訪中したことにより，米中関係が劇的に回復したことで，外国語教育の重要性が再度注目されることとなった。時を同じくして1972年に日中の国交が正常化され，1978年に日中平和友好条約が締結されて以降，中学校・高等学校で盛んに日本語も導入されるようになった。

2.3 1978年に始まった外国語教育の改革

1978年8月28日から9月10日まで，国務院（日本の内閣に相当）の承認のもと，教育部は北京で全国の外国語教育関係者を集めた会議を開催した。この座談会は，文化大革命終了後に初めて外国語教育全体について検

討した会議であり，大学の外国語教育関係者，11校の外国語学校[3]，重点学校[4]に指定されていた小学校，中学校，高等学校の関係者，省や市の教育行政関係部門，政府の関連部門の関係者235人が参加したという。

この会議の成果として，外国語教育のレベルアップ，および，4つの現代化の早期実現に向け，外国語に優れた人材育成の方法および施策を示す《加強外语教育的几点意见》が作成され，国務院の承認を経て，1979年3月に公布された。

1982年5月27日から6月3日まで，教育部主催で中学校・高等学校の外国語教育について検討する会議が開催され，同会議には，各省，市，自治区教育行政部門の代表，中学校・高等学校・大学の代表，教育学院[5]や教育科学研究所の代表など100名近くが参加した。会議では，外国語教育をより重視することが確認されるとともに，言語別の開設割合の長期的戦略，教師の数と資質に関する問題解決のための方策が検討された。さらに，7月には外国語教育を強化するための《关于加强中学外语教育的意见》[6]が発表され，以下のような事項が示された。

(1) 外国語能力の到達レベルを学校の状況別に明示：重点学校と，教師が揃っているなど条件が整っている中学校・高等学校は，3-5年で6年間分の外国語の指導要領の要求に応える中学校1年から外国語を開講するが，教師などが不足する場合は，高等学校1年からの開講でも構わないなど。
(2) 開設する言語に関する長期的戦略：英語を主とし，ロシア語を一定の比率で開設し，基準を満たす教員が確保できる学校では，ニーズがあれば日本語も開設できるなど。

---

3) 外国語教育に特化した学校。中高一貫校が多い。その原点は，1963年に，周恩来首相の指導のもと，外国語に優れた人材を中学から育成するために設置された国立の外国語学校7校である。こうした学校からは，外交官など優秀な人材が輩出されている。
4) 小学校から大学までの各段階で，エリート養成を担う教育機関として選ばれた学校。人事面，財政面，教育課程面で優遇される。
5) 省や市レベルに設置されている機関。主に教員や学校の管理職の再研修を担う。
6) 「意見」とは，上級機関が下部組織に対して発する公式文書。注2の通知と異なり，その内容に関する見方や考え方を示すもの。

(3) 教師の資質向上の方策：各地の教育学院や教師進修学校（日本の都道府県の教育センターに相当）の協力を得る，あるいは，夜間大学やテレビやラジオでの講座を開設するなど。

　この他教材や教授法の改革，外国語開設条件の改善や外国語学校の設置なども含まれていた。
　1982年のこの会議を経て，ロシア語，英語に加えて，日本語が中等教育課程で必修外国語として位置づけられるようになり，1982年に，教育部が人民教育出版社に日本語の教材制作を命じた。1987年には，18の教科について，日本の学習指導要領に相当する教学大網（後に課程標準と名称変更）が教育部から正式に発表された。その中には，外国語として，英語，ロシア語，日本語が含まれていた。

2.4 英語優勢の動き

　ロシア語教育は1950年代に最も盛んであったが，中ソ関係の悪化により60年代には勢いが衰え始めた。1980年代末からしばらくの間，中口国境付近の貿易が活発化したことにより，ロシア語人材に対するニーズが高まり，国境地区の一部の小学校・中学校がロシア語重視を掲げたが，中口国境の貿易は非正規のものであったため，ロシア語ブームはすぐに冷え込むことになった。日本語は1980年代には，学習者が30万人を超え，ピークを迎えた。
　しかし，1990年代に入ると日本語，ロシア語ともに，英語にとって代わられ，学習者が減少し始めた。英語優勢の影響だけでなく，大学の入試戦略も減少に拍車をかけた。日本の大学入試センター試験に相当する全国統一大学入試の試験科目の1つである外国語は，英語以外にロシア語や日本語でも受験できるが，大学側が他の外国語に比べ，英語で受験する学生を広く受け入れるようになったからである。特にロシア語や日本語専攻課程をもつ有名大学の中には，高等学校までの既習者は対象とせず，ゼロスタートである英語での受験生のみを受け入れるケースも出てくるようになった。成績優秀なロシア語や日本語の学習者は，希望する大学への進学

ができないことになり，教師，学生ともにこの2つの外国語に対するモチベーションが低下することとなった。

ただ，21世紀に入り，ロシア語，日本語ともに復活の兆しを見せている。ロシア語については，その背景に中ソ関係が安定する中，2005年3月には，教育部が，黒龍江省に中国とロシアの小・中・高校生の交流基地建設を承認，2006年には黒龍江省基礎教育ロシア語教学研究基地が設立された。2008年には，国家発展改革委員会がロシア語教育の推進を強化し，ロシアへの国費留学を推奨するとの文書を出すなど，国レベルでロシア語教育を推進する動きがある。目下，全国の中学校・高等学校で約80000人，小学校で約3000人がロシア語を学んでいる。

日本語も2009年には初等・中等教育の学習者が62,337人であったが，2012年には89,182人へと増加している（国際交流基金2009, 2012）。3.2で述べるように，第二外国語としての日本語を開設する学校が増えていることが，これらの数字に表れていると考えられる。

● 3. 最近の外国語教育政策の動向………………………………

3.1 小学校から高等学校まで一貫した外国語教育

2014年現在の小学校，中学校，普通高校における外国語のカリキュラムは表1（p. 126）のとおりである。時間数は，教育部の課程標準に定められているものであるが，各地区が実情に合わせて時間数を決める場合もある。都会と農村の小学校，中学校では時間数が異なる場合もあれば，外国語教育に特化している学校では，時間数を多くするなど，学校の性質によっても異なる場合がある。

表1　教育段階ごとの外国語のカリキュラム（課程標準による）

教育段階	学習する外国語	時間数
小学校	3年次より第一外国語（必修）として英語か日本語（一部の地域のみ）を履修。	3年次〜6年次　週3時数
中学校	1－3年次に第一外国語（必修）として，英語，日本語，ロシア語（一部の地域のみ）のいずれかを履修。	1年次〜3年次　週4時数
普通高校	1－3年次に第一外国語（必修）として，英語，日本語，ロシア語（一部の地域のみ）のいずれかを履修。	1年次〜3年次　週4時数

　教育部は，英語・ロシア語・日本語の課程標準を設定しているが，小学校から高等学校まで一貫して課程標準があるのは2014年現在，英語のみである。2001年1月発表の《关于积极推进小学开设英语课程的指导意见》では，小学校の英語授業の設置推進の方針が明らかにされ，小学校の英語教育導入が21世紀の義務教育課程改革の重要な内容と位置づけられた。2001年秋から全国の市および県レベルで段階的に小学校の英語教育が始まり，翌2002年秋からは郷や鎮[7]レベルの小学校でも段階的に英語を開設するという内容であった。2012年には，小学校の英語教育導入から10年間の成果を踏まえた《小学英语课程标准2011年版》が発表され，小学校から高等学校までの学習指導要領が揃ったことになる。

3.2 多様な外国語の開設状況

　1963年に，周恩来首相の指導のもと，外国語に優れた人材を中学校から育成するために設置された国立の外国語学校や，その後設立された，省立や市立の外国語学校では，第一外国語として，英語，日本語，ロシア語，フランス語，ドイツ語などの教育が行われている。

　一方，普通中学や普通高校は，外国語として英語のみを開設している学校が多い中，最近になって，第二外国語として英語以外の外国語を開設する動きも出てきた。たとえば，2001年9月に教育部が発表した，義務教

7）　中国の行政区分は，基本的に省級，地級，県級，郷級の4層に分かれており，郷の中でも比較的大きい地区は鎮と呼ばれている。

育段階の学習指導要領である《义务教育日语课程标准 2011 年版》には，次のようにある。「外国語学校あるいはその他の教育条件の整った学校では第二外国語課程の設置も可能とする」という方針を打ち出した。課程標準の中で，第二外国語について記述されたのは，このときが初めてである。2012 年に発表された《义务教育日语课程标准 2011 年版》には，「第二外国語を開設する際には，生徒の日本語に対する興味・関心を高めることに重点を置き，生徒の日本のことばや文化に対する理解を深め，国際的な視野を広げ，文化やコミュニケーションに対する意識とその能力を高めることを重視するようにする」というさらに具体的な記述が付け加えられた。

また，地方レベルの動きとしては，大連市教育局が，市内の小中学校における日本語教育を促進する方向性を示すために，2006 年 4 月に発表した《关于在中小学加强日语教学的意见》には，以下のように記されている。

> 中学校は，《日语课程标准》に則り，また，各校の実情にあわせて，校本课程（日本の学校裁量科目に相当）として日本語を開設してもよい。これによって，《英语课程标准》に示された目標を達成したうえ，もう 1 つの外国語を勉強したいという一部の生徒のニーズに応える。この場合，英語を第一外国語とし，日本語を第二外国語と位置づける。

現場も声をあげている。ロシア語教育学会の劉利民会長は，2009 年に日刊紙の 1 つである《光明日報》に記事を投稿し，ロシア語人材は一朝一夕で育成できるものではなく，長期的な計画が必要であり，東北三省のこれまでのロシア語教育の経験と地勢的な利点から，小学校から選択科目として，第二外国語としてのロシア語を導入すべきであると主張した。

3.3 第二外国語としての日本語教育の動向

第二外国語教育導入をめざした具体的な推進策が実施されたことに加え，教材の開発や教師研修が行われた結果，第二外国語として日本語を開設している中学校・高等学校の数は，2009 年の 39 校（王，小長谷，佐藤 2011）から，2014 年には約 80 校（中国教育学会外语教学专业委员会・日

本国際交流基金会北京日本文化中心・日本国際文化交流財団 2014) と顕著な増加が見られる。開講方式は学校によってさまざまであり，大きくは以下3つに分けられる。

(1) 双语教育
　　外国語2つ（たとえば，英語と日本語）をほぼ同じ時間数，必修科目として学ぶ。受験の際は1つの外国語を選択するので，学年が上に進むと，どちらか1つを学習するケースが多い。
(2) 第二外语
　　1つめの外国語科目（必修）のほかに，2つめの外国語を自由選択，もしくは選択必修の科目として学習する。学校が設定する外国語の中から，生徒は自由に選択できる。
(3) 课外活动
　　学校独自で学習内容を定めることができる校本課程や全校生徒を対象とした社団活動（日本の必修クラブ[8]に相当）として開講。外国語のほか，スポーツ，芸術などの科目がある。

実際に複数の外国語を開講している学校の例を見てみよう。

◇上海甘泉外国語中学
　　1954年に設立された中高一貫の普通学校。生徒は，必修外国語として英語，日本語，ドイツ語，フランス語のいずれかを学ぶ。多言語教育をめざし，選択科目としての第二外国語は，日本語，英語，ドイツ語，フランス語，韓国語，スペイン語を開講している。すべての言語にネイティブ教師がおり，ドイツ語と日本語については，市販の教材がないため独自に第二外国語用の教科書を編集するなど，学校として多言語教育に力を入れている。

---

8) 1973（昭和48）年〜2001（平成13）年まで続いた，全員参加のクラブ活動。週1回の授業時間中に，運動部や文化部など，それぞれの学校に設置されているものの中から自分の希望するクラブに登録する。

◇長春市第11高校

吉林省でトップクラスの進学校。生徒は必修外国語として日本語か英語を選択する。2011年10月に社団活動として日本語クラブを設置したところ，初の登録者は50人だったのが，次の学期には100人，その次には200人と登録者が増えている。多数あるクラブの中で日本語が最も人気があるという。

◇大連弘文学校

1958年に設立された公立の中学校。2005年3月に双語教育を学校の特色とすることを申請し，同年9月に日本語を導入した。中学校1，2年生に英語と日本語をほぼ同時間履修させるクラスを作っている。ただし，3年次は高校受験のために英語か日本語のいずれかを選択履修する。

● 4. 多言語教育に向けての動き

最近になり，中国がさらに多言語教育を推進していることを示すいくつかの動きがある。

2014年4月，中国教育学会外国語教学専門委員会，独立行政法人国際交流基金北京日本文化センター，公益法人国際文化フォーラムが共催するシンポジウム「グローバル人材育成と多様な外国語教育—日本語教育から可能性を探る—」が開催された。中国各地から参加した中学校・高等学校の管理職，教師たち約120名は，21世紀のグローバル社会を生き抜くために必要な人材育成には外国語教育が大きな貢献をすること，また，英語だけでなく多様な言語を学ぶ機会を若い人たちに提供することが重要であることに共感を示した。

パネリストの一人である徐一平北京外国語大学教授は，国としての外国語教育政策を踏まえたさまざまな外国語の課程標準が示されることで，多様な言語による第二外国語教育がさらに発展すると述べた。

その動きはすでに始まっている。義務教育段階のカリキュラムや教材開発を担当している教育部の一部門で，初等中等教育段階のカリキュラムや教材開発を担当する教材教育部基礎教育課程教材発展中心のWebサイト

に掲載された2014年7月7日付の記事によれば，2014年6月に，フランス語，ドイツ語，スペイン語の課程標準作成に向けた会合が北京で開かれ，席上，中国教育部基礎教育二司の申継亮副司長が，教育部は多言語教育の基本構想を進めていること，ドイツ語，フランス語，スペイン語の課程標準作成作業を開始したことの背景について説明したとある。

中国では，外国語教育は国家建設に必要な人材養成に不可欠であることが明確に示されてきた。当然，国の外国語政策を検討する会議は，英語だけでなくロシア語や日本語を含む外国語教育関係者が出席のもとで行われている他，教育部関連の機関がフランス語，ドイツ語，スペイン語教育関係者を集め，課程標準作りに取り組もうとしている。

● おわりに

ここまで見てきたように，中国は時として外国語教育関係者を集めた会議を首相自身が開催している。また，1980年代から外国語として英語，ロシア語，日本語の3言語の学習指導要領を作成するなど，複数外国語教育を進めてきたことがわかる。各地に外国語学校が設立され，さまざまな外国語の能力をもった人材の育成を国家が進めてきている。たとえば韓国における外国語高等学校も同じような役割を期待されているといえよう《➡本書第8章参照》。

ここで，日本のことを考えてみたい。首相が日本の複数の外国語教育関係者を集めて外国語教育政策を検討する会議を開催したという話を耳にしたことがあるだろうか。筆者は2010（平成22）年から2011（平成23）年まで文部科学省主催で開かれた「外国語能力の向上に関する検討会」に何度かオブザーバーとして参加したが，名称こそ「外国語」となっているものの，委員の中に英語以外の外国語教育関係者は見当たらず，検討される中身も英語教育に関することに限られていた。そして，会議の成果として発表された文書のタイトルは「国際共通語としての英語力向上のための5つの提言と具体的施策」となっていた。

日本が本気でグローバル化を進めようとするなら，まず「外国語＝英語」

という認識は改めなければならないであろうし，全国一律でなくても，条件の整った学校から多様な言語の教育を推進するといった，中国の外国語教育政策の柔軟さが参考になるのではないだろうか。

　本章では言語教育政策の中から外国語教育政策を対象としたため，少数民族の言語教育の問題は扱っていないが，この問題については機会を改めて論じたい。

引用文献
王崇梁・小長谷友香・佐藤修（2011）「国際交流基金レポート最終回―中国の中等教育機関における第二外国語としての日本語教育の現状調査―」『日本語学』vol. 30, no. 8, 84-93.
国際交流基金（2009）『海外の日本語教育の現状―日本語教育機関調査・2009 年―』国際交流基金.
国際交流基金編（2012）『海外の日本語教育の現状―2012 年度日本語教育機関調査より―』くろしお出版.
文部科学省（2005）「中国の学校教育制度」（中央教育審議会初等中等教育分科会教育課程部会外国語専門部会（第 9 回）配付資料）<http://www.mext.go.jp/b_menu/shingi/chukyo/chukyo3/015/siryo/05120501/007/006.htm>（2015.9.10 閲覧）

教育部基礎教育課程教材発展中心（2014）"德语，法语，西班牙语课程标准研制工作正式启动"2014 年 7 月 7 日登载 <http://ncct.moe.edu.cn/2014/workDynamicStateDev_0707/2760.html>（2015.8.17 閲覧）
刘道义主编（2008）《基础外语教育发展报告（1978-2008）》上海外语教育出版社.
李娅玲（2012）《中国外语教育政策发展研究》北京大学出版社.
文秋芳・徐浩主编（2013）《2012 中国外语教育年度报告》外语教学与研究出版社.
文秋芳・徐浩主编（2014）《2013 中国外语教育年度报告》外语教学与研究出版社.
中国教育学会外语教学专业委员会，日本国际交流基金会北京日本文化中心，日本国际文化交流财团（2014）《国际化人才的培养与多语种教育―从日语教育探索其可能性―会议报告》28，中国教育学会外语教学专业委员会，日本国际交流基金会北京日本文化中心，日本国际文化交流财团.
中华人民共和国教育部制定（2012）《义务教育日语课程标准 2011 年版》北京师范大学出版社.

第10章
エジプト
―イスラーム文化圏における複数外国語教育の試み―

榮谷 温子

● はじめに ……………………………………………………………

「アラブの春」などで脚光を浴びるイスラーム文化圏は，アラブ諸国のみならず，イラン，トルコ，さらには中央アジアや東南アジアまで広がる広大な地域であるが，アラビア語は聖典クルアーン（コーラン）の言語として等しく重視される。このような宗教と言語の状況の中で，外国語はどのように教えられているのか。

本章では，アラブの盟主であるエジプトの外国語教育，特に，高等学校における第二外国語教育についてその概要を述べたい。ただし，エジプトには地方の小規模学校や，技術高等学校，職業高等学校など特殊な形態の学校がいくつかあり，そのすべてを網羅することは困難であるため，これらについては取り上げず，義務教育の小学校と中学校，および大学進学の前提となる普通科高等学校の外国語教育について説明していく。

まず，第1節でエジプトの教育制度について説明した後，エジプトの外国語教育の歴史を大まかに示す。第2節で義務教育段階，すなわち小学校と中学校における外国語教育に触れたあと，第3節で普通科高等学校の，特に修了試験を通して，その第二外国語教育を見る。また，第3節の最後では，言語学校，宗教学校のカリキュラムの例も紹介する。

なお，本題に入る前に，エジプトのやや特殊な言語事情に触れておきた

第 10 章 エジプト―イスラーム文化圏における複数外国語教育の試み―　133

い。エジプトの公用語はアラビア語だが，これは「フスハー[1]」(「ファスィーフ」[明瞭な] という形容詞の最上級形)，すなわち正則アラビア語と呼ばれる，文語的な規範に基づいたアラビア語である。イスラームの聖典クルアーン（コーラン）の言語でもあり，国民の日常生活で使われている口語アラビア語，すなわち地域ごとに異なるアラビア語方言とは区別される。

　この正則アラビア語は，母語として，日常的な使用を通じて習得される口語レベルのアラビア語と異なり，学校教育を通して身につけられていく言語である。そのため，言語教育という観点から，外国語教育と並行させて正則アラビア語教育が扱われることも多い。本章では，エジプトの外国語教育について取り上げるが，必要に応じて，エジプトさらにはイスラーム文化圏の特徴である正則アラビア語教育についても言及してゆく。

　アラビア語はかつて，ダイグロシアの例の 1 つに挙げられたほどの言語で，非識字者の用いる完全な口語アラビア語から，正則アラビア語の影響や外国語の影響を受けた知識人の口語アラビア語，そして，現代文明や外国語・外国文化の影響を受けた現代の正則アラビア語，聖典クルアーンやアラブ古典詩などの純粋な文語アラビア語まで，大きな広がりのある連続体だ。

　たとえば，正則アラビア語のうちでも，完全な古典の文語アラビア語では，格語尾変化の正確さが厳密に要求されるが，現代の口語アラビア語では，格語尾はすでにほぼ消失している。現代の正則アラビア語でも，話しことばでは格語尾を省略することも多いが，一方で，ある程度は格語尾の表示が求められる。

● **1. 外国語教育**　　　　　　　　　　　　　　　　　　　　　　　　

1.1 教育制度と正則アラビア語教育

　本節では，エジプトの現在の教育制度全般を概観する。小学校 6 年間，

---

[1] 本章では，アラビア語をカタカナ表記する際，煩雑さを避けるため，「アル＝フスハー」を「フスハー」，「アッ＝サーナウィーヤ・ル＝アーンマ」を「サーナウィーヤ・アーンマ」と表記するなどのように，一部を除き，定冠詞に当たる「アル」およびその変化形を省略している。

中学校3年間，高等学校3年間の6・3・3制であるが，1988年～1998年度は，小学校が5年制だった。教育関係予算の縮小や，教員数や校舎などの設備整備が児童数増加に追いつかなかったことなどがその理由として挙げられる。しかし，近年は就学前の幼稚園（2年制）のカリキュラムも関心事項となりつつある。

義務教育は小学校と中学校の9年間だが，UNICEF（2014: 61）によれば，初等教育段階の年齢であるにも関わらず，学校に通っていない子どもの割合は，同年齢の子どもの3％，すなわち25万8000人に上っている。

高等学校は，3年制の普通科高等学校および技術高等学校（工業科高等学校，商業科高等学校，農業科高等学校，ホテル科高等学校）の他，5年制の技術高等学校も存在する。あるいは3年間は高等学校に通い，卒業後に2年制の技術専門学校に入学する道もある。また，少数だが，体育中学校・高等学校，職業中学校・高等学校もある。

大学進学のためには通常，普通科高等学校すなわち「サーナウィーヤ・アーンマ学校」に進学する必要がある。「サーナウィーヤ」がsecondaryを表す形容詞，「アーンマ」がgeneralの意で，「サーナウィーヤ・アーンマ学校」はgeneral secondary school，普通科高等学校の意味である。

なお，後述のアズハル系高等学校「サーナウィーヤ・アズハリーヤ学校」（イスラーム教の宗教学校）に通い，その全国共通卒業試験に合格した者は，アズハル大学（アズハルとはもともと「ザーヒル」［輝いている］という形容詞の最上級形）に進学できる。アズハル系の高等学校に技術高等学校はないので，その卒業の際の取得資格は一種類である。

大学は，技術高等学校や職業高等学校からの進学も可能ではあるが，上述のとおり，通常，普通科高等学校卒業が前提である。

以上のエジプトの学校は，国立と私立に大別される。小学校から高等学校についていえば，国立学校には，エジプトの公用語であるアラビア語（教科書は正則アラビア語で書かれているが，教師が完璧な正則アラビア語で話すことはまずなく，正則語と口語の中間的な，やや口語的なアラビア語で説明を行う）で授業を行う普通学校と，英語で授業を行う実験学校とがある。

第10章 エジプト―イスラーム文化圏における複数外国語教育の試み―　135

　この他，アズハル機構最高評議会の監督下にあるアズハル系，すなわちイスラーム教系の学校がある。ファーティマ朝時代（909～1171年）に，アズハル・モスクが設立され，続いて，のちにアズハル大学となる附属の学校が設けられた。現在のアズハル機構最高評議会は，アズハル・モスクや，イスラーム教スンナ派の最高教育機関であるアズハル大学，ファトワーすなわちイスラーム法の立場からの勧告を発するファトワー委員会などを管轄する機関である。

　アズハル系学校の生徒はイスラーム教徒のみで，宗教関係科目を重点的に学ぶとともに，非アズハル系の学校のカリキュラムに沿った学習も行う。もちろん，アズハル系でない学校でも，宗教教育はある程度行われており，教科書も用意されている。

　私立学校には，公立の普通学校と同様の授業を行う普通学校の他，エジプト教育省の定めた科目を，主に英語，学校によってはフランス語やドイツ語で教える言語学校，宗教教育を主眼に据えた，アズハル系やキリスト教系の宗教学校，英米など外国のカリキュラムに基づいて教育を行うインターナショナル・スクールがある。教育省の統計年鑑には，外国系学校の数等は記載されていないが，インターナショナル・スクールについて2011年に教育省は169校という数字を出した。多くはカイロやその近郊およびアレキサンドリアに集中しており，増加傾向は続いている[2]。

　ただし，特に私立学校の場合，こうした「言語学校」「宗教学校」などの区別は厳密なものではなく，たとえば，私立のアズハル系学校は，外国語教育にも力を入れ，言語学校を兼ねていることが多い。逆に，言語学校だが，厳格なイスラーム教育を行っていることを特色として打ち出している学校などもある。したがって，言語学校で，教育言語が欧米系言語であるから西欧的であるとか，アズハル系の学校だから伝統的な正則アラビア語重視の教育方針だなどと単純に判断できるものではない。

---

[2]　Assafir Arabi (2014.6.30)「外国系教育…そして国立系教育も…におけるモンスター形成」アッラーム，ムナー <http://arabi.assafir.com/printarticle.asp?aid=1968>（2015.9.4 閲覧）

表1　学校の種別とその教育言語

	学校の種別	主要な教育言語
国立	普通学校	アラビア語
	実験学校	英語が主（仏語，独語もある）
	アズハル学校	アラビア語
私立	普通学校	アラビア語
	言語学校	英語，仏語，独語（設置者の趣旨などによる）
	宗教学校（含：アズハル系）	アラビア語など
	インターナショナル・スクール	英語など（英語圏以外の国のカリキュラムに基づく学校もある）

　日本では，文部科学省検定済教科書が複数種類存在し，高等学校では各学校で選択可能（小学校，中学校は広域採択制）だが，エジプトでは，教育省の定めたカリキュラムに則った教科書は1種類のみである。これは，3.2で述べるように，学校の卒業試験が，エジプト全土で共通の試験問題で行われることと関係しているものと思われる。

　教育省は，多くの教科書を省のWebサイト上でPDFファイルの形で公開している。ただし，一部，手違いであろうが，フォルダが空の科目などもあり，必ずしもすべての科目の教科書が公開されているわけではない。

　理系の科目の教科書には，アラビア語版の他，アラビア語版と同内容の英語版やフランス語版の教科書が用意されている。これは，上記の実験校や言語学校に対応したものであると同時に，国外のエジプト人子弟で，アラビア語力が十分でない者への対策でもある。

　なお，エジプトでは，幼稚園から高等学校までは教育省の管轄であるが，大学や大学院は別組織である高等教育省が管轄している。アズハル系の学校（小学校から高等学校）や大学は，アズハル機構最高評議会も同時に管轄している。

1.2 外国語教育の変遷
1.2.1 エジプトの外国語教育の歴史[3]

　エジプト，さらには中東での外国語教育が開始される契機は，主にヨーロッパからの宣教であった。17世紀にはギリシャ人居留区の子弟のための学校も複数存在したが，1732年，カイロのモスキ地区にフランシスコ会の教会に付属して建てられた学校が，エジプト人に西洋の言語を教えるためのエジプト初の学校であったとされる。そこではイタリア人の生徒とともに，エジプト人の生徒にもイタリア語が教えられた。

　19世紀の終わりから20世紀の初め，世界各地で教育は，新教育運動により大転換に見舞われる。エジプトの教育も宗教から世俗へと転換され，国家へと監督権が移った。外国系の学校も上記のような宗教目的に加え，政治的あるいは文化的な目的，すなわち国のプロパガンダをカリキュラムの中に取り込むということが出てきた。自国の言語・文化をエジプト国内に広める最重要手段となったのである。学校には政治的，経済的なエリートの子弟が集まっていたから，エジプトにとってその政治的影響力は期待できた。具体的には，19世紀にムハンマド・アリー朝が成立し，急速な近代化政策を推し進めたが，そうした西洋化の動きは，逆にエジプトのヨーロッパ列強への従属につながった。また，1869年にはスエズ運河が開通するが，その経済的負担は大きく，イギリスのエジプト進出を招くこととなり，エジプトは事実上，イギリスの保護国となった。

　外国系学校は，経済的門戸開放政策，さまざまな部門の民営化や投資の自由化の中で拡大した。特に，前述のとおり，国立の学校でも一部の授業を英語で行うところがあるなど，アメリカ式の教育が大きく広がった。というのも，1952年，自由将校団によるエジプト革命でムハンマド・アリー朝が終焉，1953年にエジプト共和国が成立したのである。1956年のスエズ運河国有化宣言などを断行した，当時のナーセル大統領は親ソ連路線であったが，1970年就任のサーダート大統領やムバーラク大統領は親米路線を取ってきた。

---

[3] Assafir Arabi (2014.6.30)「外国系教育…そして国立系教育も…におけるモンスター形成」アッラーム，ムナー <http://arabi.assafir.com/printarticle.asp?aid=1968>（2015.9.4 閲覧）

外国系学校の教育については，自国民のアイデンティティを脅かすものとする意見もある反面，国立の学校より質のよい教育を提供してくれているとする見方もある。2.1 以降で詳しく述べるが，国立学校でも英語教育は早くから行われ，アメリカからの援助の図書も多く届く。反面，正則アラビア語教育が貧弱で，生徒の正則アラビア語力が落ちているともいわれている。

1.2.2 小学校・中学校・高等学校における外国語教育

エジプトの小学校・中学校・高等学校において，第一外国語はすべて英語である。本章では，第二外国語に焦点を当てて述べていくが，まず，英語について大まかに見ておきたい。

教育省は，小学校から高等学校までの英語教育の指針を，英語教育の専門家らがまとめた The National Curriculum Framework for English as a Foreign Language (EFL): Grades 1-12 として，2012 年に発表している。そこでは各学年で教えるべき項目や，身につけさせるべき能力を表などにまとめている。また，12 年間で教えるべき単語リストも付されている。

教育省は，行動目標として，2016/17 年度[4]の終わりまでに，理科，数学，英語の新カリキュラムを作成することを挙げている (Ministry of Education, Arab Republic of Egypt 2014：アラビア語版 p. 91, 英語版 p. 61)。英語のカリキュラムに関しては，まだまだ流動的な面が多いといえるだろう。

● 2. 義務教育段階における外国語教育

2.1 小学校における外国語教育

2003/04 年度から，英語は小学校 1 年次から教えられるカリキュラムが採用された (Ministry of Education, Arab Republic of Egypt 2008: 93)。それ以前は小学校 4 年次からの開始であった。

---

4) 暦年をまたぐ年度をこのように示す。エジプトの学校年度は 9 月に始まり，5 月に終わる。

2001年当時の時間割（UNESCO-IBE 2012）では，授業1コマ45分で，以下の表2のように，1～3年生までは，週35コマの授業があり，そのうち，アラビア語が12コマ，アラビア習字が2コマで，外国語の授業はなかった。これに対し4～6年生までは，授業は週39コマに増え，外国語（実質的には英語）が3コマ教えられるが，アラビア語は11コマ，アラビア習字は1コマに減る。

表2　2001年当時の1週間当たりの授業コマ数比較

	アラビア語	アラビア習字	外国語（英語）	全体の時間数
1～3年生	12コマ	2コマ	なし	35コマ
4～6年生	11コマ	1コマ	3コマ	39コマ

現在，小学校では，各学年で，毎週8時間，毎月33時間，年間198時間の正則アラビア語の授業時間が確保されているが，これは日本やフランスの国語の時間数より少々少ない程度である。(Ministry of Education, Arab Republic of Egypt 2008: 94)

なお，2011年版の『小学校課程のカリキュラムの一般的枠組み』（カリキュラムおよび教材開発センター専門家チーム 2011）では，学習者の指針として，「正しいアラビア語を読み，書き，聴き，話すこと，それにより，（学習者が）問題解決と意思決定のため，異なるソースから情報を探し出して用いることができるようになること」，それとともに「アラビア語とは異なる外国語を，別の社会や文化との結びつきのために用いること」が挙げられている（p. 14）。アラビア語には，各学年とも週6コマ（1コマ1時間）を充てることとしている（p. 25）。

英語の教科書としては，オックスフォード大学出版局の教材の内容をエジプト用に手直しした *Time for English* というシリーズ[5]を使っている。カラー・イラスト満載の，英語のみを用いた教科書で，ワークブックもある。教師用にシラバス表も掲載されている。たとえば，1年生の1学期であ

---

5)　教育省のWebサイトの他，著者のWebサイトである <https://mrtamer.wordpress.com/>（2015. 9.4閲覧）で，小学校1～6年生用すべてが公開されている。

れば，Unit 1 のトピックが My Friends で，リスニングとスピーキングでは「自己紹介，［微笑む］［手を振る］などの指示をしたり，それに答えたりする」，リーディングとライティングでは「文字の書写，英語を書くときの手の異なる動きを区別，大文字と小文字の認識」，その他，音声や文法などについても Unit 10 まで学習項目を挙げている。

2.2 中学校における外国語教育

第二外国語としてフランス語が導入される以前，2001 年当時の時間割では，授業 1 コマ 45 分で，1 年生から 3 年生までは，週 39 コマの授業があり，このうち，正則アラビア語が 7 コマ，アラビア習字が 1 コマ，外国語すなわち英語が 5 コマであった (UNESCO-IBE 2012)。

2012 年度より，すべての中学校で，全員が第一外国語として学ぶ英語の他に，必修の第二外国語としてフランス語を，基礎科目の 1 つとして 1 年次から導入することとなった[6]。1914 年にエジプトはイギリスの保護国とされたが，フランスの影響も多く受けており，かつてはエジプトの上流階級ではフランス語が広く使われていた。18 世紀にはナポレオンのエジプト遠征もあった。また，フランス人であるフェルディナンド・レセップスがスエズ運河を建設するなど，スエズ運河にもフランスは大きく関わっていた。さらに，エジプトの法律はナポレオン法典の影響を受けており，法律研究にもフランス語は重要である。

財政的な問題，教師の資質，人数確保などの問題も懸念されたが，これに先立ち，教育省は，国内 7 県で数年にわたり実験等を行った。このフランス語導入計画の一環としてカイロの Institut français d'Egypte が教師の訓練を実施。実験は成功したとして，第二外国語としてのフランス語導入を決めた。2008/09 年度に行われた実験についての，教育省の記録[7]には，アハラーム新聞のサアーダ・フサイン記者の反対意見も記録されている。彼女は，第一外国語がフランス語，第二外国語が英語で，フランス語のレ

---

6) 日刊 Rose El youssef (2011.11.7)「来年中学校にフランス語学習導入」サアド，ミニールファー <http://www.masress.com/rosadaily/129864>（2015.9.4 閲覧）

7) エジプト教育省 <http://portal.moe.gov.eg/AboutMinistry/Departments/cabe/Achievements/Achievements2009/Pages/AchievementsPrep2009.aspx>（2015.8.7 閲覧）

ベルの高いカトリック系ミッション・スクールを例に挙げ，その学校の中学 1 年生の教育システムを廃止することに反対したのだった。

　フランス語の教師採用にあたって重視されたのは，フランス語の能力に加えて，教師の正則アラビア語力と社会科の知識であった。というのも，生徒はしばしば，外国語学習に比して，正則アラビア語を軽んずるからであった。正則アラビア語だけでなく，社会科も重視されている。その理由として次のようなことが考えられる。公開されている中学校の社会科の教科書（1 年生 2 学期から 3 年生 2 学期まで）を見ると，その内容は，エジプトの自然，古代文明，アラブ国としてのエジプト，イスラームの宗教や歴史，エジプトの近現代史といったものである。3 年生になって少々，世界地理に関する課があるが，全般的に，エジプト，アラブ，イスラームに関する教育を目的とした教科であり，エジプト人としてのアイデンティティ育成に関わるものであることがわかる。したがって社会科は重要な教科とみなされるのである。

　2012 年版の『中学校課程のカリキュラムの一般的枠組みに提案されたコンセプト』（カリキュラムおよび教材開発センター専門家チーム 2012a）では，指針として，学習者自身の国語と，少なくとも 1 つの外国語の学習を挙げ (p. 11)，各学年でアラビア語に週 7 コマすなわち 7 時間 (p. 25)，第二外国語のフランス語には週 2 コマすなわち 2 時間を充てることとし，フランス語の運用能力を伸ばすだけでなく，フランス文化の情報を探していくことも学習内容に含めている (p. 28)。

　中学校のフランス語の教科書は，教育省の Web サイトでは公開されていないが，高等学校 1 年生のフランス語の，*Vivre Ensemble* というシリーズ[8]がかろうじて公開されている。その他，中学校と高等学校の両課程に対応した，*Bravo!* という教材[9]も出ているが，こちらは教育省の出版物ではなく，私立校などが独自の判断で用いるものと思われる。

---

8)　新しいフランス語の本 *Vivre Ensemble* 高 1，2015 <http://www.slideshare.net/owagdyhs/vivre-ensemble-2015>（2015.9.4 閲覧）

9)　フランス語の *Bravo* の本のシリーズ <http://bravohm.com/>（2015.3.22 閲覧），中学校と高等学校の両課程のためのフランス語の *Bravo* の本のシリーズ。<https://www.facebook.com/bravo.fr>（2015.8.7 閲覧）

● 3. 高等学校における外国語教育

3.1 普通科高等学校の第二外国語

2012 年版の『普通科高等学校課程のカリキュラムの一般的枠組み』(カリキュラムおよび教材開発センター専門家チーム 2012b) には, 小学校・中学校課程と重複するが, 学習者の指針として,「正しいアラビア語を読み, 書き, 聴き, 話すこと, それにより,（学習者が）問題解決と意思決定のため, 異なるソースから情報を探し出して用いることができるようになること」, それとともに「アラビア語とは異なる外国語を, 別の社会や文化との結びつきのために用いること」が言及されている (p. 18)。

言語に関しては, アラビア語の週 5 コマすなわち 5 時間, 第一外国語の英語（入学前に 3 年か 5 年学習済みとされている）の週 4 コマすなわち 4 時間が全員必修である (p. 36, p. 46)。特に, 英語は, ハイテクの重要性も視野に入れながら学ぶよう書かれている。

高等学校では第二外国語が必修である。フランス語, スペイン語, ドイツ語, イタリア語（掲載順）の中から選択し, 週 3 時間学ぶ (p. 32, p. 42)。それぞれ, イラストや写真を多用した教科書が用いられ, スペイン語のように, 教科書に準拠した音声 CD が用意されている言語もある。

表 3　サーナウィーヤ・アーンマ試験の第二外国語の言語別受験者数

	2011 年第 1 段階		2013 年旧制度	
フランス語	358,211 名	81.1%	9,471 名	83.3%
ドイツ語	57,916 名	13.1%	1,540 名	13.5%
イタリア語	21,352 名	4.8%	92 名	0.8%
スペイン語	2,007 名	0.5%	93 名	0.8%
英語*	2,143 名	0.5%	10 名	0.1%
不明	—	—	167 名	1.5%
合計	441,629 名	100%	11,373 名	100%

＊第一外国語がフランス語の学生が, 英語を第二外国語として受験。

各言語の履修者の割合であるが, 表 3 に示した高等学校修了試験（サー

ナウィーヤ・アーンマ試験）の受験者数がめやすになるだろう。2011 年の第 1 段階試験（1994〜2013 年まで，修了試験は 2 段階制度，すなわち 2 年生と 3 年生の学年末の 2 回に分けて行われていた。現在の新制度では，3 年生のときに 1 回受験するのみ）のデータ[10]と，2013 年の旧制度時代の残りの学生のデータ[11]を示す。

この表 3 から，やはり，中学校から学んでいるフランス語を，高等学校でも選択する学生が多いことがわかる。

3.2 普通科高等学校の修了試験[12]

エジプトでは，高等学校 3 年の学年末に，サーナウィーヤ・アーンマ試験を受けなければならないが，これは国家統一試験であり，全国で一律に，6 月頃に実施される。国立大学には，個々の大学の入学試験はなく，この試験の得点で合否が判定される。

高等学校では文系・理系のどちらでも，宗教教育，公民，経済，統計を学ぶ。これらの科目の試験は，サーナウィーヤ・アーンマ試験の合計点には加算されないものの，それらの試験に合格することが修了の条件である。各科目に割り当てられた点数は，1 週間当たりの授業コマ数とその科目が学ばれる時間数に比例している。

各教科の配点は，表 4 のとおりである。

表 4 の示すとおり，第一外国語と第二外国語の合計得点が 90 点であるから，合計点のうちの 2 割以上，第二外国語だけでも 1 割近くの比重を占めている。

---

10) Almasry Alyoum (2011.6.17)「《第二［外国］語》試験の易しさに《第一段階》の学生たちの間に《喜び》…《ドイツ語》ゆえに女子学生自殺企図…スエズとミニヤとカフルッシェイフで不満」アブドゥッラーディー，サーミー他 <http://today.almasryalyoum.com/article2.aspx?ArticleID=300593>（2015.9.4 閲覧）

11) Almasry Alyoum (2011.6.17)「サーナウィーヤ・アーンマの第二［外国］語で《涙と微笑み》」ジャミール，サーラ他 <http://today.almasryalyoum.com/article2.aspx?ArticleID=386083>（2015.9.4 閲覧）

12) Asharq Al-Awsat (2013.9.1)「エジプトはサーナウィーヤ・アーンマに新制度を適用する」アブドゥッラフマーン，ワリード <http://aawsat.com/home/article/2036>（2015.9.4 閲覧）

表4 サーナウィーヤ・アーンマ試験の配点

文系	理系（理科系）	理系（数学系）
正則アラビア語　80点		
第一外国語　50点		
第二外国語　40点		
（小計　170点）		
歴史　60点	化学　60点	化学　60点
地理　60点	生物学　60点	物理学　60点
哲学と論理学　60点	物理学　60点	応用数学　60点
心理学と社会学　60点	地質学　60点	純粋数学　60点
（各系　小計　240点）		
合計　410点		

3.3 普通科高等学校の修了試験の第二外国語の試験問題

　年2回だった試験を1回にして負担を軽減するため，さらには，ムスリム同胞団政権時代の教育からの脱皮の意味もあり[13]，2014年にサーナウィーヤ・アーンマ試験の制度改訂が実施されたが，その前に，教育省から試験問題のサンプルが発表された。第二外国語もすべての言語の試験のサンプルが示された。いずれも，フランス語の試験であれば，問題もアラビア語ではなく，フランス語で書かれる。ただし，一部，難解と思われる単語にアラビア語訳を添えるなどの配慮が見られる。

　内容を見てみると，たとえば，フランス語の問題(1)の第1問は，ル・モンド紙の記者が映画祭に来て，有名女優にインタビューするという設定の会話文である。出生地，出演映画の本数，家族のこと，年齢などが尋ねられるもので，これを読んで，示された短文が正しいか間違っているかを答えたり，簡単な質問（その女優の家族はどこに住んでいるかなど）にフランス語で答えたりする。

　また，第4問は，空欄に，選択肢の中から適切な語を選んで補う問題で，代名詞や動詞の活用形など，正確な文法知識が問われる。

---

13)　ムスリム同胞団政権時代に改正されたカリキュラムについても，見直されている。歴史や公民で，同胞団時代に介入のあったカリキュラムのほとんどは廃止されている。

最後の問題は，怪我をして病院に行ったときの医師との会話か，フランスに招待してくれたフランス人の友人への手紙か，どちらかを選択して作文する課題である。

全体として，日本における実用フランス語技能検定試験の準2級程度の筆記試験という印象である。

3.4 言語学校や宗教学校の外国語教育

これまで，普通学校の外国語教育を見てきたが，ここで，言語学校や宗教学校の教育についても紹介したい。

カイロのムカッタムにある，サマー言語学校[14]は，American Division と National Division に分かれており，American Division は完全なアメリカン・スクールであるが，National Division でも数学と理科は英語で教えている。社会科系の科目はアラビア語で教えるが，それはエジプト教育省のカリキュラムに沿ったものだという。英語に関しては，イギリス英語を主体としながらも，アメリカ英語との違いを理解させるほどのレベルをめざしている。

同時に，イスラームは人格形成に有益であるとの考えから，イスラーム教育にも力を入れており，サマー・イスラーム・プログラムを通して，生徒たちに宗教教育を施している。たとえば，8時から8時半までは，全学年でクルアーン（コーラン）朗誦，13時10〜25分は，全学年で礼拝をしている[15]。特に，クルアーンの朗誦には，発音等に関する細かい規則（タジュウィード）があり，それを身につけなければ正しい朗誦ができない。これを学校で教えるのはイスラーム教育において大切なことであるといえよう。

カイロのカスル・エルニールのフランシスカ修道女会学校では，小学校1年生からフランス語と英語を教えている。以下，同校の小学校2年 A 組の時間割の例を示す。正則アラビア語が11コマ，アラビア習字が1コマ，

---

14) Sama Language School Official Website <http://www.sama.edu.eg/>（2015.9.4 閲覧）
15) Sama Language School: School Day <http://www.sama.edu.eg/NationalDivision/SchoolDay.htm>
（2015.9.4 閲覧）

フランス語が 11 コマ，英語が 3 コマ，フランス語教員の担当する「言語」という授業が 2 コマである。ただし，この「言語」という授業の内容は，学校に問い合わせてみたが回答がなく，残念ながら不明である。

表5は，実際の時間割の例であるが，小学校だが 9 時限目まである（朝 7 時半から木曜日以外は 14 時半まで[16]）充実のカリキュラムである。

表5　フランシスカ修道女会学校小学校 2 年 A 組の時間割[17]

	1	2	3	4	5	6	7	8	9
月	フランス語	フランス語	アラビア語	アラビア語	数学	人生行路	イスラーム教 / キリスト教	アラビア習字	言語 / コンピューター
火	言語 / コンピューター	英語	体育	数学	理科 / 音楽	フランス語	フランス語	アラビア語	アラビア語
水	数学	数学	フランス語	イスラーム教 / キリスト教	英語	アラビア語	アラビア語	フランス語	フランス語
木	アラビア語	アラビア語	数学	フランス語	フランス語	美術	体育	理科 / 音楽	―
土	アラビア語	アラビア語	英語	数学	イスラーム教 / キリスト教	フランス語	フランス語	美術	アラビア語

ニュー・カイロにあるブハーリー学院[18]は，アズハル系の私立の言語学

---

16) フランシスカ修道女学校 <http://www.franc-kasrelnil.org/ar/students-zone/school-schedules>（2015. 8.7 閲覧）
17) フランシスカ修道女学校 <http://www.franc-kasrelnil.org/ar/about-school/studying-system>（2015. 8.7 閲覧）
18) アズハル系言語学校ブハーリー学院 <http://www.albukharyschools.net/>（2015.9.4 閲覧）

第 10 章　エジプト—イスラーム文化圏における複数外国語教育の試み—

校である。英語と，高等学校の理系コース以外ではフランス語も教えられている。男女別学で，男子生徒と女子生徒で時間割が異なる。以下は，中学校 1 年生女子の時間割の例[19]である。

表 6　ブハーリー学院中学校 1 年生女子の時間割

	7:30〜7:45	1 7:45〜8:25	2 8:25〜9:00	9:00〜9:10	3 9:10〜9:45	4 9:45〜10:20	5 10:20〜10:55
土	点呼	理科		休憩	アラビア語		聖クルアーン
土	点呼	数学	理科	休憩	アラビア語		聖クルアーン
日	点呼	社会	イスラーム法学	休憩	英語		聖クルアーン
月	点呼	英語		休憩	数学		理科
月	点呼	英語		休憩	理科	数学	
火	点呼	イスラーム法学	聖クルアーン	休憩	アラビア語		家計
水	点呼	社会	アラビア語	休憩	アラビア語	聖クルアーン	イスラーム法学
木	点呼	英語		休憩	理科	イスラーム法学	イスラーム法学
木	点呼	英語		休憩	理科	イスラーム法学	イスラーム法学

	6 10:55〜11:30	7 11:30〜12:05	12:05〜12:30	8 12:30〜13:05	9 13:05〜13:45
（上表の右端からの続き）	アラビア習字	コンピューター	礼拝と休憩	英語	
	数学	体育	礼拝と休憩	アラビア語	イスラーム法学
	数学	体育	礼拝と休憩	アラビア語	イスラーム法学
	社会	聖クルアーン	礼拝と休憩	イスラーム法学	フランス語
	活動	活動	礼拝と休憩	活動	
	数学		礼拝と休憩	美術	イスラーム法学
	数学	理科	礼拝と休憩	美術	イスラーム法学
	フランス語	数学	礼拝と休憩	活動	社会
	フランス語	数学	礼拝と休憩	活動	社会

＊網掛け部分は外国語（英語，フランス語）科目，および外国語を用いて教えられる科目。

---

19)　アズハル系言語学校ブハーリー学院 <http://www.albukharyschools.net/index.php/2012-09-04-12-04-24/2013-03-03-10-47-55/item/download/249_04e19cf599f460dfffc9dc7b9fc3f41b>（2015.9.4 閲覧）

言語学校とはいえ，やはりイスラーム関連の教科，すなわちアラビア語で教えなければいけない教科が多いため，外国語（英語やフランス語）による授業の数はそう多い印象ではない。ただし，同じ教科をアラビア語で受けたり外国語で受けたりすることができるのは，この学校の特徴といえるであろう。また，コンピューター教育にも力を入れている様子がうかがえ，学院の Web サイトも充実している。

なお，女子生徒の時間割を例に出したが，男子生徒の時間割も，主要な科目のコマ数は変わらない。たとえば，英語が8コマ，フランス語が2コマ，正則アラビア語が7コマ，アラビア習字が1コマ，聖クルアーンが5コマなどである。強いていえば，女子生徒には，家計の時間が1コマあるが，男子学生にはなく，その分，体育が1コマ増えている。

● おわりに

近代化とともに，西洋文化の波にさらされることとなったエジプトは，現在，第一外国語としての英語に主軸を置きつつも，フランス語を中心とした第二外国語教育をも確立している。正則アラビア語の教育にも，他国の国語教育以上に力点を置かなければならない中，外国語教育でも2言語の教育を実現しているのである。

特に，高等学校の修了試験においても，第二外国語が一定の比重を占めており，卒業や大学進学において，重要な要素となっていることは特筆すべきであろう。2011年の革命以降，政治的，社会的に不安定な中で，サーナウィーヤ・アーンマ試験自体の改革なども行われてきた。

しかし，エジプトでは，古代はヒエログリフのエジプト語を用い，現在でも，その末裔であるコプト語を，コプト教（エジプトのキリスト教会）の信徒たちが，ギリシャ文字をもとにした文字で書きながら典礼言語として使っている。そして今では正則アラビア語を公用語としている。そのエジプトで，第二外国語の選択肢がヨーロッパ言語に限定されているのは残念である。将来，アジア・アフリカの言語もその選択肢に入ってくるよう願いたい。

引用文献

Ministry of Education, Arab Republic of Egypt (2008) *The development of education in Egypt 2004-2008: A national report.*

Ministry of Education, Arab Republic of Egypt (2012) *The National Curriculum Framework for English as a Foreign Language (EFL): Grades 1-12.*

Ministry of Education, Arab Republic of Egypt (2014) *Strategic plan for pre-university education 2014-2030: Education: Egypt national project.*

UNESCO-IBE (International Bureau of Education) (2012) *World data on education, 7th edition, 2010/11.* <http://www.ibe.unesco.org/en/services/online-materials/world-data-on-education/seventh-edition-2010-11.html> (2015.8.7 閲覧)

UNICEF (2014) *The state of the world's children 2015: Executive summary.* [ユニセフ (2015)『未来を再考する――一人ひとりの子どものためのイノベーション―(世界子供白書 2015〈要約版〉)』(日本ユニセフ協会広報室訳) 日本ユニセフ協会)]

〈アラビア語参考文献〉　　　　　　　　　　　　　　　　　　　　＊訳は筆者による

エジプト・アラブ共和国教育省 (2014)『大学前教育に関する戦略的計画 2014-2030：教育：エジプトの国家的プロジェクト』

カリキュラムおよび教材開発センター専門家チーム (2011)『小学校課程のカリキュラムの一般的枠組み』カリキュラムおよび教材開発センター，エジプト教育省.

カリキュラムおよび教材開発センター専門家チーム (2012a)『中学校課程のカリキュラムの一般的枠組みに提案されたコンセプト』(アラファト，サラーフッディーン監修) カリキュラムおよび教材開発センター，エジプト教育省.

カリキュラムおよび教材開発センター専門家チーム (2012b)『普通科高等学校課程のカリキュラムの一般的枠組み』カリキュラムおよび教材開発センター，エジプト教育省.

〈参考サイト〉　　　　　　　　　　　　　　　　　　　　　　　　＊訳は筆者による

サマー言語学校 <http://www.sama.edu.eg/> (2015.8.15 閲覧)
フランシスカ修道女会学校 <http://www.franc-kasrelnil.org/ar/> (2015.8.15 閲覧)
ブハーリー学院 <http://www.albukharyschools.net/> (2015.8.15 閲覧)

第11章

英語圏
―英語国民も多言語時代だ―

森住　衞

● はじめに …………………………………………………………

　本章では，「英語圏」の外国語教育を概観する。「英語圏」とは英語が母語として使われている国や地域を指すが，まず，この範囲について若干の補足をしてから本題に入りたい。一般に英語圏というと，英語との関係の深さの順で，イギリス，アメリカ合衆国（以下，アメリカ），オーストラリア，ニュージーランド，カナダの5ヵ国を指す。いわば，「狭義の英語圏」である。一方，「広義の英語圏」も視野に入れておく必要がある。たとえば，クレオール英語を使っているトリニダード・トバゴなどカリブ海沿岸の国々である。また，ピジン英語を使っているパプアニューギニアなど南太平洋諸国もこの範囲に入る。クレオール英語もピジン英語も英語の一種であり，日常使っているという点ではその人たちの母語ともいえるからである。さらに，シンガポール，フィリピン，インド，ケニアなどでは，シンガポール英語，フィリピン英語，インド英語，ケニア英語が使われているが，一部の地域では，これらの英語は第二言語や教育言語としてだけでなく，母語として使われ始めている。この点で，これらの国や地域も「英語圏」に入る。つまり，世界の多様な国や地域に「多様な言語」(languages)があるように，世界の多様な英語圏に「多様な英語」(Englishes)があることになる。

以上のことを前提とした上で，本章では「英語圏」の中から，イギリスのイングランド，アメリカ，オーストラリアの3つの例を取り上げる。この3つに絞った主たる理由は紙幅の都合であるが，それぞれを選択した個別の理由はある。まず，イングランドはイギリスの中の一地域で，英語の発祥地であり，いわば「英語の老舗」のような地域であるので，一番に取り上げる。次に，アメリカは，大英帝国が英語を世界に広めた後のさらなる普及の推進役の旗頭であるので，取り上げるに値する。そして，オーストラリアは英語圏の中でも特徴ある多言語教育をいち早く手がけた国である。この3つとも三者三様の特徴がありながら，共通点もある。そして，その共通点には日本における外国語教育の多様化にも参考になる点が多々ある。

● 1. イングランド

周知のように，イギリス (The United Kingdom of Great Britain and Northern Ireland) は，イングランド，スコットランド，ウェールズ，北アイルランドの4つの地域に大別されるが，これら4つはあたかも異なる国のように言語文化や教育政策が異なる部分が多い。たとえば，後述する教育政策としての「国家統一カリキュラム」(National Curriculum) は，イングランドとウェールズだけに適用されていて，スコットランドと北アイルランドではそれぞれ別の制度や施策が取られている。また，ウェールズは他の2つと比べるとイングランドに接近しているが，それでも，言語文化は異なっている点も多いし，サッカー (football) などの国際大会 (*International Match*) の代表もそれぞれが「国」の代表チーム (*National* Team) として対抗している。日本にたとえると，北海道と本州という地域がそれぞれ「国」として「国際試合」に出るようなものである。このように，英国内の4地域はそれぞれに独立した文化があり，1つにまとめて論じるにはかなりの無理が生じる。そこで，本節では英語の発祥の地であるイングランドに焦点を当てることにする。

イングランドは，外国語教育政策への取り組みが世界の他の国や地域に

比べるとかなり遅れた。たとえば，1960年代に，ユネスコの国際教育局が近代外国語（modern foreign languages）の教育に関して，「外国語教育が教養か実用のいずれかに偏ることがないようにすべき」という「勧告59」を出したが，イングランドは外国語教育そのものが，一部のエリート教育を除いては希薄だったので，この問題すら気がついていなかった。イングランドが外国語教育を意識するようになったのは，コミュニカティブ・アプローチの，強いていえばCEFRのもとになったThreshold LevelやNotional-Functional Syllabusが取り入れられるようになった1980年代後半から1990年代当初にかけてである。そして，本格的な取り組みは国家統一カリキュラムが実施される1990年代半ばといえよう。

本節で取り上げる内容は，この国家統一カリキュラムにおける「外国語教育の導入の過程と4つのステージ」，「外国語の種類・学級規模」，「到達目標」，「指導のガイドライン」（それぞれ以下の1.2～1.5）であるが，その前に，1.1として「国際補助語としての英語の確立」過程を確認しておく。これが，イングランドの外国語教育政策が遅れた原因だからである。

1.1 国際補助語としての英語の確立

英語は，イギリスのイングランド地方で使われていた言語であるが，これが国際補助語となる過程を14世紀から辿ってみると，表1のようになる[1]。

表1　国際補助語としての英語の確立の過程

14-15C	・イングランドとフランスとの100年戦争，これに勝利
16C	・スペインの無敵艦隊との闘い，これに勝利
16-17C	・国力を増強してオランダやポルトガルと共に植民地統治を展開
18-19C	・産業革命でさらに国力増強，植民地の獲得
	・大英帝国：「日の沈むところなし」（the empire on which the sun never sets）といわれて，英語が国際的に使われ始める
20C	・イギリスに代わりアメリカが台頭
	・「国際補助語の1つとしての英語」（EIAL = English as an International Auxiliary Language）[2]の地位が確立

1) 森住（1991）の記述をもとに作成。
2) 英語を「国際語」（Smith 1983らのEIL = English as an International Language）や「地球語」

第 11 章　英語圏―英語国民も多言語時代だ―　　153

　以上，簡単に言うと，英語は，イングランドが国力（特に，海軍力）増強によって，植民地を増やし，さらに，イギリスに取って代わったアメリカが政治・経済・科学技術・文化などの面で「大国」になったために，有力な国際補助語の 1 つになったのである。そして，この結果，英語は世界の各地で使われてきたために，イングランドでは自分たちの外国語教育にはあまり関心がなかった。いや外国語を学習する必要がないと考えていたのである。これが，いわゆる「イギリス病」を生み，その国際的地位を低くした（大谷 2015）のであるが，この失地回復策の 1 つとして国家統一カリキュラムが出てきたといえる。

1.2 外国語教育導入の過程と 4 つのステージ

　イングランドの全地域に及ぶ外国語教育政策が最初に着手されたのは，1988 年の国家統一カリキュラムであった。小学校の 11 歳以上の児童に対して必修となったのである（大谷 2015）。国家統一カリキュラムは，「カリキュラム」という名称が付いているが，実質は，日本流にいえば，教育制度や学制の改革に匹敵する。それまでは，英国全体は言うまでもなく，イングランドでも各州（shire）や都市でそれぞれ独自の教育制度や教育課程が実施されていた。そのため，基礎的知識や技能などでイングランドあるいは英国全体でもばらつきが出たり，学力の低下が目立ったりしてきた。そこで，国全体の教育のいわば「テコ入れ」として生まれたのが国家統一カリキュラムである。そして，その際に，20 世紀後半から急速に増えてきた移民に対する言語教育政策が必要になり，外国語教育も本格的に始動したのである。そして，これが完成の域に達したのが，1993 年制定で 1995 年に発効した国家統一カリキュラムである。初等および中等前期教育における 5 歳から 16 歳までの義務教育に適用されているが，以下の表 2（東・竹内 2004: 342）のように，この年齢層の児童・生徒（以下，生徒）

（Crystal 1997 らの EGL = English as a Global Language）ではなく，「国際補助語」（English as an International Auxiliary Language）としている理由は，英語の権威を強く感じさせないためである。Auxiliary という形容詞をつけて，国際的に使われる言語はあくまでも「補助である」ということを強調している。この考え方は，外国語は英語だけでは済まされないという本書の趣旨と通じている（森住 2008）。

は，大まかに4つのキーステージ（Key Stage）に分かれている。外国語教育は，キーステージ2から始まるが，校長裁量によって外国語を提供する学校とそうでない学校に分かれる。キーステージ3，4では，すべての学校で必ず1言語以上を教えなければならないと規定している。ただし，2004年以降は，キーステージ4の必修は選択に変更になっている。この理由は「14歳以上の生徒達の外国語への関心が減少した」（米崎2015）ためといわれている。

表2　4つのキーステージと外国語教育の開始時期

ステージ1	1-2年	5-7歳	
ステージ2	3-6年	7-11歳	校長の裁量で1言語以上提供可
ステージ3	7-9年	11-14歳	法的に1言語以上の提供の義務
ステージ4	10-11年	14-16歳	法的に1言語以上の提供の義務

1.3　外国語の種類・学級規模

教える外国語は，EUで日常的に使われている以下の言語（五十音順）である。

　　イタリア語，オランダ語，ギリシャ語，スウェーデン語，スペイン語，デンマーク語，ドイツ語，フィンランド語，フランス語，ポルトガル語

この他に地域や学校に応じて以下の言語（五十音順）も取り上げられることがある。インド系の言語が多いのは，旧植民地のインドからの移民が多いことを示している。

　　アラビア語，ウルドー語，グジャラティー語，中国語，トルコ語，日本語，パンジャビ語，ヒンディー語，ヘブライ語，ベンガリ語，ロシア語

なお，これらの20に近い言語がイングランドのどの地域でも教えられ

ているということではない．実際にはフランス語，ドイツ語，スペイン語などいわばメジャーな言語しか教えられていない場合が多い．しかし，それでも，地域の居住民の種類によって，対象生徒の数は少ないが，上記の言語のいずれかが選択されている．キーステージ3，4は，日本の生徒の学年に当てはめると，小学校5年から高校1年であるが，居住する外国人の子どもたちに保障する言語への配慮は，日本とは格段の差がある．日本で，たとえば，愛知県豊橋市や群馬県太田市ではブラジル人の子どもたちの居住が多いが，そこでブラジル・ポルトガル語が小学校や中学校のカリキュラムに組み込まれて教えられているだろうか．

　さらに，クラスサイズであるが，15～20人が平均で，日本の外国語教育環境よりも進んでいる．日本では2011年にようやく小学校1年次の学級規模が40人から35人になって，これが順次，小中の全学年に行き渡るはずであったが，2013年12月になって，40人に戻すという方針が打ち出された（朝日新聞2013.1.25）．このように，日本の教育環境は英国を初めとする欧米諸国に比べると遠く及ばない．これは教育予算などにも顕著に表れているが，全体として教育そのものに対する意気込みに違いがある．英国ではかつてトニー・ブレア首相（当時）が2015年1月に教育政策綱領として"Our top priority was, is, and always will be education, education, education."と発表したが，日本ではこの意気込みがない．

1.4 到達目標

　到達目標については，イングランドにおける「外国語教育としての日本語教育」に言及している国際交流基金日本語教育センター（2005）によると，イングランドでは，外国語教育における生徒の発達面について以下のように規定している．

　　（1）学習言語の知識の習得
　　（2）言語技能の向上
　　（3）言語習得技能の向上
　　（4）文化アウェアネスの向上

(1) と (2) は特に目新しさはない。日本でも取り上げている「言語の知識」と「言語の技能」に関することである。興味深いのは (3) と (4) である。たとえば，(3) の下位規定は以下のようになっている。生徒は以下のことを教えられなければならない。

 a. 語彙，文節，文体を覚える方法
 b. 場面や他の手がかりをつかって意味を捉える方法
 c. 生徒のもつ英語や他の言語の知識を活用する方法
 d. 辞書や参考書の適切で効果的な使い方
 e. 学習言語の習得と使用の際の生徒の自主性を高める方法

このような学習の仕方が「カリキュラム」に明記されている。これは，日本の学習指導要領にも参考になる。e で言及されている自主性を高める方法など，日本の英語教育ではまだ本格的に取り上げられていない。むしろ，日本では外国語教育というと，依然として，「〈やみくもの暗記〉が多く，language learning without thinking に堕してしまっている」（森住 1992）傾向が根強く残っている。

もう1つの (4) の「文化アウェアネスの向上」についても触れておきたい。この下位規定は次のとおりであるが，日本ではここまでは詳細に踏み込んでいない。

 生徒は，外国や外国文化について以下のように教えられなければならない。
 a. ICT リソースを含め，学習言語を実際に使用している国からの実物教材を使う。（例：手書きの資料，新聞，雑誌，本，ビデオ，衛星放送，インターネットなど）
 b. 学習言語を母語とする人々と交流する。（例：会見や文通など）
 c. 自国の文化を見直し，学習言語が使用されている国と比較する。
 d. 学習言語の使用されている国の生活を考察する。

一目瞭然で，相当高度なことを目標にしている。「実物教材」，「手書きの資料」，「自国の文化の相対化・批判的検討」など実際に可能かどうかは別として，言語教育のめやすとしてこのレベルまで規定できることはすばらしい。

1.5 指導ガイドライン

到達目標については，法的な拘束力はないとしながらも，4技能のそれぞれに関してのキーステージ別のガイドラインを出している。いわば，Can-do List である。以下は，同じく国際交流基金日本語教育センター (2005) の「読む」に対してのレベル別のめやすである。

[レベル 1]
よく知っている文脈において，はっきりと書かれた言葉を理解することができる。視覚的な補助を必要とする。
[レベル 2]
よく知っている文脈において，はっきりと書かれた文節を理解することができる。よく知っている語句を音読することで，音と文字を結び付けることができる。本や語彙解説書などを用いて，新しい単語の意味を調べることができる。
[レベル 3]
よく知っている言葉で書かれ，活字化された短い文章や会話を理解することができる。要点や個人的な応答を読み分けることができる（例：好みや感情など）。簡単な文節を選んだり，外国語辞書や語彙解説書で新しい言葉の意味を調べたり，自立して読むことができる。
[レベル 4]
印刷，もしくはきれいに手書きされた短い物語や実話を理解することができる。要点や詳細を読み分けることができる。独力で読むときに，外国語辞書や語彙解説書を利用すると同時に，文脈から未知の語彙の意味を推測することができる。

このガイドラインもコミュニケーションという点に力を注いでいるといえよう。イングランドの生徒にとっては，フランス語，スペイン語などのラテン系の言語，あるいはドイツ語，オランダ語などゲルマン系の言語は，語彙ないし統語において英語と似ているのでさほど難しくはない。そのために，コミュニカティブなアプローチも受け入れられやすい。

以上，イングランドは外国語教育の導入は遅れたが，実施にあたっては，その理念や到達目標，指導ガイドラインなどは，日本よりも明確に，網羅的に打ち出している。国民性や言語環境が日本と異なるので，そのまま日本に導入するわけにはいかないが，日本の外国語教育の内容の点でヒントになり得る。たとえば，1.4 で述べた③「言語習得技能の向上」や④「文化アウェアネスの向上」のように，いわば，学習の方法や文化を授業の中に組み込むことは，日本のどのレベルの外国語教育でも導入できる。

● 2. アメリカ合衆国

アメリカ合衆国（以下，アメリカ）は，イングランドをはじめとする英国の各地域からの移民を皮切りに，多くのヨーロッパ系の移民が入植し，その後，奴隷として連れて来られたアフリカ系移民，さらには，中南米，アジアからの移民，そして，当初からの先住民などが混在して暮らす，文字どおりの多民族国家・移民国家である。国土も広い上に，連邦政府がありながらも，各州（state）や郡（county）の独立した個々の法律や条例があるので，本節では，アメリカの外国語教育政策の一端を紹介するのみに留める。取り上げる内容は，①外国語教育政策略史，②「イングリッシュオンリー」と「イングリッシュプラス」，③「ナショナルスタンダーズ」の誕生，④外国語の種類などの教育課程の概要，の 4 つである。

2.1 アメリカの外国語教育政策略史

アメリカは，「国」が興ってから 250 年弱で，世界史の枠で捉えれば「新興国」である。そのため，他の主な「先進国」が辿ってきた 200〜300 年単位の文明のゆるやかな歩みの経験はなく，一挙にその花を開かせたという

様相を呈している。そして，本書のテーマである多様な外国語に対しても，表3にもある1960年代後半以降のように，「イングリッシュプラス」と「全国基準」の問題が一挙に出たといえる。

表3　アメリカ略史にみる言語教育政策[3]

1776～	・西欧からの移民の最初としてイングランドから108名の移民が入植
19-20C半	・アフリカ，中南米，アジア（日本）などからの入植開始
1960	・ゴールドラッシュ，イタリア，ギリシャ，中国等からの移民急増
1968	・「二言語教育法」（連邦政府）
1971	・「マサチューセッツ二言語教育法」
1986	・カリフォルニア州「イングリッシュオンリー」
1993	・「外国語教育全国基準推進プロジェクト（National Standards in Foreign Language Education Project）」
1999	・「21世紀外国語教育全国基準推進プロジェクト（National Standards in Foreign Language Education Project in the 21st Century）」

2.2　「イングリッシュオンリー」と「イングリッシュプラス」

　アメリカは，ニューヨーク港内のリバティー島にある「自由の女神」に象徴されるように，世界中からの移民を自由に受け入れて，国の発展の基盤とした国である。そして，入植者の暗黙の了解は，この国に来たら，建国のもとを作った最初の入植者（イングランド人）のことば，すなわち英語を使うということであった。つまり，当初から入植者や移民の英語への同化政策を取ってきたのである。

　この施策は，当時は北アメリカに300近い種類があった先住民語の言語死や弱体化をもたらすことになる。この点では，ニュージーランドのマオリ語やフィリピンのタガログ語など，その維持が「比較的」前向きに捉えられている例との大きな差が出ている。また，強制的に連れて来られたアフリカ系アメリカ人の母語などは，身分が奴隷だったので，その言語の保持など一顧だにされなかった。

　この英語への同化政策は新たな入植者にも暗黙のうちに適用されたが，完全に浸透したわけではなかった。これはしばしばあることであるが，移

---

[3]　国立教育政策研究所（2004）をもとに作成。

民は一箇所に固まると互いに自分の母語を話し始める。この状況は，実態や現実からいっても，当然である。そのため，アメリカでは未だにある地域に行くと，主たる言語としてドイツ語やイタリア語といった初期のヨーロッパからの移民の言語をはじめ，その後移住してきたさまざまな出自をもつ移民たちの言語が話されている地域がある。その結果，2011年のアメリカ国勢調査では，「英語がうまく話せない」「まったく話せない」というアメリカ国民は全体の5%になるという（石川2015）。つまり，アメリカは必ずしも「イングリッシュオンリー」ではないのである。

　このような事情に，1950年代末のソ連のスプートニク1号の成功でアメリカが立ち後れた要因の1つは言語教育の貧弱・不足もあるという議論が加わって，連邦政府は1968年に「二言語教育法」（Bilingual Education Act）を制定した。これは外国語教育にも影響を与えて「イングリッシュプラス」の政策として，英語に加えてもう1つの言語（どの言語かは地域によって異なる）で教育を行うことにつながった。これに本格的に従ったのが，たとえばマサチューセッツ州で，1971年に州法として実行した。

　しかし，この「イングリッシュプラス」は，「手間と費用」がかかる，そして，自分の母語の大切さは認識しながらも実際の社会で要求されるのは英語である，などの実態から，1980年代には「イングリッシュオンリー」の施策に戻ることになる。たとえば，カリフォルニア州では1986年に二言語教育法を廃止している。

2.3　ナショナルスタンダーズの誕生

　その後，このイングリッシュオンリーは，移民たちの母語教育を擁護するイングリッシュプラス運動との間で論争を巻き起こすことになる。また，一方で，アメリカの国民が英語モノリンガル話者ばかりになってしまうという，英語一辺倒がもたらす根源的な問題にぶつかることになる。つまり，教育言語として移民の母語を使用するべきであるという議論ではなく，アメリカ国民は外国語を知らない唯我独尊になるという，単一言語主義がもつ最も深刻な問題に気がつき始めるのである。この問題は，1990年代からのグローバリゼーションの台頭でますます深刻になってきた。そ

こで，再び，英語以外の言語への必要性が認識されてきた。これが，1993年の「外国語教育全国基準推進プロジェクト（National Standards in Foreign Language Education Project）である。この施策は，現在，「ナショナルスタンダーズ（National Standards 全国基準）として流布している，1999年の「21世紀における外国語教育のナショナルスタンダーズ計画」（National Standards in Foreign Language Education Project in the 21st Century）となって完成する。

この基準を推進したのは，全米外国語教師協会（ACTFL）であるが，国立教育政策研究所（2004）によると，その基本理念を以下のように定めている。

> 言語とコミュニケーションは人間生活の基本である。多民族社会のアメリカ国内，または海外においても生徒が多言語多文化に適応できるように教育しなければならない。すべての生徒は英語の能力を高めると同時に，少なくとも1つ以上の現代語あるいは古典語を修得する必要がある。英語を第一言語としない背景の生徒達は自分たちの第一言語である母語能力を一層向上させる機会を与えられなければならない。

このように，まず，英語の能力を保障して，その他にもう1つの言語を奨励している。特に，英語を第一言語としない生徒たちの言語を一層向上させるようにという配慮がある。1つ以上の言語の中に「現代語あるいは古典語」というように「古典語」を入れているのはアメリカの特徴といえよう。新しさを求めて建国したので，古きものに惹かれるのであろうか。

この理念を具現化したのが，「5つのC」（Five C's）と銘打っている外国語教育の目的ないし目標である。

    Communications   英語以外の言語で意思疎通
    Cultures   異文化の知識と理解
    Connections   他の科目分野と結び付けた情報
    Comparison   比較対象した言語と文化への洞察力

Communities　　居住地域や世界の多言語社会への参画

2.4 外国語の種類などの教育課程の概要

では，どのような外国語が導入されているだろうか。相川（2002）によると，カリフォルニア州の例で，各言語を開講している学校数が多い順に並べると，以下のようになる。

スペイン語（1051），フランス語（694），ドイツ語（195），日本語（118），中国語（39），ロシア語（36），イタリア語（35），ヘブライ語（22），手話（19），アラビア語（11），スワヒリ語（7），ギリシャ語（7），ハワイ語（6），ポルトガル語（5），朝鮮語（2），フモン語（2），オランダ語（2），ヒンディー語（1），インドネシア語（1）

外国語の中に手話も入っているのは，ジャンル上の統一性は欠けるものの，考え方としては興味深い。フモン語は，「苗語」とも書き，中国南部からインドシナ半島にかけての民族の言語である。この言語が取り上げられているということは，この地域からの移民がいるということである。これらの言語が教えられている学年は，Pre-K～8（幼稚園予備，幼稚園，その後の1～8学年）である。日本でいえば，幼稚園の年少組から中学の2年生までである。1つの授業時間は10分から120分まで文字どおり千差万別である。週当たりの授業時数は，相川（2002）の一覧表から学年を3つだけ取り出すと，以下のようになる。

表4　週当たりの授業時数の授業時数別学校数

学年	1回／週	2回	3回	4回	5回
8	28	94	73	98	416
3	195	352	96	39	128
Pre-K	59	53	15	3	13

前述のように授業時間が10分，15分という学校もあるので，この週当

たりの授業時数だけでは論じられないが，8学年では週3回以上がかなり多い。以上が，アメリカにおける外国語教育政策の概要である。広大な国だけに，また，各州や各郡の独自性が強いために，外国語教育政策が実に多様性に富んでいることがうかがえる。また，遅く始まったには違いないが，州によっては，幼稚園の年少組から外国語の授業があること，その授業時数もある程度保障されていることが明らかになった。特に後者の工夫は，授業時間が10分，15分など短い単位で区切れることにある。このように授業時間を短く区切って実践している点は，日本で実施する際にも大いに参考になるのではないだろうか。

● 3. オーストラリア

オーストラリアもアメリカのように建国時代から移民を受け入れてきた多民族国家・移民国家である。そして，その社会経済的な影響が大きかったために，アメリカよりも早くに多言語教育政策を打ち出してきた。その顕著な例は，1987年の「国家言語政策」（National Policy on Languages）と，その結果として生まれた「英語以外の言語」（Languages Other Than English，以下，LOTE）の教育政策である。本節は，このLOTEの紹介をしながら，オーストラリアの初・中等教育での外国語教育政策を概観し，合わせて，多少の考察も加えたい。内容を大別すると，①多言語政策に至った経緯として「白豪主義から多言語教育政策へ」，②LOTEの特徴として「斬新な外国語教育政策」，③取り上げる「外国語の種類」，④「達成状況とその後の試み」の4つになる。

3.1 白豪主義から多言語教育政策へ

多くの国の外国語教育政策は自国への外国人受け入れの歴史に関係している。オーストラリアも例外ではない。そこで，建国から最近までの移民の入植状況を時系列で簡単に見ておきたい。

164　第Ⅱ部　世界における多言語教育の実態

表5　オーストラリア略史にみる言語教育政策[4]

1770	・イングランド人船長，ジェームズクックが東海岸に到着
1788	・イギリスからの入植，イギリスの植民地統治の開始
1850	・ゴールドラッシュ：イタリアや中国などからの移民急増
1890	・6自治州確立
1901	・白豪主義（White Australian Policy）開始
	・英連邦の一員として独立
1945	・白豪主義強化
1970	・白豪主義を廃止して多文化主義へ
1987	・「国家言語政策」（NPL），LOTE 教育政策開始
2005	・「学校教育における言語教育への国家宣言」（NSLEAS）
2010〜	・「異文化間言語教育・学習計画」（ILTL）

　表5のように，18世紀後半からオーストラリアにおける英国の植民地統治が始まった。当初の入植者は，本国である英国の不況による「人減らし」も手伝って，ロンドン界隈では軽犯罪を起こした者までが強制的にオーストラリアに送られた。現在のオーストラリア英語の［ei］を［ai］と発音するなどの特徴は当時のロンドン・コックニー（London Cockney ロンドン下町の英語）がそのまま残ったものである。その後，金鉱が発見され，中国をはじめ多くの国から入植者が押し寄せたが，あまりに多くなりすぎたので，19世紀末からはじまっていた「白豪主義」（White Australian Policy──西洋人以外は専門職をもっていないと移民になれない政策）が1940年代後半から強化された。しかし，その後1970年代になると，アジア諸国との貿易も盛んになるにつれて移民の受け入れも多くなり，この政策も取り下げ，積極的にアジアとの交流を図って今日に至っている。

3.2　斬新な外国語教育政策

　上記にあるように，1970年代以降の積極的な移民受け入れ政策の牽引車の役割を果たしたのが，ジョーゼフ・ロ・ビアンコ（J. Lo Bianco）で，彼は各州の言語事情などを調査し，「国家言語政策」（National Policy on Languages）を策定し，完成させた。この骨格として以下の3点が掲げら

---

4)　岡戸（2002），拝田（2012），ジョナック・根岸ウッド・松本（2008）をもとに作成．特に，LOTE までを岡戸論文，それ以降を拝田論文，ジョナック他の論文に負っている．

れている。

(1) 英語を国の言語に決める。
(2) 移民，先住民の言語の維持，発展を図る。
(3) 英語以外の言語の教育を行う。

　このうち，(2)，(3) はオーストラリアが初めて行った言語政策というわけではないが，移民や先住民への扱いの質と広がりという点で，画期的ともいえる。たとえば，(2) の先住民語の維持，発展である。この政策は，隣国のニュージーランドのマオリ語の先例があるが，先住民の人口比（マオリはニュージーランド人口の約20%，オーストラリア先住民はオーストラリア人口の約2%）を考えると，この施策を実施する意義は大きい。
　オーストラリアの初等教育や中等教育におけるLOTEの教育施策も，これを始めた時期が早い上に，内容にも新規さがうかがえる。「他言語」のOther languagesという言い方は，アメリカ合衆国の英語教育の呼称で用いられているTESOL (Teaching of English for the Speakers of Other Languages) にも使われているが，オーストラリアはlanguages other than Englishと言い切っているという点で，「英語以外」ということをより明確な方針を出した表現であるといえよう。オーストラリアで使われているこれらの言語は，彼らにとってforeign languagesではないので，この名称が適している（拝田 2012）。

3.3 外国語の種類
　LOTEが指定している複数の言語は，「9つの優先言語」(Nine Key Languages) といわれる言語で，五十音順に，以下の9言語である。

　　アラビア語，イタリア語，インドネシア語，ギリシャ語，スペイン語，中国語，ドイツ語，日本語，フランス語

　これらの言語が選ばれたのは，岡戸（2002）によれば，「オーストラリア

の人種・民族の構成上」からイタリア語，ギリシャ語，ドイツ語が選ばれ，「地政学・経済的・地理的な要因」からインドネシア語，ギリシャ語，中国語，日本語，フランス語が選ばれ，「海外の姉妹都市の学校との関係」からイタリア語，インドネシア語，中国語，ドイツ語，日本語，フランス語が選ばれているという。言語によってはその選択要因が重複しているものもある。逆に，この3つの選択要因のいずれにも入っていないのがアラビア語とスペイン語である。これは，2つとも国連公用語であることが考えられるが，アラビア語は中東からオーストラリアへの難民受け入れも関係しているので，上記の「人種・民族の構成上」に入るべきかもしれない。スペイン語は，英語やフランス語と並んで世界で多く使われている言語であるので，特別扱いなのも合点がゆく。なお，国連公用語のロシア語は入っていないが，距離的にも心理的にもオーストラリアと離れているからであろう。

　これらの9言語は，教えられている学校数や学習している児童・生徒数の差はあるが，オーストラリア各州で教えられている。さらに，この他にも各州に LOTE 教育の枠外で州の需要に応じて他の言語を教える「言語学校」(Language School) があり，「その言語数は32～39にもなる。たとえば，2000年の時点でヴィクトリア州では，LOTE の9つの言語の他に，ベトナム語，トルコ語，マケドニア語が教えられていた」(岡戸 2002)。これは，第1章 (p. 11) の外国語専門学校を取り上げた際にも触れたが，日本でも語学学校が言語の種類などで公立学校の補いをしているのと同様の現象である。

3.4 達成状況とその後の試み

　このように1987年に制定された LOTE 教育政策は制度上で英語以外の言語の教育を確立してきているが，その達成目標という点では課題を残している。たとえば，「ヴィクトリア州ではこの LOTE 教育政策の達成率は33％を目標にしていた。そして，1989年 14％，1991年 19％，1992年 25％，1993年 28％と漸次割合は上昇してきて目標に近づいている」(岡戸 2002) とあるように，もともと LOTE の目標設定は低く定められているの

にも関わらず，達成率は目標にも満ちていない。これは，この施策自体に難しさがあるということを暗示している。

　この難しさの要因の1つは，各言語の教員の育成や配置，教室・教材など予算の不足であった。また，近年，移民や先住民の英語の識字率が低いことが彼ら自身の生活そのものを脅かしているという問題も生じてきた。そのために，1991年に新たに策定されたのが，「オーストラリアの言語：オーストラリアの言語と識字政策」(Australia's Language―The Australian Language and Literacy Policy) である。さらに，1994年には経済的な結びつきを強化するためにアジアの4言語の教育を強化する「アジアの言語とオーストラリアの経済の今後」(Asian Languages and Australia's Economic Future) および「オーストラリアの学校におけるアジア諸国言語の研究」(The National Asian Languages and Studies in Australian Schools) が提案された。しかし，「この識字政策は，2006年まで実施予定であったが，2002年に廃案のような形になった」(ジョナック・根岸ウッド・松本2008)。これには1996年の政権の移動 (労働党から自由党へ) も関係しているだろう。

　その後，2003年に言語文化能力の研修のための短期留学プログラムの「外国語教員研修奨学金制度」(The Endeavor Language Teacher Fellowships) が，そして，2005年には「オーストラリア学校教育における言語教育に関する国家宣言：オーストラリアの学校教育における言語教育計画2005-2008」(NSLEAS＝National Statement for Language Education in Australian Schools 2005-2008) が出された。その骨子は以下の6点である (ジョナック・根岸ウッド・松本2008) が，主語を「オーストラリア学校教育における言語教育」にして読んでいただきたい。

(1) 学習者を知的に，教育的に，文化的に高めることができる。
(2) 学習者が文化を越えてコミュニケーションができるようになる。
(3) コミュニケーションと理解を通して社会との繋がりに寄与できる。
(4) コミュニティーに存在する言語的文化的リソースを一層高める

ことができる。
(5) オーストラリアの戦略的な経済・国際発展に貢献できる。
(6) 個人の雇用や職歴を高めることができる。

これを見ると，ジャンルが混合するが，順に，言語教育の教養面，実用面，社会面，経済面，個人面について触れられており，非常に網羅的である。

近年はこの6項目を実現する方法として「異文化間言語教育・学習」計画（ILTL＝Intercultural Language Teaching and Learning）が提唱されている。これは「特定の教授法やシラバスではなく外国語教育に対するスタンスであり，外国語学習が単に言語習得だけでなく，子どもたちの知的発達，コミュニケーション能力，異文化理解，言語習得を結び付けるものである」（ジョナック・根岸ウッド・松本 2008）。

以上，オーストラリアの外国語教育を概観してきたが，改めて多言語教育の意義と実施の難しさ，取り組みの努力が浮き彫りになった。つまり，多言語教育の理念はよいが，実施は簡単にはいかないということである。しかし，これは他の国や地域にも当てはまることで，オーストラリアに限ったことでない。だからこそ，本書で訴えている私たちの提案や取り組みへの努力も意義がある。

● おわりに

本章では，「英語圏」のうち，イギリスのイングランド，アメリカ，オーストラリアを例にして多言語教育がどのように行われているかを概観してきた。これら3例に共通することが2つある。

1つは，英語を母語とする人たちが国民の大半を占めているが，伝統的に多民族・移民国家の様相を呈してきたので，近年になって外国語教育の必要性が急速に意識され，他のヨーロッパ諸国やアジア諸国に負けないくらいのきめ細やかな外国語教育政策が取られていることである。たとえば，幼稚園の段階から外国語教育が導入されている。このあたりは，日本

でも状況が異なるとはいえ，参考になる。

　もう1つはオーストラリアの例で如実に出ているが，LOTEのような理想としての外国語教育を制度上で確立しても，その実現には幾多の障壁があるということである。上記の「3.4 達成状況とその後の試み」で述べてきたように，目的実現のために支援政策，関連政策が次々といわば芋づる式に必要になってきているということである。この構図は，本書の目的である日本における多様な外国語の推進にも当てはまる。そのためには，これを支える多様な外国語の教員養成が必要になってくる《➡具体的な方策については第Ⅳ部参照》。そして，多様な外国語教員養成のためには，多様な言語を扱う大学が必要になる。このように，関連する教育施策を1つ1つ解決していかないと，真に多様な外国語の教育政策実現には至らない。

引用文献
相川真佐夫 (2002)「アメリカ合衆国」『「先進国」の外国語教育―日本の外国語教育への示唆―』JACET関西「海外の外国語教育」研究会，pp. 131-152.
東真須美・竹内慶子 (2004)「イングランド」『世界の外国語教育政策―日本の外国語教育の再構築にむけて―』(大谷泰照・林桂子・相川真佐夫・東眞須美・沖原勝昭・河合忠仁・竹内慶子・武久文代編著) 東信堂，pp. 333-361.
石川由香 (2015)「アメリカ」大谷泰照 (代表) 編『国際的にみた外国語教員の養成』東信堂，pp. 218-231.
大谷泰照 (2015)「外国語教師とは何か」大谷泰照 (代表) 編『国際的にみた外国語教員の養成』東信堂，pp. 4-26.
岡戸浩子 (2002)「オーストラリアの多文化社会とLOTE教育」『世界の言語政策―多言語社会と日本―』くろしお出版，pp. 129-143.
国際交流基金日本語教育センター (2005)「現代外国語―英語ナショナルカリキュラム―第3，4ステージ」(岡島慎一郎・榎本成貴翻訳) <http://www.jpf.go.jp/j/japanese/survey/country/syllabus/pdf/sy_honyaku_7UK.pdf20> (2015.5.5 閲覧)
国立教育政策研究所 (2004)「外国語のカリキュラムの改善に関する研究―諸外国の動向―」〈教科等の構成と開発に関する調査研究 研究成果報告書〉国立教育政策研究所 <http://www.nier.go.jp/kiso/kyouka/PDF/report_21.pdf> (2015.5.5 閲覧)
ジョナック，キャシー・根岸ウッド日実子・松本剛次 (2008)「オーストラリアの初中等教育における外国語教育の現在と国際交流基金シドニー日本文化センターの日本語教育支援―Inter-language Teaching and Learning の考え方を中心に―」『日本語教育紀要』第4号，115-130.
拝田清 (2012)「第3章 2. 豪州の外国語教育政策にみる言語文化教育観」(「日本の外国語教育政策に見る言語文化教育観」桜美林大学大学院言語教育研究科博士

学位請求論文［未完成］）
森住衛（1991）「英語とはどんな言語か」伊藤健三・桜庭信之・吉田正俊監修『新英語要覧—楽しく学ぶ英語の世界—』大修館書店，pp. 156-157.
森住衛（1992）「Thinking を忘れた英語教育」（連載〈英語教育題材論（2)〉）『現代英語教育』5月号，30-31.
森住衛（2008）「日本人が使う EIAL—立脚点・内実の方向性・教科書の扱い—」『アジア英語研究』No. 10, 7-24.
米崎里（2015）「イギリス」大谷泰照（代表）編『国際的にみた外国語教員の養成』東信堂，pp. 232-244.

第Ⅲ部

日本における多言語教育の実態

第12章

高等学校の多言語教育の現状
―政策の貧困と現場の努力―

水口 景子・長谷川 由起子

● はじめに ……………………………………………………………

　文部科学省（以下，文科省）が定める中学校，高等学校の学習指導要領の教科名は「外国語」である。そこに記述される内容には，これまでに英語だけでなく，ドイツ語，フランス語を含む時期もあった。しかし，中学校の学習指導要領には，1998（平成10）年のものから，「必修教科としての「外国語」においては，英語を履修させることを原則とする」との一文が加わり，ドイツ語，フランス語の記述は消えた。高等学校も1999（平成11）年の学習指導要領から，「英語以外の外国語に関する科目については，英語に関する各科目の目標及び内容等に準じて行うものとする」となった。

　文科省は，1991年度から2001年度までは，外国語教育多様化研究協力校の指定を，2002年度から2008度にかけては，外国語教育多様化地域推進事業を実施するなど，多言語教育を推進するための具体的な施策も行っていたものの，2008年を最後に外国語教育多様化に関する事業を実施していない。最近の外国語教育に関する施策を見ても英語への一極集中が進む一方に見える。

　そのような中でも，現在，全国の高等学校の約7校に1校が英語以外の外国語の教育に取り組んでいる。本章では，その現状と現場が抱える課題を明らかにすることで，高等学校における多言語教育の発展につなげる一

助としたい。

1. 多言語教育への取り組み

　まず，現在行われている取り組みを概観し，それらの取り組み導入の経緯や，担当する教師の置かれた状況についても見てみたい。

1.1 開設校数と履修者数

　まず，高等学校における英語以外の外国語教育の実施状況を見てみたい。文科省が隔年で実施している「高等学校における国際交流等の状況について」の調査結果によると，2014年現在[1]，英語以外の外国語を1つ以上開設している学校は高等学校総数4,963校中708校あり，約7校に1校で英語を含む複数の外国語が開設されていることになる。教えられている言語は25以上に上る。最も多いのが中国語で517校，続いて韓国・朝鮮語333校，フランス語223校，スペイン語109校，ドイツ語107校，ロシア語27校の順となっている（表1）。

表1　言語別にみる開設状況の推移　　　　　（単位：校）

言語＼年	1999	2001	2003	2005	2007	2009	2012	2014
中国語	372	424	475	553	574	580	542	517
韓国・朝鮮語	131	163	219	286	313	306	318	333
仏語	206	215	235	248	265	246	222	223
独語	109	107	100	105	102	103	106	107
西語	76	84	101	105	109	107	100	109
露語	23	20	21	25	23	21	23	27
アラビア語	2	1	2	1	2	2	2	0
その他	27	32	43	32	50	48	40	44
学校数*	551	598	653	750	790	731	713	708
生徒（人）	40,197	39,057	41,609	48,356	47,898	43,818	49,328	48,129

文科省（1998, 2000, 2002, 2004, 2006, 2008, 2011, 2013a）より作成。
＊1校で複数言語を開設している場合もあるため，言語別の学校数の合計とは一致しない。

[1] 文書名の年号は「平成25年」（2013年）になっているが，「英語以外の外国語の科目を開設している学校の状況について」は，「平成26年5月1日現在」と記されている。表1の他の年についても，文書名にある年とデータの年は一致していない。

この調査は1993年から実施されているが，学校数が初めて公開された1999年は551校であった。その後，増加の一途を辿るが，ここ3回の調査では全体として減少傾向に転じている。

　学習者数は，1999年の約4万から，増加と減少を繰り返しながらも大筋で増加の傾向にあり，直近の2014年は5万人弱となっている。それでも高等学校の生徒総数 3,334,019 人に占める割合で見ると，約 1.4％，69人に1人にすぎない。

　グローバル化が進む最中の15年間で1万人弱の増加は微々たるものである。社会や生徒のニーズがあるであろうにも関わらず，英語以外の外国語教育の拡大，活性化を阻む要因は何であろうか。受験に不要な科目である，流行や国際情勢の影響で受講者数が安定しない，専任の教員がいないなどの要因がしばしば指摘されているが，最大の要因は，教育行政が多言語教育の推進に熱心ではないことにあるのではないだろうか。

1.2　導入の背景と取り組み

　7校に1校で開設されている英語以外の外国語の授業の導入経緯や履修形態はさまざまである。経緯については，①学校が所在する地域の特徴（多文化共生や国際化政策）との連動，②選択科目が多数用意されている総合学科や単位制の学校の誕生，③学校の設置者の意思などが背景にある。さらに，多言語教育を推進したいという，個々の教師の熱い思いも忘れてはならない。また，取り組み状況を見ると，全校生徒が必ず複数の言語を学ぶカリキュラムを設定している学校，英語を含むいくつかの外国語から1つを選択できる学校，数多くの選択科目の1つとして設定している学校など，高等学校の多言語教育といっても一括りにできるものではない。これらの諸要因や条件が具体的にどのように実現されているのか，経緯や履修形態が異なるので，その中から典型的と思われるいくつかの実例について，各校のWebサイトなどを参考に紹介する。

　なお，本書で「韓国・朝鮮語」と呼んでいる言語の名称は，「韓国語」「朝鮮語」「ハングル」など，設置者の考え方や設置時期等によりさまざまであるが，以下では実際に使用されている名称で示した。また，その他の

言語名，科目名なども当該校の Web サイトでの使用例にしたがった。

a. 大阪府立今宮工科高等学校（定時制）

　日本最大の在日韓国・朝鮮人の集住地域である大阪では，もともと韓国・朝鮮語教育が盛んだが，在日韓国・朝鮮人生徒のアイデンティティ確立と日本人生徒の隣国・隣人理解を通じた人権教育をめざして，1978年，「朝鮮語」が開講された。開講当初より，外国語科目は，英語か「朝鮮語」のいずれかを必履修としている。つまり，外国語科目として「朝鮮語」を選択した生徒は，英語を履修しなくてよいのである。一方，生徒の立場からすれば，中学校で英語を学んでいるため，これも多言語教育の一形態であるといえよう。

　現在，1年生は全員が必履修科目「コミュニケーション英語Ⅰ」「韓国・朝鮮語Ⅰ」のいずれかを週3時間受講する。2年次には教養，機械，電気，建築の4つの系統に分かれるが，教養系列に進んだ生徒のうち，1年次に「韓国・朝鮮語Ⅰ」を履修した生徒は，続けて「韓国・朝鮮語Ⅱ」を週2時間学ぶ。さらに，教養系列の3年生は，1，2年次に英語を学んだ生徒も含め全員が，「コリアン・カルチャー」を週2時間学習する。また，2015年度新入生からは，系列や1～3年次の外国語履修科目を問わず，4年生全員が「コリア会話入門」を週1時間履修するカリキュラムを導入している。

b. 兵庫県立神戸甲北高等学校

　同校の所在する神戸市には，古くから在日韓国・朝鮮人や華僑や華人が多数居住しており，近年は中国やベトナムなどアジア各国から新しく来日した外国人も増加している。こうした状況を踏まえ，「アジアと結ぶ」をキャッチフレーズの1つに掲げ，1997年に総合学科をスタートさせた。設置当初から，外国語科目として，韓国朝鮮語，中国語，ベトナム語，インドネシア語を開設し，「アジアの音楽」や「アジアの生活文化」といった選択科目も開設して，足下からの国際化，「違い」を認め合う人権意識の高揚をめざしている。

c. 富山県立伏木高等学校

　ロシア，中国，韓国などの環日本海諸国等との経済，文化，学術等の交流が盛んに行われている富山県において，長年にわたり国際理解教育を推進してきた同校は，2005年4月に，県内で初めての国際交流科を設置した。外国語によるコミュニケーション能力や国際的な視野を養うことをめざし，選択必修科目として「第2外国語」が設置されており，生徒は英語以外にロシア語，中国語，韓国語のいずれかを学習する。

d. 埼玉県立伊奈学園総合高等学校

　1984年に創設された全国初の総合選択制，普通科の高等学校。生徒が自分に合った独自の学習計画を立て授業を組むことができる。人文，理数，語学，スポーツ科学，芸術，生活科学，情報経営の7つの学系があり，語学系に英語，ドイツ語，フランス語，中国語の講座がある。語学系を選択した生徒は選択した外国語を3年間で最大18単位履修，大学入試に対応できる力を身につけるとともに，その言語を使って自分のメッセージを正しく発信でき，他の人と協力し合って仕事をしていける人材を育てることをめざしている。

e. 神奈川県立横浜国際高等学校

　2008年4月に開校した国際情報科の単位制専門高等学校。国際化やICT化の進む日本社会および国際社会で，リーダーとして活躍する人材を育成することをめざしている。「英語に加えて英語以外の外国語」が必履修科目となっており，生徒はドイツ語，フランス語，スペイン語，ハングル，中国語，アラビア語の6言語から1つを選択する。その他，「異文化理解」も必修科目として設置されている。

f. カリタス女子中学高等学校（神奈川県・私立）

　フランス語を公用語とするカナダのケベック州にある修道会が1961年に設立した同校では，設立当初から英語とフランス語の教育に力を入れている。複数の外国語を学ぶことが，異文化理解を深め，国際的な視野をも

つことにつながるとの考えから，中学校では全員が英語とフランス語を学ぶ。高等学校では，英語またはフランス語のいずれかを第一外国語として選択することができる。

g. 関東国際高等学校（東京都・私立）
　外国語学科の中に，英語コースと並んで，今後さらなる発展が見込まれるアジア諸国の言語を英語とともに学ぶ，近隣語（中国語，ロシア語，韓国語，タイ語，インドネシア語，ベトナム語）コースを設置。生徒は英語と近隣語をほぼ同じ時間数履修する。2年次の生徒は，3週間の現地研修（タイ，インドネシア，ベトナム）や1ヵ月間の短期留学（台湾，ロシア，韓国）に参加する。

h. 慶應義塾志木高等学校（埼玉県・私立）
　15～18歳という年齢は新たな外国語に触れるのに好適な時期であること，全生徒に系列の大学への進学が保証されているのだから，大学入試準備の負担もなく，高等学校段階で学習したものを大学でさらに高度に発展させることこそ一貫教育の効用を高めることになるとの考えから，1991年に「語学課外講座」をスタートさせた（中地・鈴木 2009）。当時の校長の提案が事の発端だったという。生徒の受講希望のアンケートから開講されたのが 19 言語（トルコ語，ペルシャ語，ビルマ語，モンゴル語，古典ギリシャ語，サンスクリット語，古典ラテン語，スペイン語，イタリア語，中国語，インドネシア語，韓国語，ヴェトナム語，タイ語，アラビア語，ヘブライ語，ロシア語，スワヒリ語，ポルトガル語），1994年にドイツ語，フランス語，その後アイヌ語，琉球（沖縄）語，フィンランド語が加わり，現在 24 言語が開講されている。
　2015 年現在，週1回の「語学課外講座」の他，2年生の「総合的な学習の時間」（週2時間）でもこれらの言語が学べるようになっている。

i. 長野県松本蟻ヶ崎高等学校
　1996 年から6年間，3年生の選択科目として「ハングル基礎」が開設さ

れた。同校には，大学で「英語」と「朝鮮語」の教育職員免許状（以下，教員免許）を取得した教諭が在任していた。同教諭は当初，英語のみを担当していたが，韓国・朝鮮語の講座開設に向け，学内の外国語科の同僚や教育課程委員会に働きかけ，最終的に職員会の了解をとりつけて開設にこぎつけた。「受験に関係ない」「他教科の教員の授業時間数を圧迫する」「担当者が異動したらどうするのか」など，反対の声はあったが，「担当者がいる間だけでも開講させてほしい」という教諭の粘り強い説得で開講され，履修者は延べ190名に達した。ただ，残念ながらその後は開講されていない。

1.3 教師の属性

　一般に，公立学校で英語以外の外国語を担当する教員は，教員免許の有無，担当の状況，専任か非常勤かなどにより表2 (p. 180) のように分類することができる。

　これまでに筆者らが接してきた数多くの高等学校における英語以外の外国語教員の中で，表2のいくつかのタイプに該当する実例を，以下に紹介しよう。

　Aさん（公立校で韓国・朝鮮語を担当：タイプ1）
　大学で「朝鮮語」を専攻し，教員免許を取得。卒業後は民間企業に就職したが，大阪府が「韓国・朝鮮語」の教員の採用試験を実施していることを知り，受験して合格。現在は，「韓国・朝鮮語」の専任教員として，大阪府立の高等学校に勤務している。

　Bさん（公立校でフランス語を担当：タイプ2）
　大学ではフランス語を専攻。在学中にフランス語と英語の教職課程を履修し，両言語の教員免許を取得。英語で埼玉県の教員採用試験を受け，教諭として採用された。現在はフランス語のコースがある学校に配属されているため，担当はフランス語のみである。今後，フランス語の授業がある学校に異動になっても，授業時数が不足するなどの事情があ

第 12 章　高等学校の多言語教育の現状―政策の貧困と現場の努力―　　179

れば，英語とフランス語を兼任することとなるであろうし，フランス語が設置されていない学校への異動となれば，英語のみを担当することになる。

Cさん（公立校で韓国語担当：タイプ2）
　大学で地理学を専攻し，社会の教員免許を取得。神奈川県の社会科の教員となる。個人的に韓国・朝鮮語に興味をもち，独学で習得。自由選択科目「地理」の中で，地域文化として韓国・朝鮮語を取り上げていたが，本格的に韓国・朝鮮語を教えるために，神田外語大学で開講された科目等履修特別講座（後述）を受講し，「外国語（韓国語）」の教員免許を取得した。現在は，教科「社会」，「職業」などとともに「韓国語」の授業を担当している。

Dさん（公立／私立校で中国語を担当：タイプ3）
　大学での専攻は中国語。中国語の教職課程を履修し，教員免許を取得。中国語で教員採用試験を実施している自治体はほとんどないため，教育委員会に講師登録し，複数の高等学校で非常勤講師として中国語の授業を担当。クラスの開講が不安定なため高等学校の中国語教師だけで生計を立てるのは難しいという。

Eさん（複数の公立校でロシア語担当：タイプ6）
　イルクーツクの大学で日本語を専攻し，20年以上前に日本の大学へ留学するために来日。その後，日本人と結婚し，富山で暮らして2年目に高等学校で自身の母語であるロシア語を教えるようになる。県の教育委員会に臨時免許の交付を受け，現在，富山県の2つの高等学校で非常勤講師としてロシア語教育に関わり，大学や国際交流協会でもロシア語を教える他，通訳や翻訳の仕事もしている。

表2　英語以外の外国語を担当する教員の資格

タイプ	教員免許	当該外国語の資格	教える際の状況	専任／非常勤など
1	有	普通免許	自治体の当該外国科目の教員採用試験に合格したり，私立学校の教員として採用され，当該外国語を専任で教える	専任
2	有	普通免許	当該外国語と他教科（英語，社会，国語など）の教員免許をもち，他教科の教員採用試験に合格して，兼任で当該外国語を教える。もしくは，採用後に当該外国語の教員免許を取得し，兼任で教える	専任
3	有	普通免許	非常勤講師として当該外国語を教える	非常勤
4	有	教科外申請	他教科の免許しか所持していないが，学校長の判断などにより都道府県教育委員会に申請し，許可を得て兼任で当該外国語を教える	専任
5	有	臨時免許	当該外国語の免許を所持する人材がいない場合，他教科の教員免許所持者で，当該外国語を教えるに適すると，学校長などにより判断された者が，都道府県教育委員会から臨時免許の交付を受け，当該外国語を教える	非常勤
6	無	特別免許[2]	当該外国語の母語話者などで，教員免許を所持してはいないが，当該外国語を教えるに適すると，学校長などにより判断された者が，都道府県教育委員会から特別免許の交付を受け，当該外国語を教える	非常勤
7	無	無	当該外国語の母語話者等で，教員免許を所持していないが，当該外国語を教えるに適すると，学校長などにより判断された者が，都道府県教育委員会に特別非常勤の届出を行い，許可を得て当該外国語を教える	非常勤

　高等学校の英語以外の外国語教育の実情について調査した国際文化フォーラム（1999a, 1999b）および長谷川（2013）によれば，担当者の身分

---

[2]　特別免許状制度とは，教員免許状をもっていないが優れた知識経験等を有する社会人等を教員として迎え入れることにより，学校教育の多様化への対応や，その活性化を図るため，都道府県教育委員会の行う教育職員検定により学校種および教科ごとに授与する「教諭」の免許状で，1988年に創設された。

は，半数から6割が非常勤講師である[3]。AさんBさん，Cさんのように身分の安定したケースはむしろ少数派であり，多くの教師がDさんやEさんのように非常勤という身分で，必要なときだけ依頼され，立場も弱く不安定な身分なのである。また，教諭として身分が安定している人でも，国語や数学などの担当者と違って，英語以外の外国語の場合には，その言語をずっと教えていることはむしろまれであり[4]，大なり小なりの紆余曲折を経ていることが多い。

● 2. 山積みの課題

　高等学校7校に1校で多言語教育が推進されており，担当教師も熱心に教育に取り組んでいるが，現場には問題が山積している。以下に，諸課題と，それらに対する関係者の努力についてまとめる。

2.1 教育標準の不在
　冒頭で述べたとおり，高等学校の学習指導要領には，英語以外の外国語について「英語に準じて行うものとする」との記述があるが，中学校での学習が前提となっている高等学校の英語の指導内容に準じることは現実的ではない。つまり，実質的に教育標準がないに等しいのである。
　この課題に対し，1982年に活動を開始していた高等学校中国語教育研究会と，1999年に設立された高等学校韓国朝鮮語教育ネットワークは，教育標準作りをそれぞれ活動の重要課題に位置づけ，一定の成果を挙げてきた。
　2006年からは，中等教育の外国語教育をサポートしている公益財団法人国際文化フォーラム（以下，TJF）が，文科省の委嘱事業として，中国語と韓国・朝鮮語の高等学校と大学の教員らの協力を得て，グローバル人

---

[3] 長谷川（2013）で調査に応じた178人中，教諭は25.8%に当たる46人であり，非常勤講師85人と特別非常勤講師28人を合わせると全体の63.5%に上る。

[4] 長谷川（2013）で，教諭46人中，当該言語免許のみの保持者はわずか1人，他教科・科目と当該言語免許の複数免許保持者は28人，他教科・科目免許のみを保持する者は15人，不明2人だった。

材の育成をめざす外国語学習のめやす作りに取り組んだ。その最終成果物である『外国語学習のめやす―高等学校の中国語と韓国語教育からの提言』(TJF 2012) は，日本の高等学校における外国語教育の目標・内容・方法を提案しており，現在は中国語，韓国・朝鮮語以外の外国語教育関係者も活用するに至っている。

今回，提言に添付した学習指導要領案《➡第Ⅴ部参照》は，現行の中学校英語学習指導要領をベースにしているが，『外国語学習のめやす』のめざすところも盛り込まれている。教育行政に関わる人たちは，こうした現場のニーズに応えた努力を汲みとり，然るべき教育標準を示すべきであろう。

2.2 高校生向けの標準テキストの未整備

現在，学習指導要領中に英語以外の外国語の教育内容に関する記述がないため，検定教科書は出版されていない。また，履修者数も限られているので，出版社も高校生用のテキスト出版に積極的ではない。したがって，多くの高等学校で，大学用テキストや成人向けの学習書や教師が自作したプリント教材で対応してきた。

ただ，2002年から2007年にかけて実施された文科省の外国語教育多様化事業では，事業指定を受けた大阪府教育委員会が府内の高校生向けの韓国・朝鮮語教材を，北海道教育委員会が道内の高校生向けのロシア語教材を制作した。しかし，その利用が指定を受けた地域内に留まり，その後の継続性や発展性がなかったことは残念である。

図1　左からロシア語，フランス語，中国語，韓国・朝鮮語の高校生向け教材

一方，比較的まとまった数の学習者が見込まれる中国語，フランス語は複数種，韓国・朝鮮語は１種の高校生対象の市販教材がある。いずれも高等学校で教えている教師らが，大学教員の協力を得るなどして，切実な思いで知恵を結集して制作したものである。
　しかし，市販教材はどうしても割高である。本来，高校生が使用する教科書は，学習指導要領に基づいて教科書会社で制作され，検定を受けた上で安価で頒布されるべきであることは言うまでもない。

2.3 脆弱な位置づけ

　英語以外の外国語が第一外国語または第二外国語として確固たる位置づけがなされている学校も少数あるものの，状況が変わればいつでも閉講され得る「周辺的な」科目である場合が多い。履修単位数もクラス数も少なく，当該外国語免許を所持する専任教員も少ないため，いきおい非常勤講師に一任されることが多い。その上，非常勤講師は学校運営等に発言権がないため，不安定な位置づけはいつまでも変わらないといった悪循環が繰り返される。生徒の側からすると，去年あった外国語のクラスが今年はない，あるいは，近隣の学校にはある外国語クラスが自分の学校にはない，といった状況が生まれる。こういった不安定さは教育の質の低下にもつながるものであり，科目の位置づけの安定と教育の質を確保するには，当該外国語の専任であれ，他教科との兼任であれ，当該外国語の免許をもった教諭が学校内にいることが極めて重要である。
　また，現場からのボトムアップで新たな外国語科目を立ち上げようとすると，職場の上司・同僚の理解・承認・協力を得るための折衝，カリキュラムの調整，担当者や予算の確保など，膨大なエネルギーが必要となる。そして，維持し続けるエネルギーや周囲の環境に翳りが生じると，たちまち閉講の憂き目に遭う。逆に校長の方針などによるトップダウンだと比較的スムーズに立ち上げと維持が行われるが，トップが替わった場合にはやはり同じ結果となり得る。いずれにしても安定した教科・科目としての位置づけが保障されないと充実した教育は困難であり，そのためには文科省の方針が最大の決め手となるといえよう。

2.4 教員の資格と需給の不適合

　当該外国語の教員免許の所持者が教諭として教壇に立つことが望ましいにも関わらず，1.3で述べたように現実にはそうではないことが多い。1人の教諭が特定の外国語の専任として配置されるには，1つの学校で最低16時間程度，その外国語の授業を担当する必要がある《➡本書第15章参照》。しかし，そのような条件を充たす自治体はまれである[5]。そのため多くの場合，非常勤講師または特別非常勤講師に頼らざるを得ない。

　このような状況は，教員養成の側に課題として跳ね返る。つまり，採用の見込みがほとんどないため，学生が教職課程を履修しようとせず，大学側も養成に熱心ではないのである。さらに，教職課程を履修しても教育実習校を見つけるのが容易ではない。そもそも英語以外の外国語教育を実施している高等学校が少ない上，教育実習を行った学生のほとんどが教師になれず，あるいはならずに他の進路を選択してしまう[6]ため，受け入れ可能な高等学校も，受け入れに消極的にならざるを得ないという現実がある。

　さらに，韓国・朝鮮語の場合，教職課程のある大学の数が極端に少ないという問題もある。英語以外の外国語の教職課程が設置されている大学（学部）は，文科省のWebサイトによれば，2014年現在，中国語61（うち通信制1），フランス語49，ドイツ語44，スペイン語12，ロシア語11に対し，韓国・朝鮮語7である。スペイン語，ロシア語の教職課程も決して多いわけでないが，これらの言語を実施する高等学校が100校余りであるのに比して，韓国・朝鮮語の場合，実施校数は300校を超え，高等学校における英語以外の外国語の実施校数で2番目に多いという現実を踏まえれば，教職課程設置大学が7校とは，いかにも少ないといわざるを得ない。

---

5)　英語以外の外国語の科目で教員採用試験の実施が確認されているのは，大阪府と埼玉県だけである。大阪府は1986年に韓国・朝鮮語の教員採用試験を初めて実施し，その後，2014年までに計9回の試験を実施し，計8名の韓国・朝鮮語教員が採用されている。同じ大阪府で中国語は，2009年から2014年までに5回の採用試験が実施され，現在7名が府立高等学校で中国語教育に関わっている。埼玉県は，過去に1回だけフランス語の教員採用試験を実施した。

6)　たとえば，大東文化大学第一高等学校が受け入れた中国語の教育実習生は，1974年から1996年までで計373人に上るが，96年時点で，高等学校で中国語を教えている人はわずか6人でしかない。

第12章　高等学校の多言語教育の現状─政策の貧困と現場の努力─　　185

　2000年ごろから日韓交流の活発化に伴い，韓国・朝鮮語設置校が増加し，当該科目の教員免許をもたずに高等学校の教壇に立つ韓国・朝鮮語教師が増えたという現状を改善するための方策として，夏休みを利用した認定講習や科目等履修特別講座が数年にわたり開かれた。これは，1990年代後半に同じく需要が高まり，教員免許問題を抱えていた中国語の教師のネットワークと韓国・朝鮮語教師のネットワークが協力し，両言語の教育支援を行うTJFの強い働きかけも加わって，天理大学（韓国・朝鮮語），大阪外国語大学（現大阪大学，中国語），神田外語大学（中国語と韓国・朝鮮語）で実施されたものである。その結果，中国語，韓国・朝鮮語ともそれぞれ数十名が晴れて当該外国語教員免許所持者となった。
　これら2言語に限らず，高等学校における多様な言語の教育を活性化するためには，通信制の教職課程の設置や認定講習，科目等履修特別講座の開講を通じて，他教科の免許をもつ現職教員で，当該言語の素養がある人たちが広く免許を取得できるようにすることが現実的だといえるかもしれない。

2.5 孤軍奮闘する教師

　上述のように，英語以外の外国語の教員は，非常勤であるか，教諭であっても，1校に複数名在籍することはまれである。文科省や自治体の教育委員会が主催するそれらの外国語教員向けの研修もほとんどなく，同じ言語を教える教員同士の交流も乏しいため，孤軍奮闘している場合が多い。
　そのような状況を打開するため，それぞれの外国語の高校教員のネットワークが，情報交換や研鑽の機会を提供している。また，外国政府や準政府機関が実施する国内外の研修や，各言語の学会等が主催する国内研修に参加したり，大学教員と合同で研究や研修を行い，教師としての資質向上に努める高校教員も増えている。表3に，高校の教員も参加可能な研修の一部をまとめた。
　複数外国語必修化に向けては，文部科学省や各自治体などの公的機関主催の研修会などが拡充される必要があるのは言うまでもないが，すでに独

自の教員研修を主催している組織と公的機関が連携して教員研修の機会を充実させ，より質の高い外国語教育を保障することも必要であろう。併せて，こうした研修の受講が，教師の評価につながるような仕組みを作ることなども検討していくべきであろう。

表3　高校教員が参加可能な外国語教師研修（例）

研修名	主催・運営
フランス語教育国内スタージュ	日本フランス語フランス文学会，日本フランス語教育学会，在日フランス大使館
ドイツ語教員養成・研修講座	日本独文学会（ドイツ語教育部会），東京ドイツ文化センター
ドイツ語教授法ゼミナール	日本独文学会，ドイツ学術交流会
サマーセミナー	日本ロシア語教育研究会
関西スペイン語教授法ワークショップ（TADESKA）	スペイン語教員有志
韓国語教師研修	駐日韓国大使館韓国文化院
外国語教員セミナー	（公財）国際文化フォーラム

2.6 高大連携の不足

　高等学校における英語以外の外国語教育が活性化されない理由の1つとして，大学入試に生かすことができないということがしばしば挙げられる。大学入試センター試験で外国語科目として英語と並んでドイツ語，フランス語，中国語，韓国語での受験は可能である。しかし，英語以外の外国語の平均的な授業時間数で，高等学校の英語の学習指導要領に準じた水準を求めるセンター入試に対応することはほぼ不可能である。ただ，最近では，高校時代の学習成果を推薦入試やAO入試の際のアピールポイントにしたり，二次試験でドイツ語やフランス語の受験が可能な大学や，外国語の試験問題の一部を英語以外に，ドイツ語，フランス語，中国語，韓国・朝鮮語などから選択できる方法を取ることで，入試を多言語化する大学[7]もある。

---

7)　東京大学の第2次学力試験前期日程の文科Ⅰ〜Ⅲ類の外国語の試験，大阪市立大学の全学部で実施される個別学力試験（外国語）で，問題の一部を複数の外国語から選択できる。慶應

一方，高等学校で英語以外の外国語を学んだにも関わらず，大学進学後に同じ言語をさらに学ぼうとする場合，ゼロからやり直しになってしまうことが多いという不満が，学習者からも高等学校の教員からも上がっている。

高等学校での修得単位数が1，2単位である場合，大学の1学期分に相当するため，すぐに生徒の学習範囲に達してしまう。その上，該当する学生は少数であり，到達度も一定ではないため，既修者には1学期だけ我慢させ，初修者と一緒に授業を受けさせることになるのである。

また，高等学校での教え方や学習内容と大学のそれとが異なるために，大学の担当者が高等学校での学習を評価せずに，またはできずに，最初から学習しなおすよう指導することもある。近年，中学校や高等学校の外国語はコミュニケーション中心に指導することが推奨されており，正確さより流暢さに重点を置いて指導している一方で，大学では依然として文法中心，正確さ重視であるケースがあるのが現状だ。

しかし，大学によっては，高等学校での学習を積極的に評価し，より高い学びに導くための制度を整えている場合もある。たとえば，いくつかの大学では，口頭試験や筆記試験を課したり，検定試験の合格級によって到達度を判定し，必修科目の一部の単位として認定することを履修要項に明示したりしている。また，1年次の必修科目に登録はするが，より高いレベルのクラスに参加させている大学や，最初から，より上のクラスからの履修を可能にする大学もある。こうした対応を取っていない大学も多いが，大学間，言語間の情報交換を通じて，何らかの対応策を取る大学は増えつつあるようだ。

● おわりに

冒頭に述べたように，日本の外国語教育は，全体としては英語への一極集中化が進んでいる。しかし，英語教育の強化自体は避けて通れないとし

義塾大学も2016（平成28）年度一般入学試験より，総合政策学部・環境情報学部の外国語の試験で問題の一部がドイツ語やフランス語から選択できるようになる。

ても，21世紀のグローバル社会を生きるためには，多様な背景をもつ人々と協働して問題解決にあたることのできる能力が求められており，そのためにも，「英語オンリー」ではなく，世界の多様な言語・文化に触れることができるような機会の保障は不可欠である。

　関係者は限られた環境の中で多言語教育の灯火を絶やさぬために，粘り強く努力を続けているが，多くの課題を抱えたままである。真のグローバル化をめざし，高等学校における複数外国語教育を活性化するためには，ぜひとも国レベルの方針の大転換と抜本的な制度改革が不可欠である。

引用文献
国際文化フォーラム（1999a）『日本の高等学校における中国語教育の広がり―韓国朝鮮語教育との比較で見る―』国際文化フォーラム．
国際文化フォーラム（1999b）『日本の高等学校における韓国朝鮮語教育―中国語教育との比較で見る―』国際文化フォーラム．
国際文化フォーラム（2012）『外国語学習のめやす―高等学校の中国語と韓国語教育からの提言―』国際文化フォーラム．
中地譲治・鈴木千花（2009）「ことばと文化を学ぶ」『国際文化フォーラム通信』no. 83, 8-9.
長谷川由起子（2013）「日本の中等教育機関における英語以外の外国語教育の実情―「英語以外の外国語教育の実情調査」結果分析―」『九州産業大学国際文化学部紀要』第55号，113-139.
文部科学省初等中等教育局国際教育課（1999/2001/2003/2005/2007/2009/2012/2014）「平成10年度／平成12年度／平成14年度／平成16年度／平成18年度／平成20年度／平成23年度／平成25年度高等学校等における国際交流等の状況について」文部科学省．

〈高等学校用教材〉
北海道ロシア語教育推進連絡協議会（座長・山田隆）（2009）『ロシア語教科書「ТЕРЕМОК」（初級編）』北海道教育庁生涯学習部生涯学習推進局生涯学習課．
中井珠子・川勝直子・中村公子・横谷祥子（1994）『発見！フランス語教室―A la découverte―』第三書房．
高等学校中国語教育研究会編著（2007）『［改訂新版］高校中国語』白帝社．
高等学校韓国朝鮮語教育ネットワーク西日本ブロック「好きやねんハングル」編集チーム編（2009）『新・好きやねんハングルⅠ（高校生のための韓国朝鮮語）』白帝社．

〈参考サイト〉
神奈川県立横浜国際高等学校＞本校について＞本校の外国語教育 <http://www.yokohamakokusai-h.pen-kanagawa.ed.jp/pg133/pg180.html>（2015.8.31 閲覧）
カリタス女子中学高等学校＞教育の特色＞特色ある教育 <http://www.caritas.ed.jp/trait/reinforced.html>（2015.8.31 閲覧）
関東国際高等学校＞KANTO について＞各学科・コース紹介 <http://www.kantokokusai.ac.jp/school/study/>（2015.8.31 閲覧）
慶應義塾志木高等学校＞教育＞24 言語 <http://www.shiki.keio.ac.jp/education/23languages/>（2015.8.31 閲覧）
埼玉県立伊奈学園高等学校＞語学系 <http://www.inagakuen.spec.ed.jp/comm2/htdocs/?page_id=167>（2015.8.31 閲覧）
富山県立伏木高等学校＞学校経営 <http://www.fushiki-h.tym.ed.jp/>（2015.8.31 閲覧）
兵庫県立神戸甲北高等学校 <http://www.hyogo-c.ed.jp/~kohoku-hs/>（2015.8.31 閲覧）
長野県蟻ヶ崎高等学校の元「ハングル基礎」担当者の手記 <http://home.a08.itscom.net/jakehs/nisizawaronbun.html>（2015.8.31 閲覧）
文部科学省＞教育＞教員の免許，採用，人事管理，研修等＞教員免許制度の概要―教員を目指す皆さんへ―＞教員免許状を取得可能な大学等 <http://www.mext.go.jp/a_menu/shotou/kyoin/daigaku/>（2015.8.31 閲覧）

第13章

高校生の意識
―英語だけではもの足りない―

長谷川 由起子

● はじめに ……………………………………………………………

およそ教育に関する政策立案は，文部科学省を中心に学界，教育界，政界，経済界などさまざまな分野の専門家による議論に基づいて行われている。第Ⅴ部に示す提言も大学の外国語教育研究者と高等学校教員の協力のもとで作成された。では，当事者である高校生は外国語学習についてどう考えているのだろうか。

本章では，外国語学習の意義を探る1つの方法として，英語以外の外国語を学んでいる高校生と，その比較対象として英語以外の外国語を学んでいない，つまり英語のみを学習してきた高校生を対象に，英語および英語以外の外国語の学習をどう捉えているかに関する意識調査を行った結果を分析・報告する。

● 1. 調査方法・質問内容………………………………………………

本調査に先立つ2012年5月，国内の高等学校5,022校に対し，英語以外の外国語教育の担当者を対象とした，英語以外の外国語教育の実情に関

するアンケート調査実施を依頼した[1]。この調査に協力してくれた高等学校教員153人のうち，追加調査への協力を了解し連絡先を記入してくれた教員26人に対し，2013年10月，新たに次の2種類の調査を依頼した。

①担当している外国語クラスの履修者を対象とする，当該外国語および英語の学習に対する意識調査[2]
②調査①を行った学校，もしくは似た条件の学校の，英語のみを学習している同規模の数の生徒を対象とする外国語学習に対する意識調査

質問は大きく5つの観点についてであり，それぞれ学習者がどのような意識をもっているのか，観点ごとに4～5項目の質問を作成した。質問紙には(1)から(21)までの質問文のみをランダムに並べた。
以下に，調査①で使用した質問文を示す。「○語」の部分に，履修中の言語名を入れた質問紙を言語ごとに準備した。
質問紙冒頭には，無記名で，学習中の，または学習経験のある外国語と，本人の学年を記入し，(1)から(21)までの質問に対して，「5：当てはまる」「4：どちらかというと当てはまる」「3：わからない」「2：どちらかというと当てはまらない」「1：まったく当てはまらない」の中から1つを選び，回答番号をマークシートに記してもらった。

Ⅰ．当該外国語の学習動機
　(1) 私は自分なりの目的意識をもって○語を学んでいる。
　(2) ○語は，あまり勉強したくないが，仕方なく学んでいる。

---

[1] 科学研究費基盤(A)「新しい言語教育観に基づいた複数の外国語教育で使用できる共通言語教育枠の総合的研究」(研究代表者：西山教行)，科学研究費基盤(B)「英語教師の成長に関わる枠組みの総合的研究」(研究代表者：神保尚武)，大学英語教育学会(JACET)の共同で，全国の中等教育機関約16000校を対象に実施した「現職英語教員の授業力に関する意識調査」の調査用紙送付の際，英語以外の外国語担当者を対象とする調査用紙を同封し，各校の校長宛に協力を求めて行ったものである。調査結果は長谷川(2013)にまとめた。

[2] 担当教員に授業情報として，授業回数や当該外国語科目が自由選択か選択必修かなどの質問を行ったが，回答内容が不明であったり，明らかに思い違いをしていると見られる回答の割合が多かったため，これを変数とした分析を行わなかった。担当教員が専任でない場合が多いことが1つの原因ではないかと考えられる。

(3) ○語を学習しているのは，英語が苦手で，○語ならうまく学べるかもしれないと思ったからだ。
(4) 私は受験科目に○語を選択するつもりだ。

Ⅱ．当該外国語学習の手ごたえ
(5) ○語の勉強は難しい。
(6) ○語の勉強は楽しい。
(7) 英語以外の外国語を学ぶことで，世界がより広がると思う。
(8) ○語を学ぶことで，○語が使われている国・地域への理解が深まった。

Ⅲ．当該言語学習の効果
(9) ○語を学ぶことで○の文化や○の人々に対して親しみを感じるようになった。
(10) 自分とは異なるさまざまな文化をもっと知りたいと思う。
(11) ○語を学ぶことで，日本語や日本文化に対する理解も深まった。
(12) ○語を話す人々との間でいろいろあっても，なんとか仲良くやっていきたいと思う。

Ⅳ．英語以外の外国語の学習に対する考え
(13) ○語を学んでおけば，将来，役に立つと思う。
(14) 英語以外の言葉が話されている国・地域のことをよく理解するには，その国・地域の言葉を学ぶ必要があると思う。
(15) ○語の学習をほかの人にも勧めたい。
(16) 将来も（進学してからも）○語の勉強を続けたい。
(17) 私は英語と○語のほかに，さらに別の外国語も学びたい。

Ⅴ．英語学習に対する考え
(18) 世界共通語は英語なので，自分も英語を勉強しておかないと後で困ると思う。
(19) あらゆるひとが最低限，英語だけは話せるようになるべきだと思う。

(20) ○語を学んだけれど，実際には英語だけ学べば十分だと思う。
(21) 大学進学希望者にとって，○語の勉強は不利に作用すると思う。

調査②では，調査①の質問文の「○語」を「英語」に，「○の」を「英語が話されている国・地域の」に置き換えた他，置き換えだけでは文が成り立たない場合は，以下の質問文に入れ替えた。番号は対応する①の質問文を表し，「e」は英語のみの学習者への質問であることを表す。

(3e) 英語の勉強は苦手だが，他の外国語ならうまく学べるかもしれない。
(7e) 英語を学ぶことで世界が広がると思う。
(12e) 外国の人との間でいろいろあっても，なんとか仲良くやっていきたいと思う。
(13e) 英語以外の外国語も学んでおけば，将来，役に立つと思う。
(16e) 英語以外の外国語も勉強してみたい。
(17e) できれば英語以外の外国語を学びたい。
(20e) 外国語は英語を学べば十分だ。

● 2. 回答状況

回答は2013年11月から2015年2月の間に回収され，回答者数は①が887人，②が520人，内訳は表1のとおりである（以下では，学習言語名をローマ字1文字で表す。C: 中国語，K: 韓国・朝鮮語，F: フランス語，D: ドイツ語，S: スペイン語，M: 多言語[3]，E: 英語のみ）。

なお，授業の対象学年が何年次か決まっている場合もあったが，学年が未記入であったり，複数学年にまたがっていると思われるケースもあったため，学年分布は示さない。また，大部分は週当たりの授業時間が50分授業で週2回であるが，Dの107人，Fの207人，Kの9人は週当たりの授業回数が50分授業4～5回と，専攻もしくは専攻に近い密度で学習し

---

[3] 調査を行った授業で学習中の外国語と英語以外に，他の外国語の学習経験があるか学習中である場合を多言語とした。

ていた。Eも授業回数は週2回から週4回までとさまざまであった。

表1　回答内訳

言語	回答者数	協力教員数	地域および設置者
C	72	4	兵庫（県立），大阪（市立），福岡（県立）
K	251	10	大阪（府立），大阪（私立），兵庫（県立），埼玉（県立），東京（都立），東京（私立），神奈川（県立）
F	225	4	埼玉（県立）
D	294	7	埼玉（県立），東京（都立）
S	29	2	大阪（市立），兵庫（県立）
M	16		※全体から抽出
E	520	9	埼玉（県立），神奈川（県立），北海道（道立），大阪（市立），兵庫（私立）

3. 結果分析

　まず，英語以外の外国語を履修している生徒のグループ（以下，O）と英語のみを履修している生徒のグループ（以下，E）それぞれに対する質問への回答番号を尺度とし，その平均値に統計的有意差があるかどうか，IBMの統計分析ソフトSPSSを用いてt検定を行ったところ，表2のような結果となった。質問（1）（5）（6）（7）（8）（9）（10）（14）（17）（18）は0.1％水準で，質問（11）（19）は1％水準でOの平均値の方がEの平均値より有意に高く，質問（2）（3）（4）（20）（21）は0.1％水準でEの平均値の方がOの平均値より有意に高く，質問（12）（13）については統計的有意差がなかった。

第13章　高校生の意識―英語だけではもの足りない―

表2　OとEに尋ねた質問への回答平均値とt検定の結果

質問No	O	E	t検定	質問No	O	E	t検定
(1)	3.80	3.56	O＞***E	(11)	3.29	3.08	O＞**E
(2)	1.88	2.76	O＜***E	(12)	3.96	3.88	O＝E
(3)	2.04	2.51	O＜***E	(13)	3.94	3.88	O＝E
(4)	1.97	3.72	O＜***E	(14)	4.04	3.81	O＞***E
(5)	4.39	4.07	O＞***E	(17)	3.30	2.8	O＞***E
(6)	4.05	3.34	O＞***E	(18)	4.41	4.01	O＞***E
(7)	4.52	4.19	O＞***E	(19)	3.76	3.53	O＞**E
(8)	4.02	3.37	O＞***E	(20)	2.37	2.92	O＜***E
(9)	3.95	3.36	O＞***E	(21)	2.13	2.62	O＜***E
(10)	4.18	3.73	O＞***E			$p^{***}<.001$	$p^{**}<.01$

　以下で具体的に分析するにあたっては，平均値の高低より，肯定的な回答をした生徒と，否定的な回答をした生徒の割合で見ていく方が実態をより忠実に捉えていると考えられるため，それぞれに質問に対する回答状況をグラフで示しながら分析していく。その際，「当てはまる」「どちらかというと当てはまる」を肯定的な回答，「まったく当てはまらない」「どちらかというと当てはまらない」を否定的な回答とみなすことにする。

3.1　学習の動機

　当該言語の学習動機については，図1に見るように，Oの70％近く，Eの60％近くが「(1) 自分なりの目的意識を持っている」と答えており，「(2) 仕方なく学んでいる」と答えた生徒はOで10％以下，Eで30％程度あった。Eの場合，60％が「(4) 受験科目として英語を利用する予定」であるため，そこに積極的意義を見出せずに，仕方なく学んでいると答えた生徒もいたものと思われる。Oの場合は，自ら選択した科目である生徒が多いと考えられるため，仕方なく学んでいると答えた生徒が少数だったのは当然といえよう。

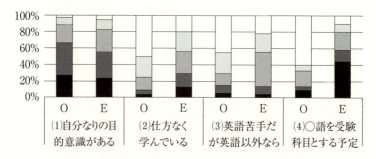

図1　当該外国語の学習動機

「(3) 英語が苦手で，当該言語ならうまく学べるかもしれない」と考え当該言語を選んだOは15％近くいたが，「そんな理由ではない」と否定した生徒は70％に上る。また，Eで「(2) 英語が苦手だが他の言語ならうまく学べるかもしれない」という生徒がOとほぼ同率の約14％だったという点は興味深い。条件は違っても，英語は苦手だから英語以外の外国語に活路を見出したいと思っている生徒がほぼ同比率存在するのである。

3.2 学習の手ごたえ

次に，図2を見ると，Oは約90％が「(5) 当該言語の学習は難しい」と答えたが，80％近くは「(6) 楽しい」と答えている。大半の生徒が「難しいが楽しい」と感じているといえよう。Eの場合は，70％以上が「英語は難しい」と答え，「楽しい」と答えた生徒は約50％である。中学校から学んできた英語はレベルが上がっているはずだが，難しいと答えた生徒の割合はOよりむしろ低い。しかし同時に，楽しさを感じる割合も低くなっている。新たな外国語学習には困難もつきものだが，新鮮な発見や喜びが感じられる一方で，英語には義務感や倦怠感がつきまとうのかもしれない。

第13章 高校生の意識—英語だけではもの足りない— 197

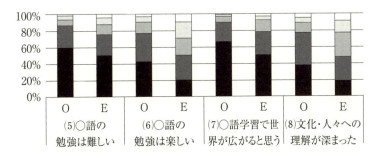

図2 当該外国語学習の手ごたえ

「(7) 当該言語を学ぶことで世界が広がると思う」と答えた生徒はOが90％近く，Eも75％程度に達しており，外国語学習は全般的に視野を広げるとの期待があることを物語っている。一方，「(8) 当該言語を通じて当該言語圏の文化理解が深まった」と答えた生徒はOでは80％近いのに対し，Eは50％を下回る。英語は世界共通語であって，特定の地域文化との結びつきが希薄である，または教育する側があえて結びつきをもたせていない面があることの現れといえよう。外国語学習の目的として異文化理解が重要だとされるにも関わらず，文化の扱いが曖昧になっているのは，英語教育における限界といえるのかもしれない。これに対し，英語以外の外国語の場合は学習者にとっても当該言語と文化の結びつきが明確に意識されやすく，教える側も言語と文化を結びつけて指導しているということが表れているものと思われる。グローバル化に伴い異文化対応能力の養成が求められる中，ここに英語以外の外国語教育の可能性を見出すことができるのではないだろうか。

3.3 学習の効果

図3によれば，Oの約70％が「(9) 当該文化に親しみを感じるようになった」とし，約80％が「(10) 異文化をもっと知りたいと思うようになった」と答えた。しかし，当該言語の学習を通じて日本語や日本文化への理

解も深まったとするOは約45％に留まっており，教室においては当該言語と当該言語圏文化の学習に重点が置かれ，翻って自言語・自文化を顧みる営みはあまり行われていないことが推察される。異文化対応能力の養成には自己を相対的，客観的に観察するよう促すことが重要であり，外国語学習はこの力を鍛える絶好の機会であるにも関わらず，このような視点が授業にあまり盛り込まれていない可能性があり，惜しまれる。

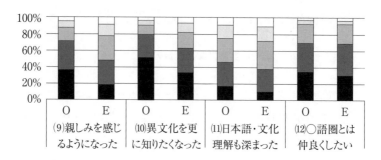

図3　当該言語学習の及ぼした効果

Eについては，「(9e) 英語圏に親しみを感じるようになった」と答えた生徒は約50％に留まった。これは英語の勉強を楽しめていないことの現れであるといえよう。一方で，「(10) 異文化をもっと知りたくなった」との答えは60％を超えている。生徒の異文化への好奇心に応え，文化への気づきをさらに促すことによって，英語圏への親しみや言語学習の楽しさをもっと感じさせられるのではないか，という可能性を示唆する結果である。日本語や日本文化への理解も深まったとする回答については，EはOよりさらに低く，40％を切っている。英語が世界共通語であるなら，なおさらのこと，自らを顧み，自らを表現することが必要であるはずだが，現実はそうはなっていないようである。

なお，表2によれば「(12) 学習言語圏の人々とはいろいろあってもなんとか仲良くしたい」という質問への回答平均値には統計的有意差がなく，

第13章　高校生の意識—英語だけではもの足りない—　　199

図3によれば，肯定的回答の割合も約70％と，ほぼ同率である。平和と共存を願う気持ちは学習言語を問わないのだといえよう。

3.4 英語以外の外国語学習に対する考え

では，高校生は，英語以外の外国語を学習することをどう捉えているのだろうか。表2によれば，「(13) 英語以外の外国語を学んでおけば将来役に立つ」との問いに対する回答平均値に統計的有意差はなく，図4によれば，ＯもＥも同じく約70％が肯定的回答をしている。英語以外の外国語の有用性は，ＯのみならずＥも同様に高く認識しているといえる。

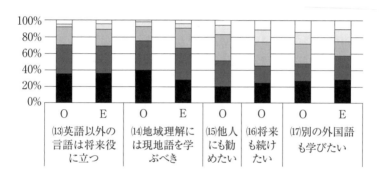

図4　英語以外の外国語の学習に対する考え

「(14) 英語が話されていない国・地域のことを理解するには現地語を学ぶべきである」という認識はＯの約75％，Ｅも65％近くに上っている。Ｏは4人に3人が，Ｅも3人に2人が英語以外の外国語の重要性を認識しているといえよう。

しかし，「(15) 当該言語の学習を他人にも勧めたい」というＯは50％余り，「(16) 自分自身が将来もその言語の学習を続けたい」というＯも，「(17) 現在学習中の言語以外に別の言語を学びたい」というＯも50％を切っている。他人は他人，将来は将来と割り切っているのであろうか。一方で，「(17e) 英語以外の言語を学びたい」と答えたＥが60％近いことは

興味深い。英語しか学んだことのない多くの生徒も，英語以外の外国語の学習は魅力的，もしくは重要なことだと思っていることがうかがえる。

3.5 英語学習に対する考え

最後に英語学習に対する考えを見てみよう。図5によれば，「(18) 世界共通語は英語なので，自分も勉強しておかないと後で困る」と答えたOは90%近くに上っており，Eの約75%よりむしろ高い。漠然と英語を学んでいるEより，英語以外の外国語も学んでいるOは，そもそも外国への関心が高く，言語に限らず外国人とのコミュニケーションの必要性をより強く自覚しているのであろう。一方で，「(19) 万人が英語だけは学ぶべきだ」との答えはOが約65%，Eが50%余りと，いずれも半数は超えるものの，自分は学ばなければならないとした答えよりは低い。英語の必要性は言うまでもないが，万人に強いるべきものでもないと考える生徒もいるということである。

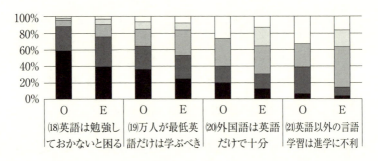

図5　英語学習に対する考え

一方で，「(20) 外国語学習は英語だけで十分だ」と答えたOは20%弱，Eも約30%と，多くの生徒が英語だけでよいとは思っていないことが明らかとなった。特にOはこの問いに60%が否定的に答えている。さらに「(21) 英語以外の外国語を学習することは進学希望者にとって不利だ」と答えたOは5%以下，Eも10%程度，この問いに否定的に答えたOは

60％と多数であり，Eも40％近くが否定的な回答である。Oだけでなく Eも含めた多くの高校生が，必ずしも大学進学のために英語に集中しなければいけないとは思っていないということがわかる。

以上を総合すると，どの生徒たちにとっても英語の重要さは紛れもない現実であるが，英語に限らず外国語を学ぶことは，視野を広げ，その地域に対する理解や親しみを得ることにつながると，英語以外の外国語を学んだことのある生徒はもちろん，学んだことのない生徒の多くも考えている。また，彼らの多くは英語以外の外国語も役に立つと思っているし，英語圏以外の地域を理解するには現地語学習が必要であると感じているが，これらのいずれにおいても，複数外国語を学ぶ生徒の方が強く感じているということがわかった。

● おわりに

日本の高等学校で英語以外の外国語を学ぶ生徒はそもそも少数派であるため，その多くが自分なりの目的意識をもち，言語学習は難しいが楽しいと感じており，学習を通じてその言語圏への理解が深まり，世界が広がるという期待を抱いている。同時に，英語のみを学ぶ生徒より強く英語の重要性を認識しているといえる。

一方，英語のみを学ぶ生徒は，現在の高等学校における英語学習が学習者の自発的選択によっていないため，その必要性を認識しつつも，仕方なくやっていたり，楽しさを感じられずにいたりする者も多い。しかし，異文化への関心や外国の人々と仲良くしたい気持ちをもつ生徒は，英語以外の外国語を学ぶ生徒たちとほとんど同率であり，英語以外の外国語を学ぶ意義と重要性を認識し，他の外国語を学んでみたいと希望する者もかなりの割合に上ることが明らかとなった。

また，現在の中等教育における英語教育は，特定地域の文化との結びつきが希薄であるため異文化理解が十分でなく，そのため親しみを感じられるまでに至っていない生徒も多いものと考えられる。英語圏の文化を背景とする英語である前に，世界共通語であることが重視される英語にはそう

いった限界があるといえる。英語以外の外国語の学習は，この限界を補って，好奇心を刺激し，学ぶ喜びを感じさせ，生徒の人生を豊かにし得る大きな可能性を秘めているといえるのではないだろうか。

引用文献
長谷川由起子 (2013)「日本の中等教育機関における英語以外の外国語教育の実情 —「英語以外の外国語教育の実情調査」結果分析—」『九州産業大学国際文化学部紀要』第 55 号，113-139.

第Ⅳ部
日本における多言語教育の実現に向けて

第14章

教育課程編成
―学習指導要領上の位置づけ―

山下 誠

● はじめに …………………………………………………………

　本書は，日本の高等学校において英語以外の外国語の教育が非常に限定的にしか行われていない現実に疑義を呈し，すべての日本の高校生に英語を含む複数の外国語の学習機会を保障するという提言（本書第Ⅴ部参照，以下「提言」）を行ったことを出発点として編まれた。現行学習指導要領においても，その意志さえあれば多言語教育は可能であり，実際にあまたの学校でさまざまな実践が積み上げられている。本章および次章ではこれを一歩進めて，すべての高校生が2つ以上の言語を学ぶ，すなわち複数外国語必修化の方途を探ろうとするものである。現在の教育課程を前提としたときに，本提言は唐突あるいは非現実的だとの指摘もあるが，さまざまな条件を精査してゆくと，実はきちんと反駁してゆけることが明らかになった。したがって，本章では，複数外国語科目を学習指導要領に位置づけ，新たに時間数を確保する考え方を整理した上で，教科「外国語」の必履修科目構成と教員確保について検討し，複数外国語必修化の可能性を探りたい。

● 1. 学習指導要領上の位置づけの4つのパターン …………

　高等学校において多言語教育を行うには，「その他の外国語」は英語に

準じるとされている現行学習指導要領への位置づけによって，次の (1) 〜 (4) の方策が考えられる。

　まず，現行の学習指導要領の枠組みの中で実施可能なのが，(1) と (2) である。(1) の総合的な学習の時間は，学習指導要領上必履修（3〜6 単位）であるが，その内容は，授業の目標を踏まえ各学校が定めるとされている。また，指導計画の作成については，学校の実態に応じるとされており，学習活動の例示として国際理解が挙げられていることから，全国の学校で多言語教育のさまざまな取り組みが行われている[1]。

(1) 「総合的な学習の時間」（3 年間で 3 単位以上）内で一定の時間数を割り当てる。
(2) 英語に準じるとされる「その他の外国語」を教科「外国語」内の学校設定科目とし，学校ごとに教育委員会に届けて設置する[2]。

　これに対し，(3) と (4) は学習指導要領の枠組みを変更して複数外国語教育を強化しようとするものである。

(3) 学習指導要領に，「その他の外国語」（以下，「第 2 の外国語」）を教科「外国語」のなかの新しい科目群として挿入し，学校設定科目としての手続きを経ることなく，選択科目としての複数外国語の学習を可能とする（図 3 参照）。
(4) (3) と同様に「第 2 の外国語」を教科「外国語」の科目として設定したうえで，それを教科「外国語」の必履修科目とし，全ての高校生に複数外国語の学習の機会を保障する。

　現在すでに教科として複数外国語の教育を行っている学校は基本的に，

---

1) 総合的な学習の時間に 24 言語の講座を開設している慶應義塾志木高校（➡本書第 12 章参照）や，進路学習とともに台湾方面への修学旅行の事前学習として，2 ヵ月にわたり中国語会話に取り組む東京都立狛江高校などの実践例が報告されている。
2) 埼玉県においては，学習指導要領にない一連の「その他科目」を県教委が用意している。平成 23 年度に，「その他科目検討委員会」というワーキング・グループを策定し，外国語関係だけでもドイツ語，フランス語，スペイン語，中国語などの 20 科目を立ち上げた。

(2)の方式をとっている。各学校が当該言語の科目設置の意義を認めさえすれば，届出によって実施可能な現行制度の，さらなる積極的な活用が望まれる。また，(3)が実現すれば，煩雑な手続きは必要ないので，さらなる複数外国語教育の拡大を期待することができる。ただ，「第2の外国語」を教育課程に組み込むかどうかは，あくまでも学校ごとの判断に任されるという点で，一定の限界がある。そこで，本提言では，(4)の方策を取ることにより，複数外国語教育を明確に制度化することを提言するものである《➡教科・科目構成の具体案は本章第3節参照》。

● 2. 時間数確保の考え方………………………………………

次に，現行の学習指導要領上，新たに「第2の外国語」の時間数を確保できるかどうかを見ておきたい。

表1に見るように，中学校においては，学校教育法施行規則により，各教科等の授業時数は学年ごとに厳格に決められているので，新たな教科や時間を設けるにはこの規則を改訂しなければならない。

表1 中学校における各教科の年間授業時数
学校教育法施行規則別表第2（第73条関係）

区分		第1学年	第2学年	第3学年
各教科の授業時数	国語	140	140	105
	社会	105	105	140
	数学	140	105	140
	理科	105	140	140
	音楽	45	35	35
	美術	45	35	35
	保健体育	105	105	105
	技術・家庭	70	70	35
	外国語	140	140	140
道徳の授業時数		35	35	35
総合的な学習の時間の授業時数		50	70	70
特別活動の授業時数		35	35	35
総授業時数		1015	1015	1015

一方，高等学校においては，すべての生徒に履修させる各教科・科目（以下「必履修教科・科目」とする）は表2のとおりであり，各学校ごとに，比較的柔軟性をもって決められるようになっている。

　つまり，各学校においては，「標準」とされている「（全日制課程の場合）週当たり30単位時間（3年間で90単位時間）[3)]の授業時数」内で，これら学習指導要領上の必履修教科・科目（41単位〜55単位）と，学校ごとに設定する必履修教科・科目と選択教科・科目（35単位〜49単位）を組み合わせて，独自に教育課程を編成するのである。この組み合わせ方については，図1（次ページ）を参照されたい。

表2　高等学校における必履修教科・科目

教科	科目	単位数*	
		最小	最大
国語	国語総合	4	4
地歴	地理A・地理B／日本史A・日本史B／世界史A・世界史B	4	8
公民	現代社会／倫理＆政治経済	2	4
数学	数学Ⅰ	3	3
理科	科学と人間生活／物理基礎／化学基礎／生物基礎／地学基礎	4	6
外国語	コミュニケーション英語Ⅰ／英語以外の外国語科目	3	3
保健体育	体育＆保健	9	10
家庭	家庭基礎／家庭総合／生活デザイン	2	4
情報	社会と情報／情報の科学／	2	2
芸術	音楽Ⅰ／美術Ⅰ／工芸Ⅰ／書道Ⅰ	2	2
総合的な学習の時間		3	6
ホームルーム		3	3
合　計		41	55

＊高等学校学習指導要領第1章教則第2款各教科・科目および単位数等，第3款各教科・科目の履修等から作成。
＊中学校においては年間授業時数で表しているのに対して（表1），高等学校では単位数（週あたり授業時数と同数）で表している。

---

3) 高等学校学習指導要領総則第4款「各教科・科目，総合的な学習の時間及び特別活動の授業時数等」。

週当たり時間数 標準90時間	最小 35 単位	学校ごとに 教育課程編成	最大 49 単位
	最大 55 単位	学習指導要領上の 必履修教科・科目	最小 41 単位

図1　教育課程編成と必履修教科・科目

　したがって，理論的には図1の最小35から最大49単位の部分に，「第2の外国語」を新たに組み込む余地が存在することになる。しかし，実際には，図2の実際の教育課程編成例に示すように，第1学年においては基礎的・基本的な教科・科目を必履修とし，第2または3学年においては，これに加えて進路選択のための類型選択や興味関心に応じた多様な教科科目の自由選択により，発展的な学習を行う教育課程を編成するのが一般的である。「第2の外国語」を必履修とした場合に，これを基礎的・基本的と位置づけて第1学年におくのか，発展的として第2または3学年におくのかは学校ごとに判断することになるが，現行教育課程編成のあり方に大きな変更を迫らないとするならば，★印をつけた自由選択または選択科目の授業時数の一部を「第2の外国語」に割り当てることによりその授業時数を確保するのが，最も現実的であると考えられる。

第14章　教育課程編成―学習指導要領上の位置づけ―

A高校

単位数	1年生	2年生	3年生
1	国語総合	現代文B	現代文B
2	国語総合	現代文B	現代文B
3	国語総合	古典A	政治・経済
4	国語総合	古典A	政治・経済
5	地理A	世界史A	倫理
6	地理A	世界史A	倫理
7	数学Ⅰ	日本史A	体育
8	数学Ⅰ	日本史A	体育
9	数学Ⅰ	数学Ⅱ	コミュニケーション英語Ⅲ
10	数学A	数学Ⅱ	コミュニケーション英語Ⅲ
11	数学A	数学Ⅱ	コミュニケーション英語Ⅲ
12	物理基礎	数学Ⅱ	コミュニケーション英語Ⅲ
13	物理基礎	生物基礎	コミュニケーション英語Ⅲ
14	化学基礎	生物基礎	必修選択
15	化学基礎	生物基礎	必修選択
16	体育	体育	必修選択
17	体育	体育	必修選択
18	体育	保健	必修選択
19	保健	コミュニケーション英語Ⅱ	必修選択
20	芸術	コミュニケーション英語Ⅱ	必修選択
21	芸術	コミュニケーション英語Ⅱ	必修選択
22	コミュニケーション英語Ⅰ	コミュニケーション英語Ⅱ	必修選択
23	コミュニケーション英語Ⅰ	家庭基礎	必修選択
24	コミュニケーション英語Ⅰ	家庭基礎	必修選択
25	英語表現Ⅰ	必修選択	自由選択 ★
26	英語表現Ⅰ	必修選択	自由選択 ★
27	社会と情報	必修選択	自由選択 ★
28	社会と情報	必修選択	自由選択 ★
29	総合的な学習の時間	総合的な学習の時間	総合的な学習の時間
30	ホームルーム	ホームルーム	ホームルーム

B高校

単位数	1年生	2年生	3年生
1	国語総合	現代文B	現代文B
2	国語総合	現代文B	現代文B
3	国語総合	古典B	体育
4	国語総合	古典B	体育
5	世界史A	公民・政治経済・現代社会	コミュニケーション英語Ⅲ
6	世界史A	公民・政治経済・現代社会	コミュニケーション英語Ⅲ
7	日本史A	公民・政治経済・現代社会	コミュニケーション英語Ⅲ
8	日本史A	数学Ⅱ	コミュニケーション英語Ⅲ
9	数学Ⅰ	数学Ⅱ	コミュニケーション英語Ⅲ
10	数学Ⅰ	数学Ⅱ	英語表現Ⅱ
11	数学Ⅰ	数学Ⅱ	英語表現Ⅱ
12	数学A	数学B	選択科目 ★
13	数学A	数学B	選択科目 ★
14	化学基礎	物理・地学	選択科目 ★
15	化学基礎	物理・地学	選択科目 ★
16	生物基礎	体育	選択科目 ★
17	生物基礎	体育	選択科目 ★
18	体育	保健	選択科目 ★
19	体育	コミュニケーション英語Ⅱ	選択科目 ★
20	保健	コミュニケーション英語Ⅱ	選択科目 ★
21	芸術Ⅰ	コミュニケーション英語Ⅱ	選択科目 ★
22	芸術Ⅰ	コミュニケーション英語Ⅱ	選択科目 ★
23	コミュニケーション英語Ⅰ	英語表現Ⅱ	選択科目 ★
24	コミュニケーション英語Ⅰ	英語表現Ⅱ	選択科目 ★
25	コミュニケーション英語Ⅰ	家庭基礎	選択科目 ★
26	コミュニケーション英語Ⅰ	家庭基礎	選択科目 ★
27	英語表現Ⅰ	選択科目 ★	選択科目 ★
28	英語表現Ⅰ	選択科目 ★	選択科目 ★
29	社会と情報	選択科目 ★	選択科目 ★
30	社会と情報	選択科目 ★	選択科目 ★
31	総合的な学習の時間	総合的な学習の時間	総合的な学習の時間
32	ホームルーム	ホームルーム	ホームルーム

図2　教育課程編成の実例（A高校[4]，B高校[5]）

4)　学力水準中位の普通科高校。
5)　学力水準上位の普通科高校。

● 3. 教科「外国語」の必履修科目構成と教員確保

　すべての高校生に「第2の外国語」の学習機会を保障するためには，これを必履修科目とするだけでなく，既存の英語に関する科目を含めた，教科「外国語」全体の必履修科目構成の調整が必要である。また，これを担当する教員を新たに確保しなければならない。

3.1 教科「外国語」の必履修科目構成

　2009（平成21）年高等学校学習指導要領[6]総則第3節「1 必履修教科・科目（第1章第3款の1）」では，教科「外国語」の必履修科目について，「『コミュニケーション英語Ⅰ』（英語以外の外国語を履修する場合は，学校設定科目として設ける1科目とし，その標準単位数は3単位とする。）」と規定している。つまり，「コミュニケーション英語Ⅰ」を基本としながらも，現行制度内でも括弧つきながら英語以外の外国語を必履修科目とすることも可能となっている。大阪府立今宮工科高等学校（定時制）などはこの規定によって，コミュニケーション英語Ⅰと韓国・朝鮮語のどちらかの選択必修を行っている《➡本書第12章参照》。

　提言では，既存の教科「外国語」に定められた科目群に加えて，「第2の外国語」科目を設置し，後者のうちから1言語科目を選択必修とすることを提唱しているが，上述のような現行学習指導要領の精神を踏まえた上で，さらに複数外国語を必修化するという提言の趣旨を盛り込むとすれば，教科「外国語」の必履修科目構成は，図3（次ページ）のようになると考えられる。なお，提言では，第2の外国語の履修単位数を2〜6単位が望ましいとしているが，本章では必履修は2単位として検討していくこととする《➡本書第15章参照》。

　その結果，図4（次ページ）のように，コミュニケーション英語Ⅰと「第2の外国語」から1科目の2科目計5単位を履修するAパターン，または，「第2の外国語」から2科目計4単位を履修するBパターンのいずれかを

---

[6] 学習指導要領告示の年をもって，以下このように表記する。

選択することになる。

教科	科目		単位数
外国語	英会話		2
	英語表現Ⅱ		4
	英語表現Ⅰ		2
	コミュニケーション英語基礎		2
	コミュニケーション英語Ⅲ		4
	コミュニケーション英語Ⅱ		4
	コミュニケーション英語Ⅰ		3
	第2の外国語	アラビア語	2*
		韓国・朝鮮語	2*
		スペイン語	2*
		中国語	2*
		ドイツ語	2*
		フランス語	2*
		ロシア語	2*

このうち2科目必履修

図3 教科「外国語」の必履修科目構成

教科	科目	A	B
外国語	コミュニケーション英語Ⅰ	1科目3単位	-
	アラビア語～ロシア語	1科目2単位	2科目4単位

図4 必履修科目選択の2つのパターン

実際には，大多数の学校でAパターンを，先述の大阪府立今宮工科高校など一部の学校でBパターンを採用することが想定される。

3.2 「第2の外国語」の教員確保

次に，複数外国語必修化により新たに必要となる教員の確保について考えてみたい。外国語の教員免許状は，外国語（アラビア語），外国語（スペイン語）のように言語別の免許状となっており，同じ教科「外国語」とはいえ，言語種が違えば教壇に立つことはできない。現在，教科「外国語」

の学校設定科目として設けられている英語以外の外国語科目の担当教員については，当該言語の免許状をもつ者が少ないことから，他教科の専任教員の免許教科外申請や，免許をもたない者への臨時免許状の付与，特別非常勤講師制度の活用等，弾力的に対応するのが一般的である。

しかし，提言実現のためには，現在，全国で唯一，韓国・朝鮮語と中国語の教員採用を行っている大阪府の事例を踏まえつつ，従前の「外国語（英語）」免許状を所持する者とは別に，「外国語（当該言語）」免許状を所持する者を，一定数確実に，かつ全国的に配置するための方策が必要である。したがって，複数外国語必修化を教員の人事配置という観点から見ると，事実上の新教科「第2の外国語」の設置にも匹敵する大きな変革と考えた方がよいであろう。換言すれば，複数外国語必修化とは，単に教科「外国語」において言語の種類を増やすということに留まらず，学習指導要領における教科・科目の枠組みを変えるものであり，それに伴い教員の人事配置や働き方など，「学校文化」そのものに大きな変容をもたらす可能性をはらむものなのである。そして，これは提言でも示しているように，究極的には英語以外の外国語の教員養成のために，外国語大学や大学の外国語学部を増設するなど，大学や大学院のあり方すらも変える一大改革をも意味している。

● **4. 学習指導要領における教科・科目の枠組み変更**…………

それでは，学習指導要領における教科・科目の枠組みはどのように変更することが可能なのだろうか。戦後の高等学校学習指導要領の変遷をみながら検討したい。

まず，教科の新設は伴わないものの，学習指導要領の改訂に伴い教員人事配置のあり方が大きく変化した事例としては，1969（昭和44）年，高等学校学習指導要領による教科「家庭」の女子必修化，および1989（平成元）年，高等学校学習指導要領による教科「家庭」の男女共修（必修）化が挙げられる。また，教科の新設としては，1999（平成11）年，高等学校学習指導要領で誕生した教科「情報」の事例がある。

以下，教科「家庭」の男女共修必修化および新教科「情報」の設置に至る経過を概観しながら，複数外国語の必修化実現のための方途を探りたい。

4.1 教科「家庭」の男女共修（必修）化への経緯

高等学校における教科「家庭」は，戦後1947年に，GHQ「民主的家庭の建設」の理念に基づいて，男女共修選択科目として出発した。

その後，女子の大学進学者の増加などにより家庭科選択者数が減少したため，1952年以降，全国家庭科教育協会などの家庭科教師団体により女子必修化運動が起こった。1958年には中学校男女共修選択科目「技術科」が「技術・家庭科」に改編され，「男子向け」技術科と「女子向け」家庭科となるなど，全体的に男女別修の動きが強まった。こうして，1969年高等学校学習指導要領では女子必修化が盛り込まれた。

これに対して日教組を中心に，人権教育運動の視点から女子必修化に反対し，男女共修を求める声が高まった。指導要領実施を目前にした1974年には「家庭科の男女共修をもとめる会」（市川房江代表）が発足し，広範な運動を展開した。

一方，1979年に国連において採択された女性差別撤廃条約の批准に際し，家庭科の女子のみ必修や男女別展開が抵触することが指摘されるようになった。1980年に家庭科教育に関する検討会議（文部省省内）が開かれ，条約への抵触疑義回避のため，家庭科の女子のみ必修や男女別展開を男女同一課程に改めることで政治的合意が行われた。その結果，1985年には国連女性差別撤廃条約が批准され，1989年高等学校学習指導要領で1994年からの男女必修化実施が盛り込まれたのである。

以上の経過を鑑みるに，経済成長に伴うライフスタイルや意識の変化を背景に，人々の間で女性の権利についての理解の広まった1970年代から1980年代に，「家庭」の男女共修化が実現したことがわかるが，日教組等教員団体を中心とした地道な人権教育運動という基盤があったからこそ，その道筋が作られたといえよう。なお，1970年代に始まる男女共修化運動には，市川房江ら革新系の政治家が主流として関わるという政治的圧力（内圧）が存在したこと，さらには女性差別撤廃条約批准という国際的圧

力（外圧）も相まって男女共修必修化の実現に大きく動き出したということも確認しておく必要があろう。

4.2 新教科「情報」の設置に至る経緯

田中（1999）によれば新教科「情報」の設置の端緒は，1984年の臨時教育審議会諮問であった。その答申は早くも1989年高等学校学習指導要領改訂に反映され，数学や理科などの教科の関連する部分で分散して扱うように考慮するとされた。一方で，1988年から文部省科学研究費による情報教育に関する研究が進められ，分散教育から情報統合教育，つまり「情報」の独立教科化への下地が形成されていった。そして中央教育審議会は1996年，「学校や生徒の実態に応じて情報に関する教科・科目が履修できるように配慮」とする第一次答申を行った。

同年設置された，情報化の進展に対応した初等中等教育における情報教育の推進等に関する調査研究協力者会議（以下，協力者会議）では，「情報」の独立教科化について検討されたが，教育課程審議会は必修化について慎重であった。

このような中で1997年，財団法人社会経済生産性本部情報化推進国民会議や情報処理学会分科会などからも情報の独立必修化を求める声が高まり，教育課程審議会は1998年に独立必修教科「情報」設置を答申するに至るのである。

以上のように，臨時教育審議会への諮問を端緒としていることからわかるように，当初から政界主導で検討が進められ，さらに独立・必修化の段階では財界の積極的な関与があった。また，実現への動きが加速化する直前の1995年にはWindows95が登場し，情報化が一気に進んだという背景も忘れてはならない。

このように，いわば「政財学界総動員体制」に加えて時代の追い風に後押しをされる中で登場した教科「情報」であるが，一方で，独立必修化が議論され始めたのが改訂のわずか3年前であり，ごく短期間に最終的な形を整えたことは注目に値する。

● 5. 複数外国語必修化の可能性

　ここで，新教科「情報」の設置，教科「家庭」の男女共修化という先行2事例と，提言が求める複数外国語必修化について，①理念，②社会的推進勢力，③現場教員の理解・支持の3つの観点で比較し，実現のための課題を探りたい。

5.1 理念

　多言語教育の理念については，「はしがき」や「第Ⅰ部」で説いているところであるが，学習指導要領改訂に当たっては，教科「家庭」の男女共修必修化や新教科「情報」の設置のように，限られた時間内でさまざまな社会的要請を反映させる必要があり，教育課程編成においても授業時数調整が焦点化されるという現実がある。

　一方，「教育は，人格の完成を目指し，平和で民主的な国家および社会の形成者として必要な資質を備えた心身ともに健康な国民の育成を期して（教育基本法第1条）」行われるものであり，「学校の教育活動を進めるに当たっては，各学校において，生徒の生きる力をはぐくむことを目指（学習指導要領総則第1款1)」すものであることを，いま一度確認しておきたい。なぜならば，教育基本法や学習指導要領の趣旨に沿った，あるべき中等教育像をどのように描くのかという理念に関わる議論の上においてこそ，どの教科にどれだけの時間をどのような形で割り振るのかという，時間数調整が意味をもつからである。

　さて，その理念については，教科「家庭」，教科「情報」，複数外国語必修化の三者いずれも，情報化や国際化などの社会の急激な変化に対応しながら，男女平等や多文化共生，恒久平和の実現など，望ましい人類社会の実現をめざすという点で大きく共通している。とりわけ，恒久平和の実現《➡本書「はしがき」，第16章参照》は，世界中の国々が新しい状況に直面する今日，最優先にかつ究極的に実現すべき価値であり，複数外国語必修化により推進される多言語教育は，これに大きく貢献し得るものであることは多言を要しないであろう。

5.2 社会的推進勢力

次に，社会的推進勢力について見ると，残念ながら現状では，教科「情報」の設置や教科「家庭」の男女共修化時のように，強力な推進勢力を得ているとは言い難い。

政界，財界は，現段階では英語力強化に手一杯で，複数外国語教育を視野に入れる余裕がないというのが実情である。国際共通語を駆使するグローバル人材養成を急務とする産業界にあっても，一方で「現地語重視主義」を前提とするなど，多言語人材を重要視する傾向も認められるものの《➡本書第3章参照》，未だ主流とはなっていない。政財界に対する，より一層戦略的なロビー活動が望まれるところである。

一方，地域の特性や，これを生かした国際交流活動を進める地方自治体の政策を背景に英語以外の外国語科目が開設されている事例もある《➡本書第12章参照》。古くから外国人集住地域を抱える神奈川，大阪，兵庫，近隣国との経済的・人的交流を地域活性化の重要な戦略としている北海道，福岡，鳥取など，多様な外国語教育に対する需要のある自治体は多い。また，直近では，2020年にオリンピック・パラリンピック開催を控えている東京都が2014年に発表した「東京都長期ビジョン」が，「国際社会の第1線で活躍するグローバルリーダー養成のために，英語以外の外国語（韓・中・独・仏・西・露・伊）選択科目の実施拡大（中略）など多様な言語が学べる環境を充実」させるとし，2015年度には都立高校の在校生を対象に，7言語の講座を開設するなど具体策を実行に移していることは注目に値する。

5.3 現場教員の反応

高等学校における教科「家庭」男女共修化については，1974年の女子必修化の段階で，すでに家庭科教師という専門家集団が生まれていたことに加え，人権教育の流れを汲む教師らによる男女共修化運動が存在するなど，すでに学校現場に一定の地盤を築き，教員の理解・支持も得ていた。

その結果，たとえば神奈川においては，共修化が決まった1984年に，神奈川県高等学校教職員組合内に男女共修対策委員会が設置され，10年

後の実施時に予想される、いわゆる「共修ギャップ」(家庭科教員数倍増等に伴う現場の混乱)を緩和するために、県教育委員会と交渉しつつ段階的共修化を進めるという、前向きな取り組みを生み出した[7]。

情報教育については、そのような動きはなく、むしろ多くの教員が無関心であったり、学校文化の現状変更を漠然と不安視するといった空気が存在したものの、コンピューターの普及をはじめとする情報化の急進展を目の当たりにする中で、教科化の如何はともかく、情報教育の必要性自体を認識する土壌は形成されていたといえよう。

さて、それでは、多言語教育の拡充について、はたして現場教員の理解・支持を得られるかを考えたとき、提言本体でも示唆しているように、「英語さえままならないのに、2つめの外国語まで学ばせるのか」「国語や数学の基礎学力確保が先だ」等、疑問視する声が予想される。許容するとしても、「選択科目としてならまだしも、必修化など思いもよらない」といったところがせいぜいなのかもしれない。

一方で、英語に自信を喪失した生徒が、他の外国語学習での成功体験を通して、外国語学習に対する苦手意識を克服したり、英語学習に対するモチベーションまで取り戻すといった事例など、複数外国語教育の成果について、多くの現場教師は教室での実感として知っている。こうした事例や報告をみるにつけ、改めて現場教員に、多言語教育に対する理解・支持を求める必要性・正当性を痛感する。

そこで、最も近い足がかりとして考えられるのが、多文化共生教育運動との連携である。人権教育に源流を発しながら、開発教育などの流れを包摂して多文化共生教育運動は発展してきた。そして、もはや行政と現場教員が手を携えて推進するものとする考え方が、急速に定着しつつある。たとえば、神奈川県県民局国際課(2013)は「県民、NGO・NPO、市町村、企業などと共通認識のもとに連携した取組みを進めるため、県の国際施策を展開するにあたっての考え方、方向性を示す」ものとして、『かながわ国際施策推進指針』を策定している。その多文化共生社会実現のためには、

---

[7] 筆者が、神奈川県高等学校教職員組合家庭科小委員会で男女共修化運動に取り組んだ堀尾吉晴氏に、2014年に聞き取りをした内容である。

個人の価値観を相対化させる必要があるが，そのために多言語教育が寄与できることは極めて大きい。また，異文化理解，異文化間理解，言語政策，言語教育，文化教育，言語文化，言語文化教育などの分野に関する学会，研究会，諸機関と協働や連携しながら推進していくことができる。このような学会や研究会は，提言に賛同してくれるはずであり，これら関係者に呼びかけていくことが急務である。

なお付言するならば，大学における第二外国語教育の果たす役割も大きい。というのも，教員はすべからく大学教育を受けているのであるから，多くの者が，第二外国語教育の「受益者」であるはずである。ところで，彼(女)らのうち「幸福な」学びをした者とそうでない者の比率を見るときに，前者が後者を上回ると断言できるであろうか。「ああいう学びを高校生にもさせたい」と考える者こそが，多言語教育の積極的支持層となるはずである。大学において第二外国語教育を受ける者の，少なくとも過半の者が「幸福な」学びを経験できるように，これまた一層の授業改善が期待されるところである。

● おわりに

本章では，学習指導要領上，「第2の外国語」必修化のための新たな時間数確保の道筋を確認した後，教科・科目の枠組み変更について，教科「情報」と教科「家庭」の先行2事例を参考に検討した。教科の新設ではないという点では教科「家庭」男女共修に通じるものがある一方で，従前とは違う教員免許状をもつ者を新たに一定数採用して人事配置するという点では，教科「情報」新設を先例とできる点があった。つまり，提言の実現について，それにかかる時間や乗り越えるべき課題はともかくとして，一定の可能性を見出すことができたといっていいだろう。第15章では，教員人事・採用および養成の観点から，その可能性を現実化するために具体的な道筋を探りたい。

引用文献

田中規久雄 (1999)「教科「情報」新設に見る情報教育政策の一断面」『神戸大学大学院教育学研究会「研究論叢」』第 6 号, 11-20.
神奈川県県民局国際課 (2013)『かながわ国際施策推進指針』神奈川県.

第15章

教員の人事・採用および養成
―複数教科担当教員制を中心に―

山下 誠

● はじめに ………………………………………………………………

　提言（本書第Ⅴ部参照，以下「提言」）では，複数外国語必修化を求めているが，これは単に１つの学校に複数の外国語の授業を設置するということに留まらず，生徒一人ひとりが学習する言語を選択できてこそ意味があると考えている。その際「各地域・学校において選択肢として挙げられる外国語は４つ程度が望ましい」（第Ⅴ部, p. 249）としている。実際に用意できる選択肢の数はさまざまな条件により異なるが，そのためには少なくとも各学校ごとに複数の外国語の免許状を所持する者が人事配置されなければならない。本章では，そのための方策として，複数教科担当教員制の可能性について考察した上で，教員の採用および養成上の課題，および複数外国語必修化への移行期への対応について検討してみたい。

● 1．教員人事配置検討のためのモデル設定

　まず，提言では，履修すべき「第２の外国語」の単位数として「３年間の合計２～６単位が原則」としているが，本章での検討にあたっては，第２学年以降において２単位必履修とし，より発展的な学習を望む者には第３学年において２単位の学習機会を設け，状況に応じて開講する（必修２単

位，選択2単位）方策をモデルケースとして設定する。

　その理由は，第1に，第Ⅳ部第14章で見たとおり，第1学年のカリキュラムは，一般には現在すでに必履修となっている科目または基礎基本的な学習を担うとされる科目で占められていることが多く，新たに「第2の外国語」の授業時数を確保することは容易ではないからである。

　第2に，提言では，学習言語を複数言語から選択することとしているが，その際には履修指導を十分に行う必要がある。もし第1学年で「第2の外国語」を履修することになれば，その指導は入学前に行わざるを得ず，時間的な制約などから十分な指導を期待することは難しいと思われるからである。

　そして第3に，生徒の学習動機のあり方は個人によって濃淡があることを踏まえ，必修化によって一定の学習を全生徒に求めるものの，より発展的な学習の機会は，それを望む生徒のみを対象に用意するのが妥当と考えるからである。

　次に，教員の配置数は，「公立高等学校の適正配置及び教職員定数の標準等に関する法律」，いわゆる「定数法」により，学級数に応じて決められている。学校ごとの学級規模については，地域の状況等によりさまざまであるが，ここでは，神奈川県において適正な学級規模の上限とされる1学年8学級[1]をモデルケースとして，「第2の外国語」の教員配置の実際について検討する。

● 2. 複数教科担当教員の配置のもつ可能性

　自治体（都道府県市）や学校法人など高等学校の設置者によっても異なるが，一般に専任教員1人の授業持ち時間数は，おおむね16時間[2]である。このモデルケースで，第2学年以降で第2の外国語を2単位《➡本書

---

1) 「県立高校改革推進検討協議会審議結果—県立高校をめぐる現状と課題」において，「全日制の課程において活力があり多様な教育活動が展開できるよう適正な学級規模を18〜24学級とする」としている。なおこれは3学年合計の学級数である。
2) 高等学校学習指導要領第1章総則第2款2に，「単位については1単位時間を50分と（中略）する」と規定されている。

第14章3節参照》設置する場合，総授業時数は「2（単位）× 8（学級）＝週当たり16時間」となり，これと同水準である。つまり，「第2の外国語」を担当する専任教員を1校当たり1人配置することが可能だということである。

現在，非常勤講師に過度に依存している状況を鑑みて，このようにすることで教育条件の飛躍的な改善を図ることができる《➡本書第12章参照》。一方で，これでは当該教員が所持する免許状の言語の講座しか開講できないということも意味する。たとえば，図1のように，外国語（韓国・朝鮮語[3]）免許状を所持する専任教員Aが配置された場合には，開講できる「第2の外国語」の授業は，韓国・朝鮮語16時間のみということになる。

教員A：専任 ｛外国語（韓国・朝鮮語）｝
韓国・朝鮮語（16時間）

図1　1校に「第2の外国語」専任教員を1人配置した場合

しかし，「選択肢として挙げられる外国語は4つ程度が望ましい」とする提言の立場からすると，このような事態は避けたい。

複数言語の講座を開講するためには，別の言語の免許状を所持する非常勤教員を配置することが考えられるが，この場合，専任教員の授業持ち時間数が16時間を下回り，配置を継続することが困難になる。図2の例では，生徒の希望を生かすために中国語4時間分を非常勤講師が担当すると，韓国・朝鮮語担当の専任教諭の持ち時間は12時間となってしまう。

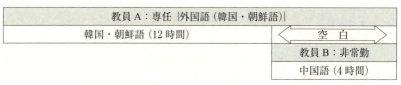

図2　1校に専任と非常勤教員が各1人の場合

---

3)　免許状は「外国語（朝鮮語）」「外国語（韓国語）」「外国語（韓国・朝鮮語）」の3種があり，大学によって取得できる免許状の種類が異なっている。本書では，この3種の免許状を総称して，「外国語（韓国・朝鮮語）」とする。

第15章 教員の人事・採用および養成—複数教科担当教員制を中心に—

そこでまず考えられるのが,「第2の外国語」を含む複数の教科の免許状を所持する者を採用・人事配置し,当該複数教科の授業を担当する（以下,複数教科担当教員）ことである。なおここでは,免許状所持様態として外国語（韓国・朝鮮語）と外国語（英語）を併せ所持する者および外国語（中国語）と国語を併せ所持する者を想定して,論を進める《➡本章第4節参照》。

図3の例では,先ほどと同様に生徒の希望を生かして中国語の授業を週4時間分開講するものの,国語の免許状を併せて所持する者が,国語の授業を12時間分担当する。一方,韓国・朝鮮語担当教員は,併せて免許状を所持する英語の授業を4時間担当する。このように複数教科担当教員が1校に2名配置された場合には,2言語の講座開設が可能となり,非常勤講師に頼らずとも,授業持ち時間16時間という条件を充足しつつ,複数の外国語の授業を設置できる。

教員A：専任 |外国語（英語）＋外国語（韓国・朝鮮語)|	
英語（4時間）	韓国・朝鮮語（12時間）
教員B：専任 |国語＋外国語（中国語)|	
国語（12時間）	中国語（4時間）

図3　1校に2名の複数教科担当教員を配置した場合

また,教員需給に余裕があり,非常勤教員の配置が可能であれば,さらに言語数を加えることもできる。たとえば,図3に加えて,さらに生徒の希望を生かしてロシア語の授業を4時間開講し,これを教員C（非常勤講師）が担当する。その分,もし韓国・朝鮮語の授業時間が減少した場合,持ち時間が減少した教員Aが,それに見合う4時間分を加えて英語の授業を計8時間担当する例が,図4になる。

教員A：専任 {外国語（英語）＋外国語（韓国・朝鮮語）}	
英語（8時間）	韓国・朝鮮語（8時間）
教員B：専任 {国語＋外国語（中国語）}	
国語（12時間）	中国語（4時間）
	教員C：非常勤
	ロシア語（4時間）

図4　1校に2名の複数教科担当教員と1名の非常勤教員の場合

　以上，神奈川県において適正な学級規模とされている (p. 221 参照) 1学年8学級規模をモデルケースとしたが，大都市地域はともかく，実際にはこれを下回る小規模の学校が多数存在する可能性が高い。1学年8学級規模校において，ようやく「第2の外国語」専任教員を1名配置できたのであるから，学級数がこれを下回った場合，そもそも専任教員を配置できず，非常勤教員に頼らざるを得なくなってしまうが，複数教科担当教員を配置できれば，このような問題も解消することができるのである。たとえば，図5は，韓国・朝鮮語と中国語の授業時数がそれぞれ4時間，合計しても8時間にしかならない例であるが，教員Aが英語12時間と，教員Bが国語12時間と併せて授業を担当することにより，両言語を担当とする専任教員を配置することができる。

教員A：専任 {外国語（英語）＋外国語（韓国・朝鮮語）}	
英語（12時間）	韓国・朝鮮語（4時間）
教員B：専任 {国語＋外国語（中国語）}	
国語（12時間）	中国語（4時間）

図5　1校に2人の複数教科担当教員を配置した小規模校の場合

　以上のように，複数教科担当教員制を導入すれば，提言が求める複数外国語必修化は十分に実現可能となるのである。なお，発展的学習を希望する生徒向けの選択授業が開講されれば，教員の持ち時間数は増えることになるが，年度による変動が予想されること，また開講される学校数も限定されることなどを勘案し，ここでは持ち時間算定の対象とはしていない。

第 15 章　教員の人事・採用および養成―複数教科担当教員制を中心に―　　225

● 3. 複数教科担当教員の採用・配置の可能性……………………

　それでは，複数教科担当教員の採用・人事配置は可能であろうか。

　現在，高等学校にあっては，自治体や学校法人などの設置者が 1 教科の免許状を所持する者を当該教科の教員として募集し，採用するのが通例である。複数免許状を所持していたり，採用後新たに他教科の免許状を取得した場合でも，人事配置は当初の採用教科の枠で行われるのが一般的であり，伝統的に教科の専門性を重視する傾向があった。

　しかし，近年に至り，先述の「情報」のみでなく「福祉」の採用試験においても，複数の免許状の所持を採用試験の出願要件とする都道府県が見られるようになった。中野 (2016) によれば，2016 年度「情報」の教員採用試験を実施した都道府県市のうち複数免許状の所持を出願用件とした（すなわち，複数教科担当教員が存在する）都道府県市が 12 となっていて，複数免許状の所持を出願要件とする都道府県は 2008 年の 7 に対して徐々にではあるが増加傾向にある。これらは，当該教科の授業時数が，教員の標準持ち時数（約 16 時間）に満たない学校への配置を想定してのものと考えられる。すなわち，教科「情報」の教員として採用され，初任校では「情報」のみを担当していた者が，次の勤務校での「情報」の授業時数が 16 時間に満たない場合，その時間数分もう 1 つの免許状教科の授業を担当（複数教科担当）できるようにし，人事異動の流動性と教育条件整備を行おうとしたものなのである。また，「情報」の募集はしないが，他教科の募集に当たって「情報」の免許状も併せて所持する者を求めていることを明文化している都道府県市が複数あったという。すなわち，複数教科担当教員制は，実はすでに定着しているのである。

　教科「情報」や「福祉」の採用・人事において複数教科担当教員制が一般化すれば，同じように複数教科担当教員がその多くを担うことが予想される複数外国語必修化にも，一定の展望が開けるであろう。

● 4. 複数教科担当教員養成の可能性

　第3節のように，複数教科担当教員制を中心軸に据えて複数外国語必修化を運営することを前提として，それでは，教員志望の学生が大学在学中に複数免許状の取得が可能であるのかどうかについて検討してみよう。

　まず，「情報」，「福祉」では，すでに複数免許状所持者の採用が行われているが，神奈川県で採用されている者の免許状所持様態を見ると「情報」の場合は，「数学」や「理科」を，「福祉」では「社会」の免許状を併せ所持する者が多いという[4]。これは，大学での学部における専門分野間の距離によるものと考えられる。

　それでは，「外国語（○○語）」を含む複数免許状所持状況はどうであろうか。国際文化フォーラム（1999）によれば，第2の外国語担当者の免許状所持様態は表1のごとくで，普通免許状，臨時免許状を含めた外国語（中国語）免許状所持者の中で複数免許状所持者が79名（43.9％）を占め，もう1つの教科は国語50名，英語20名の順となっている。一方，韓国・朝鮮語では複数免許状所持者が10名（19.6％）で，もう1つの教科は英語7名，その他3名の順となっている。これは，英語以外の外国語教育が拡大する2000年以前のデータではあるが，専攻別の免許状取得状況の一般的傾向を反映しているとするならば，今後複数教科担当教員制を前提に複数言語必修化をした際にも，中国語教育は国語，外国語（英語）免許状を，韓国・朝鮮語教育は外国語（英語）免許状を併せ所持する者を中心に担われていくことが考えられる。

---

[4] 筆者が，神奈川県立鶴見総合高等学校情報科教諭山田恭弘氏に，2015年に聞き取りをした内容である。

表1 免許状で見た担当教員数

中国語				韓国朝鮮語			
免許の科目と種類		教員数	(%)	免許の科目と種類		教員数	(%)
中国語	中国語のみ	40		朝鮮語	朝鮮語のみ	11	
	+国語	48			+英語	5	
	+英語	20			+その他	3	
	+その他	7				19	(37.3)
		115	(63.9)	臨時免許	臨時免許のみ	6	
臨時免許	臨時免許のみ	6			+英語	2	
	+社会	2				8	(15.7)
	+国語	1		他教科	英語	7	
	+国語+社会	1			国語	4	
		10	(5.6)		音楽	3	
他教科	国語	26			商業	2	
	社会	10			社会+その他	2	
	英語	9			農業	2	
	その他	10			その他	4	
		55	(30.6)			24	(47.1)

国際文化フォーラム (1999) より作成

　これまでに複数の免許状を取得した者の中には，本来は外国語（○○語）の教師をめざしていたが，その免許状だけでは教職につく見通しがないため，特段の覚悟をもって追加の免許状取得のための学業に励んだ者も少なくない。しかし，複数外国語必修化をめざすのであれば，当初から複数免許状所持を前提として両教科科目を担当することを志望する者を，大量に養成することが必要となる。

　現在でも大学の中には，外国語と国語，あるいは2つの外国語の免許状を取得できるようなカリキュラムを積極的に位置づけているところもあるというが，さらに多くの大学で，複数教科の免許状が取得できる課程を設けることが望まれるところである。

　しかし，大学4年間の在籍期間内に複数教科の免許状を取得するのは決してたやすいことではない。そのような中にあって，複数教科の免許状取得を促すためには，「外国語（英語）」と「外国語（○○語）」，あるいは，

「外国語（○○語）」と「外国語（□□語）」の複数免許状を取得しようとする際に，教科関連科目の一部を言語種共通に提供するなど，制度的工夫も考えられよう。これは，複数言語免許状取得のための負担軽減といった便宜的観点に留まらず，複言語主義的外国語教育を実現するという積極的な観点からも，検討に値すると思われる。

● 5. 移行期に備えて

第4節では，教員養成に関わる現状を踏まえた上で，「外国語（○○語）」免許状を含む複数教科免許状の取得をめざす教員養成のあり方について展望した。本節では，第2の外国語必修化実施前後の移行期に予想される課題について，先んじて整理をしておきたい。

第14章で述べたごとく，規模的には新教科設置に匹敵する改変ともいえる複数言語必修化が実施される場合，学習指導要領実施に合わせて一時期に相当数の教員が供給されなければならないが，これははたして可能だろうか。まず，同様に新教科設置に匹敵する改変であった家庭科男女共修化時，および新教科「情報」の設置時にこの問題にどのように対処されたのかを，先例として見ておきたい。

5.1 移行期の先例
5.1.1 「家庭」男女共修の場合

教科「家庭」の男女共修（必修）実施に当たっては，単純計算で従前のおおよそ2倍の教員が必要とされたわけだが，「現職教員の中には，自らの意思で『家庭』の免許状を取得して『転科』をするケースを除き，全体的に見ると教員採用に関しては，志望者にとって『狭き門が広き門になった程度』で，教員数が著しく不足することはなかった」という[5]。つまり，女子必修であった時点での教員採用試験受験者数と同水準の志願者により，定員が充足されたのである。言い換えれば，男女共修を行うに足る教員養成

---

5) 筆者が，神奈川県高等学校教職員組合家庭科小委員会で男女共修化運動に取り組んだ堀尾吉晴氏に，2014年に聞き取りをした内容である。

は，すでに行われていたということになる。

5.1.2 教科「情報」新設の場合

教科「情報」はまったくの新設教科であったために，免許状そのものがなく，学習指導要領改訂に合わせて「情報」の免許状が創設された。そして文科省は，4年後の新教育課程実施に必要とされる教員9000人を養成するために，図6に示すように（p. 230参照）高等学校新教科指導者研修協議会を発足させた。中野（2016）によれば，2003年度教員採用において，「情報」の採用試験を実施したのは2都県（応募60名），2004年度では7都県市（応募441名）であったが，このことから見ても，少なくとも新指導要領実施時点では，大学で養成された新任者ではなく，講習会で免許状を取得した現職教員の力にほぼ全面的に頼っていたのである。

5.2 「第2の外国語」必修化移行期に予想される課題

「第2の外国語」の場合，「家庭」と同様にすでに免許状そのものは制度化されていて，「情報」のように免許状の創設手続きの必要はない。一方で，すでに女子のみとはいえ必修化されていた「家庭」とは違って，学生の免許状取得ニーズが低く，教職課程を設置している大学数も少ない《➡本書第12章参照》といった現状のままでは，「第2の外国語」必修化に必要な人員をまかなうことは，到底不可能である。

一方で，英語以外の外国語の授業は，主として非常勤教師によって担われ，専任教員でこれを担当する者はほぼ例外的存在である現状にあっては，「第2の外国語」必修化は，当該言語の免許状をもつ者を，新規にかつ相当数確保しなければいけない点では「情報」の事例に通じるものがある。しかしながら，教科に関する科目20単位と同等の内容を，教科「情報」新設時のような14日間の講習だけで現職教員に習得させることは，外国語に関してはほぼ不可能であり，不適切である。なぜなら，ある外国語を教えるのには，その言語のある程度の運用能力が必要であるが，まったくの初心者がそのような運用能力を身につけるには集中的に学習しても一定の時間が必要だからである。もっとも，当該外国語をすでに身につけ

ている現職教員であれば大いに可能性のある方策である。

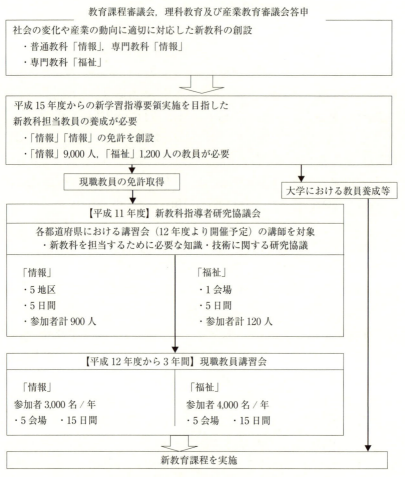

図6　高等学校新教科指導者研修協議会の概要（岩本1999）

　現職教員が当該外国語の教職課程をもつ大学での科目等履修により，この20単位を取得することも理論上は不可能ではないが，現場でのルーティン業務の傍らこれを達成できるのは，例外的な情熱をもつ者に限られるであろう。つまり，現状のままでは「第2の外国語」必修化に対応でき

るだけの教員を確保することは難しいといわざるを得ず，これを解決するためには，次のようなさまざまな革新的な措置を講ずる必要がある．

5.2.1 教員の確保

まず，第12章でも述べたように，夏季休業期間中に行う免許状法認定講習もしくは科目等履修特別講座の継続実施や，通信教育による教員免許状取得課程の設置促進に本気で取り組むことが不可欠であろう．

そして，忘れてならないのは，すでに「外国語（○○語）」免許状を所持しつつも，実際に何らかの形で当該言語の教育に携わることなく，免許状を「死蔵」させている人材の存在である．

国際文化フォーラム（1996）によれば，大東文化大学第一高等学校で1974年から22年間に受け入れた中国語の教育実習生の数は373名に上るが，1996年時点で高等学校の中国語教育に携わっているのは，そのうちわずか6名だという．不本意ながら教職を断念した367名の中には，「第2の外国語」が必修化された暁には，通信教育で国語など他教科の免許状を取得して，複数教科担当教員制の下，中国語教育に携わることができる人材が，相当数いるのではないだろうか．

現職教員ですでに複数教科の免許状を所持し，他の教科で採用されて，その教科のみを担当する者も含めれば，「第2の外国語」を担当できる潜在的人員は，無視できない数に上るものと予想される．複数外国語必修化を行う上では，このような人材の活躍にぜひ期待したいところである．

5.2.2 研修の充実

前節のような潜在的人材を活用する場合，問題となるのは，その教職についていなかった期間に外国語教育を取り巻く環境は変化を続けていることである．その目標・内容・新しい教授法に関する研鑽を積むことなく，また，語学運用能力のブラッシュアップもないまま，いきなり現場に立つことになれば，多言語教育の目標達成ができないだけでなく，必修化自体の意味を問われることになりかねない．ただ，これは現在授業に取り組んでいる現役教員にも通底する課題をも示唆している．

国際文化フォーラム (1999) によれば，1990年代当時，韓国・朝鮮語を学ぶ生徒たちの多くは多様な科目群の中から選択する自由選択の形を取っていたため，一定の動機付けをもって学んでいた。その後，韓国・朝鮮語教育を実施する高等学校数は増加したが，今も履修者の多くは一定の動機付けをもって韓国・朝鮮語を選択した生徒たちである。これに対して，提言のとおりに複数外国語必修化が実現した場合，複数言語の中から選択するとしても，消極的な選択の結果，授業に臨む生徒を多く含むことになり，これまでとは違った生徒層を対象とした授業を運営しなければならない。同様な理由から，クラス規模も，現在は一般的に小規模であるのに対して，必修化が実現後は学級定数と同じ40人規模となることが予想される。

　このように，複数外国語必修化が実現すれば，これまでとは根本的に異なり，動機付けに濃淡があり，かつ大規模なクラスでの授業を行わなければならないことも予想されるが，本提言に示した「すべての高校生に複数外国語の学習機会を保障すべきであるという理念」《➡本書第14章参照》に照らしてみたときに，大きな意味のあることであり，チャレンジするに値することなのである。

　このような状況に対して私たち高校教員はそれだけの授業力を身につけていかなければならない。そのためには，発達段階に差はあるものの，初習外国語という点では共通する小学校での「外国語活動」や，外国語として初習ではないが，発達段階が接近し，教科として学習する中学校での教科「英語」，そして，すでに英語を含む複数外国語を選択必修としている高等学校など，さまざまな実践を範として，地道で意欲的な授業作りの努力を，現職教員としても積み上げていく必要がある。さらに，このことは，必修化後の外国語教育を担うべき良質の教員を養成し，継続的に研修を行っていくための基盤ともなるであろう。

5.2.3 教員需給と教員採用

　教員採用試験は，教科ごと（免許状の区分ごと）に実施され，翌年度の教員需給計画に応じて，在職する教員数では不足する数を募集するのが一

般的である。ここで、教科「外国語」の「第2の外国語」部分に関する需給計画策定が通常と異なるのは、生徒の言語選択の自由度を確保し、そのニーズをストレートに需給計画に反映させた場合には、年度ごとに需給計画が変動し人事配置転換を迫られる可能性を否定できない点である。継続的な学校運営を行う必要から、このような事態は好ましくないが、複数の言語から生徒が選択できることが重要であることから、安定した教員需給と言語種選択の自由度の折り合いをつけるべく、策を見出さなければならない[6]。とりわけ、必修化実施時においては、多くの「第2の外国語」未実施校で、生徒が学びたい外国語のニーズをどう把握して中長期的な需給計画策定に結びつけていくかが課題となる。

そこで考えられるのが、この教科「家庭」の男女共修（必修）化実施時に神奈川県で行われたような、数年をかけて生徒のニーズと需給計画策定の調整を図る「段階的前倒導入」である。つまり、指導要領改訂に先立って、①教科「外国語」の学校設定科目として、まず7言語のうち数言語を自由選択科目として設置し、②生徒のニーズを見極めつつ段階的に自由選択から必修選択に移行することにより、③中長期的な視野に立った教員需給計画の策定と段階的な教員採用を行い、円滑な人事配置の方途を探るのである。

特に、「第2の外国語」の教員人事については、第2～4節で述べたように複数教科担当教員制を前提とすべきであるため、教育委員会側が教員採用にあたって、「外国語（〇〇語）」免許状と他教科免許状を併せて所持する者を優先的に採用したり、他教科の現職教員で「外国語（〇〇語）」免許状を追加取得した者を何らかの形で優遇するなど、一定のインセンティブを与えて、他教科を担当しながら徐々に「第2の外国語」に遷移していくなど、実効性のある仕組みを講じる必要があろう。

---

[6] 事実、従前から高校教育において第2外国語教育が制度化されていたが、近年に至って、言語種を学校選択から生徒選択にした韓国では、同様な問題が起こり、対応策に苦慮していることが報告されている《➡本書第8章参照》。

● おわりに

　以上，本章の論考を通して，複数外国語必修化のために必要な教員採用・配置および養成上の課題を改めて確認する一方で，決して平坦ではないものの，それらの課題を解決しつつ，提言を実現していくための具体的な道筋をも示すことができた。

　提言の実現は，言うまでもなく一筋縄ではいかない。実現のための課題は山積しており，確かに容易に解決されるようには見えない。しかし，だからといってそれは，座して無為を重ねる理由にはならない。

　かつてベルサイユの球戯場に集い，王に反旗を翻した人々のその挙は，確かな公算あってのものではなかったはずである。しかし，それは長年にわたる専制を旧体制として葬る革命の緒となり，やがて自由と平等の理念を地上に実現して近代社会の礎を築いたのではなかったか。本提言について，仮に今，多くの賛同を得られないとしても，後世必ずや，歴史を動かす「先見の明」であったとの評価を得るのではないだろうか。

　提言は，次々期学習指導要領改訂（2029年ごろ）を実現の目途としているが，それにしても我々に与えられた時間は10年余にすぎない。広範かつ現実的な議論を今すぐにでも巻き起こし，実行に移していく必要がある。本章が，そのために資するものであれば幸いである。

引用文献
岩本宗司 (1999)「教科「情報」と教員養成」情報教育シンポジウム資料．
国際文化フォーラム (1994)『いま高校の中国語教育を問い直す―外国語教育が直面する課題と提言―』国際文化フォーラム．
国際文化フォーラム (1999)『日本の高等学校における韓国語教育―中国語教育との比較で見る―』国際文化フォーラム．
中野由章 (2016) 中野情報教育研究室 <http://www.nakano.ac/> (2016.2.5 閲覧)

第Ⅴ部
多言語教育推進のための提言と学習指導要領案

第16章

外国語教育と「考える力」
―「提言」と「第2の外国語学習指導要領案」の特徴―

杉谷 眞佐子

● はじめに

「日本言語政策学会」（Japan Association of Language Policy，以下JALP）のSIG「多言語教育推進研究会」（代表：古石篤子，顧問：森住衛）は，「グローバル人材育成のための外国語教育政策に関する提言―高等学校における複数外国語必修化に向けて―」をまとめ，2014年2月に文部科学省，外務省，経済産業省，教育再生実行会議，文部科学省の初等中等教育局国際教育課・教育推進室など140余りのさまざまな関係機関・団体，および各都道府県の教育委員会へ送付した。この提言は，JALPの大会での全体シンポジウム「日本の外国語教育政策への提言―英語以外の外国語の選択必修化を求めて―」（2012年），第1分科会「『もうひとつの学習指導要領』を考える―「構造」から「行動」へ―」（2013年）で，会員・非会員を含めた意見交換の結果でもある[1]。

私たちはこのような企画を通じて，主に2つのことを主張してきた。第1に，グローバル化が進む時代，教科「外国語」に，英語以外の外国語の学習を体系的に位置づけ，多くの生徒が，英語を含め2つの外国語に触れて中等教育段階を修了すべきだということである。第2に，「外国語教育

---

1) 詳細は日本言語政策学会第14回大会（麗澤大学，6月9日），第15回大会（桜美林大学，6月2日）の各予稿集を参照いただきたい。

第16章　外国語教育と「考える力」―「提言」と「第2の外国語学習指導要領案」の特徴―　237

における考える力」の育成である。外国語教育に対しては，従来より，「考えるより文法の丸暗記」などという指導や，あるいはその反動としてか，「文法より会話」などと日常会話のみを中心としたやや表層的な「コミュニケーション論」が主張されたりするなど，振幅の激しい「主観的学習理論」が混在していた。その1つの要因としては，第2節で述べるように，学校教育では英語が今日，いわば国籍に縛られない，換言すれば，無国籍の「国際共通語」として扱われていることが考えられる。私たちは，そうではなく，「第2の外国語の学習指導要領案」で，3.で述べるように，各言語の社会文化を取り上げ，そこに根差したテーマをもとに自文化との比較などを含めた「言語と文化を統合する外国語学習」を提案し，グローバル化が進む時代を生きる生徒たちの「考える力」の育成をめざしたのである。

　今回は高等学校のみを取り上げたが，就学前教育や小学校，中学校，さらには大学など，年齢や学習環境に応じた目標や教授法を考慮し，体系的に外国語教育を組み立てることが必要であろう。グローバル化が進む世界で，公教育の場における外国語教育は，貴重な「人材育成の場」でもある。

　提言の理念やその具体化策等に関しては本書の特に第Ⅰ部および第Ⅳ部の諸論に詳しい。本章では，「提言」および「学習指導要領案」の作成の経緯と特徴を紹介したい。「提言」および「学習指導要領案」の全文，およびその公表に関する経緯などが紹介されている「会報」（No. 19）が，JALPのWebサイトに掲載されているので，併せてご覧いただきたい[2]。

● 1.「提言」および「学習指導要領案」の作成 ……………………

　JALPの本研究会活動が具体的な提言作成へと実を結んだのは，日本の諸分野でグローバル化への対応が求められながら，肝心の外国語教育の場での対応が偏っていることへの危機感からであった。多方向への相互依存が進む変化の時代，本書第Ⅱ部で見てきたように多くの国で，時に試行錯誤を含みつつも，複数外国語教育が普通教育の課題として認識され，「英

---

[2]　日本言語政策学会「多言語教育推進研究会の提言」<http://jalp.jp/wp/?page_id=1069>

語プラス1」あるいは「英語プラス2」の政策へと舵が切られている。

　他方，日本では英語教育への一極集中が進み，それが「グローバル化」だと認識（あるいは誤認？）されている嫌いがある。本書の「多言語教育の理念」や「公教育における多言語教育」が論じているように，多極化する世界をより適切に解釈し，自分の生き方を築いていくための能力の基礎を育成することは，公教育の課題である。そのような能力育成の場として，外国語教育のもつ意義と可能性は大きい。しかし，そのことは英語1言語のみの学習を意味しない。なぜならば「国際共通語としての英語」だけでは，多様な価値観が混在する社会や文化への対応力育成には不十分であることが多いのだ。「互いの文化的アイデンティティ」や異なる社会的実践を，より適切により深く理解するためには不十分だということである。さらに，そのような不十分さが意識されなくなる危険性さえはらんでいる《➡本書第2章参照》。

　多様性への感覚や，多様性を積極的に認めようとする態度の育成に「複数の言語に少しでも触れた『教養的』な効果は大きい。英語プラス他の言語を学んだ若者と，英語だけしか学んでいない若者の間には言語文化観や世界観に大きな開きが生じる」《➡本書第1章参照》。

　このような考え方に対し，日本の文部科学省の現行の「外国語」の学習指導要領は実質的には英語に関してのみ策定され，「他の外国語は英語に準じる」とされている。英語以外の外国語に対しては，通常，学習時間数が異なるにも関わらず，また学習目標が異なる可能性があるにも関わらず，具体的な目標や指導標準について何も触れられていない。

● 2.「第2の外国語」の学習指導要領上の位置づけ …………

2.1 現行の教科「外国語」の学習指導要領の特徴

　現行の「学習指導要領（高校）」では，学習目標に関して「外国語を通じて言語や文化に対する理解を深め，積極的にコミュニケーションを図ろうとする態度の育成を図り，情報や考えなどを的確に理解したり適切に伝えたりするコミュニケーション能力を養う」とある。

他方で，教科を構成する科目は，「コミュニケーション英語基礎，コミュニケーション英語Ⅰ，コミュニケーション英語Ⅱ，コミュニケーション英語Ⅲ，英語表現Ⅰ，英語表現Ⅱ，英語会話」と並んでいる。やや穿った見方をすれば，学習目標として，「音声言語を中心とする言語運用能力」が強調されているようで，「言語や文化に対する理解を深める」契機や具体的な記述が，残念ながらあまり見出されない。
　題材に関する記述についても，第4款「各科目にわたる指導計画の作成と内容の取扱い」で，「その外国語を日常使用している人々を中心とする世界の人々及び日本人の日常生活，風俗習慣，物語，地理，歴史，伝統文化や自然科学などに関するものの中から，生徒の発達の段階及び興味・関心に即して適切な題材を変化をもたせて取り上げる」とあるが，この極めて抽象的な表現のみである。
　このような現在の学習指導要領に対し，私たちは複数外国語教育の実質的な制度の充実を求めている。その目標や方法に関しては提言に述べられているが，ここではその主要な特徴を確認しておきたい。
　まず，現行の学習指導要領では教科「外国語」の中に，上記のように英語に関する7科目の記述があり，それに続き「第8　その他の外国語に関する科目」とある。しかし，その箇所では既述のように，「英語に関する各科目，および内容に準じる」という主旨の記述があるのみなのだ。それに対し，私たちは「第2の外国語」としての7言語それぞれに，具体的な学習指導要領案を作成した（p. 253以降参照）。将来を担う生徒たちが，その中で少なくとも1言語を選択履修し，本来は，本書ⅱページにあるように，国際コミュニケーションの補助語としていわば援用されている「国際共通語」としての英語のみではなく，最低もう1つの外国語の学習を行うこと，そしてその学習を通じて，広い視野と複眼的な思考力がより具体的に育っていくことを願っている。
　ところで，「第2の外国語」を「科目」と位置づけることに違和感を覚える方がいるかもしれない。「提言」では「第2の外国語」に関して，教科か科目かをあえて明記していない。なぜならば「第2の外国語」の体系的な導入は，教員養成のカリキュラムや機関の整備・拡充，採用・研修から教

科書作成等に至るまで，第IV部で論じているように，実質的には新教科の導入に類する対応が必要とされるからである。しかし他方で，現行の指導要領は「英語以外の外国語」を教科「外国語」の中に位置づけ，既述の1から7までの英語の7科目に並ぶ，第8の科目として扱っている。そこから上記の「英語に準じる」というような表現が出てくるのかもしれない。

それに対し，複数外国語教育の実質的な制度化を検討することは，後述のように，グローバル時代の教科「外国語」の役割に，量的のみならず，質的にも新しい地平を拓くことに通じる。

2.2 複数外国語教育の必要性

現行の学習指導要領が，英語一極集中を促すとも取れる科目構成を取るには，それなりの理由が考えられる。それは，グローバル化の中で英語が国際コミュニケーションのツールとして果たす役割である。その役割がICT等を通じてさらに拡大する局面をもつことは，多くの地域で観察され得る。問題は，このような「国際共通語」（観点を変えれば「国際補助語」）が果たして，多様性への気づきや異文化理解力を育成するための「外国語」と同質の「外国語」といえるのか，という疑問である。

今回の提言や学習指導要領案は，「グローバル人材育成」を掲げ，異言語や異文化に対する多様性への視点や異文化対応能力の育成を試みたもので，その意味で，次に述べていくように「考える外国語教育」をめざしている。

● 3.「第2の外国語」提案の意義

冒頭で述べたように，「第2の外国語」学習指導要領案は，単に言語の数を増やしたのみでなく，「考える力」を育てる外国語学習をめざしている。以下後者に関して，大きく2つの側面について述べておきたい。

まず第1に，最初に外国語を学ぶとき，生徒たちは，母語との違いを驚きをもって受け止めるだろう。たとえば，父母・兄弟姉妹・親族などの呼称が異なり，その背景に人間存在をどのようにカテゴリー化するかが，言

語や文化により異なることを知る。それまで「あたりまえ」と思っていた日本語社会のカテゴリー化，すなわち「世界の見方」が，普遍的ではないことに気づく。

　また，対人関係を築く際，相手に呼びかけることばが必要となる。たとえば英語しか知らない生徒は，英語の呼びかけやその使用方法が母語文化圏以外でも通用すると「普遍化する」。しかし，英語と言語的に近いとされるドイツ語でも，相手への呼びかけには親称と敬称の2種類があり，使い分けねばならない。その結果，アメリカでは初対面でも，ファーストネームで呼びかけることが親しさの演出として評価されるかもしれない。しかし，ドイツではファーストネームで呼ぶためには，ある種の「儀式」が必要である。特に年長者に対しては注意する方がよい。

　外国語を学ぶことで，母語の特徴に気づき，「なぜだろう」と考えることが促される。言語は対人関係構築や，情報交換の重要な道具であるが，その道具や道具の使い方自体を考察する能力を育てることは，大変重要なことである。同様に，第2の外国語を学習することで，第1の外国語──英語や，英語による「世界のカテゴリー化」──を「国際共通語」として単純に普遍化することが，問題であることにも気づいていくだろう。このような「気づき」や「考える力」は，グローバル化社会で生きていく上で，基礎的な能力とみなされるのではないだろうか？

　このような考えから，私たちは，グローバル時代の新しい教養教育として，異文化と自文化の比較・検討による思考を通じて外国語を学習するという，「考える外国語教育」をめざしたのである。

　「考える外国語教育」をめざす第2の特徴は，取り上げる題材内容にある。外国語の学習では，技能習得は重要である。しかし，言語を学ぶ際の内容も重要であると考える。その意味で，コンテンツをより重視した外国語教育といえよう。

　内容選択に当たっては，学習者が受動的に受け取るのではなく，積極的に関心をもち，関与し，表現していく過程を重視した。したがって，学習者が接する直接・間接の世界を考慮し，それを起点に学習を進める方針を取った。それぞれの言語は，たとえば「(3) 題材内容」や「(4) 題材内容の

取扱い」などで，初級段階でも，同年齢層の日常生活や関心事を契機に，相手の社会や文化への関心を広げ，相互理解を進めるような題材や学習方法が選ばれている。授業時数の関係もありコンテンツは厳選されているが，自己の生活や関心事項と学習対象の社会・文化圏の様子を比較し，考えながら表現し，自己の文化を振り返り，さらに表現を広げていくような課題が工夫されている。本学習指導要領案はもちろん完璧なものではなく，今後さらに改善されていく必要があるだろう。しかし，初めての試みとして，次の3点の具体的な特色をもって作成されたことを述べておきたい。

(1) 学習言語の選定には種々の議論がある。今回は「はしがき」にあるように，国連公用語，および日本と歴史的にも深い関係にある2言語を取り入れ，7言語（アラビア語，韓国・朝鮮語，スペイン語，中国語，ドイツ語，フランス語，ロシア語［五十音順］）とした。グローバル人材育成を掲げ，今後の外国語教育を考えるに当たり，日本ではまだあまり普及してはいないが国連公用語であり，重要な文化圏を代表する言語でもあるアラビア語を取り上げたことを強調しておきたい。

(2) 外国語教育の改善に関する取り組みは，従来，言語別，あるいは類似の言語群別で進められる傾向にあった。しかし今回の「多言語教育推進研究会」のプロジェクトでは，言語横断的に議論が進められた。すなわち，ドイツ語，フランス語，スペイン語のヨーロッパ系言語群，ヨーロッパからアジアに広がり日本の近隣国でもあるロシアの言語，そして歴史的にも深い関係にある近隣国の言語，中国語，韓国・朝鮮語，さらにはアラビア語や英語，そして「外国語としての日本語」の言語教育の実践と理論に取り組む専門家が集まり，共通の課題であるグローバル化へ向けて，外国語教育のあり方について率直な意見交換を行ったのである。9言語間の横断的アプローチからは，お互いに学び合うことが多かった。

(3) 言語のみならず学校段階を超えても，連携のアプローチが試みら

第16章 外国語教育と「考える力」―「提言」と「第2の外国語学習指導要領案」の特徴― 243

れた。学習指導要領案作成に際しては，高等学校の現場で実際に当該言語を教えている教員の方々と一緒に，その目標や指導方法に関して「高大連携」の議論が進められたのである。各担当者や所属機関については，本書の「提言」をご覧いただきたい。本学習指導要領案は，グローバル人材育成を掲げる外国語教育をめざし，「考える外国語教育」を学習目標や教授法の次元で追求している。それはコミュニケーションに対する考えにも表現されており，7言語に共通した目標として次のように書かれている。

　複数の外国語の学習を通じて，自他の言語や文化に対する複眼的な理解を深め，文化的多様性に対する寛容な精神と，複数の価値観が出会う場所での思考や行動の基盤を育成しつつ，学習した言語による聞くこと，話すこと，読むこと，書くことなどのコミュニケーション能力の基礎を養う。

　この目標を実現するために私たちは，現行学習指導要領では上記のように，抽象的表現に終わり具体性が乏しい，異文化理解学習と言語学習の内的関連付けをめざしたのである。簡単にいえば，「まず文法を，そして次に文化を」という類の「学習順序」ではなく，「言語と文化の統合的な学習」がめざされているのである。題材に応じて，時に調べ学習を取り入れての意見表明の練習など，教授法の次元でも工夫されている。また，地理や歴史，あるいは国語，音楽などとの，科目横断的な外国語学習を積極的に提案している。

● おわりに

　以上述べてきたように，本学習指導要領案は量と質の両面で新しい外国語教育を提言している。否，実質的には外国語教育の再検討を提言している要素もあるといえよう。英語が「国際共通語」として，ある意味で「脱・個別社会文化の言語」とみなされてきたのに対し，個別の言語社会文化圏

にこだわり,そこに根差した「異言語と異文化の統合的な学習の場」として,「外国語」の学習がめざされているのである。

　本書で論じてきたように,グローバル化の時代,多くの国の中等教育段階で,複数外国語教育が制度化,あるいは拡充されてきている。たとえば韓国でも2011年,教育科学技術部が「第二外国語科教育課程」で,学校教育における外国語教育は実用的な価値だけでなく,外国語学習を通じて別の文化に対する視点を育て,人格の成長を図ることの重要性を強調している《➡本書第8章参照》。多様性に対し,より深い理解と対応能力をもつ人材を育てる場として「脱・個別社会文化」の「国際共通語」(国際補助語)としての英語は,もはや「外国語」ではないという意見さえある。そのような時代,具体的な個別の社会文化に根差す第2の「外国語」の教育を通じて,言語や文化について考える力を育成し,普通教育の課程でグローバル時代の「教養教育」として実施することの意義は極めて大きいと思われる。同時に,このことは,将来の世代に対する社会的責任である,ともいえるのではないだろうか。

2014 年 2 月 23 日

文部科学大臣　下村 博文 殿
中央教育審議会 会長　安西 祐一郎 殿
政府 教育再生実行会議 座長　鎌田 薫 殿
自由民主党 教育再生実行本部 本部長　遠藤 利明 殿

グローバル人材育成のための外国語教育政策に関する提言
——高等学校における複数外国語必修化に向けて——

日本言語政策学会 (JALP)
会長　森住 衛
JALP 多言語教育推進研究会
代表　古石 篤子

はじめに —— 本研究会設立の経緯と提言骨子

　日本言語政策学会は，第 14 回研究大会 (2012 年 6 月 9 日 麗澤大学) の全体シンポジウムで，我が国の言語政策を問い直す一環として，英語以外の外国語教育政策を取り上げました。これを受けて，第 15 回記念研究大会 (2013 年 6 月 2 日 桜美林大学) の第 1 分科会で，具体的に学習指導要領がどのようになるべきかなどに関して話し合いました。その後，このテーマに関するプロジェクトチームとして，「JALP 多言語教育推進研究会」を立ち上げ，9 回の議論を経てまとめたものが今回の提言です。その骨子は，高等学校において，英語に加えて「第 2 の外国語」を必修選択科目と位置づけ，すべての高校生が「英語＋その他一つの外国語」を学べる環境を保障しようということです。

　取り上げる言語は，当初のシンポジウムおよび第 1 分科会のときは，韓国・朝鮮語，中国語，ドイツ語，フランス語，ロシア語 (言語名の五十音順) でしたが，これにアラビア語とスペイン語を加え，英語を除いた 5 国連公用語，および韓国・朝鮮語，ドイツ語の 7 言語としました。国連公用語を取り上げるのは，その目的上，異論がないと思います。これに，韓国・朝鮮語を加えたのは，この言語が古来，日本と深い関係にある地域の言語だからです。ドイツ語を取り上げているのは，明治以来，英語やフランス語と並んで日本の近代化に大きく関与してきた言語であるからです。この他の言語，たとえば，日本と関係の深いブラジル・ポルトガル語，タガログ語，あるいは，近年関係が深くなっている東南アジア諸国連合 (ASEAN) 諸国の言語などは追加されて然るべきです

が，今回は上記の7言語にしぼっています。また，この提言の具体化のために，上記7言語のそれぞれの学習指導要領の素案も別紙にて添付いたします。

本提言の理念 ── 人格形成と恒久平和に資する多言語教育

　具体的な提言に先立ち，なぜ私たちがこの提言を出すのか，その理念と立脚点を述べさせていただきます。一言で表しますと，日本の子どもたちや若者に多様な外国語を学ぶ機会を与えることは，母語・母文化の客観視や複眼的思考，創造性の触発など個人の人格形成に資することになると同時に，これが，共同体の多様性を維持・促進し，他国や他文化の尊重につながり，究極的には世界の恒久平和に資することになると考えるからです。

　グローバル化には，「統一化」と「多様化」という2つの側面がありますが，私たちは，「統一化」もさることながら，21世紀のグローバル化時代には「多様化」がより重要な意味を持つと考えています。経済・文化面では世界の一体化が進む一方で，国境を超えた経済活動やインターネットなどの普及，そして人の移動により，社会的にも個人的にも異文化との距離はますます接近し，多様性は否応なく拡大しています。21世紀を生きる人々はこれに適応していかなければなりません。多文化主義を政策として打ち出している国々の理念に見られるように，この多様性こそが文化を豊かにし社会に活力を与える原動力となるのです。

　現在，国際共通語とされる英語は，コミュニケーションの道具として有用かつ必須であることは事実ですが，企業やマスコミの情報収集において，英語のみに頼ることには危うさが伴うことはつとに指摘されているとおりです。英語の常用されていない地域のことを理解するのに英語だけで十分でないことは，外国人が日本のことを理解するのに日本語を解さない場合を考えてみても明らかです。世界の多くの言語には，その言語が話されている地域の文化が色濃く反映されているため，その言語のほんの初歩を知っているだけでも，その文化への理解度や共感度は大きく異なってきます。「ことばは知なり，知は愛なり」と言われるように，外国語を学習した人の多くは，その言語が用いられる文化や人々に対する関心が高く，親しみや愛着を感じる傾向にあります。そのため，仮に相手との間で問題が起こっても，なんとか解決しようと努力するであろうことが期待されます。数世紀にわたって戦火を交えてきた欧州では，平和を保障するための手段の一つとして，すべての欧州人が母語の他に二つの言語を学習すべしという方針が80年代から推進され，2002年の欧州連合（EU）のバルセロナ宣言に結実しました。その前年には欧州評議会から複言語主義をうたう『ヨーロッパ言語共通参照枠』（CEFR）も発表されており，外国語学習による相互理解と平和維持への貢献が期待されていることが

わかります。

　公教育の目的は子どもたちの人格形成と社会化を助けること、そして日本社会および国際社会に貢献する人材の育成にあります。感受性の豊かな子どもたちに複数の外国語を学ぶ機会を保障することは、それぞれの言語で表現される文化や価値観を相対的に眺めることができる幅広い視野と複眼的で柔軟な思考を育てるのに非常に効果的です。

　世界を見渡しますと、母語と国際共通語としての英語以外の言語を公教育で導入する年齢は、欧米でも近隣のアジア諸国でも初等・中等教育段階であるのが普通で、大学で初めて学ぶという例の方がむしろ稀です。言語や文化の異なる国の人々と協調し、対等に議論し、競争にも耐えうる、そして日々刻々変化していく社会に対応できる真の「グローバル人材」を育成するには、若いうちからの多言語教育が極めて重要だと認識されているということの表れです。

　このことは、内なる国際化、すなわち、我が国内の多文化共生の視点から見ても重要です。東日本大震災の後、総務省は『多文化共生の推進に関する研究会報告書～災害時のより円滑な外国人住民対応に向けて～』を2012年12月に発表しました。その中に多言語による情報提供が含まれていますが、これはとりもなおさず、英語と日本語だけでは現実に対応できないことの証左ではないでしょうか。震災のような非常時だけでなく、「国籍や民族などの異なる人々が、互いの文化的違いを認め合い、対等な関係を築こうとしながら、地域社会の構成員として生きていく」多文化共生社会（総務省『同報告書～地域における多文化共生～』2006）の実現のためにも、多言語教育は必須だといえます。

予想される反論 —— その回答

　このように子どもたちや若者に複数の外国語の学習を保障するのは、もはや時代の要請と言えますが、この議論はともすると反論に遭います。英語すらできないのに、その他の言語など学ぶ余裕はない、他の言語に興味や関心を持たせたり、学習時間を割いたりしたら、日本人の英語力をますます減退させてしまう、したがって、英語だけで十分であるという反論です。しかし、百歩譲ってそうだとしても、英語以外の様々な言語に触れた経験のある若者が社会に多数存在することの方が、個人的にも、社会的にも、意義が大きいのではないでしょうか。そもそも日本語とは構造の大きく異なる英語の学習に、すべての子どもたちがうまく適応できるとは限りませんし、英語をほとんど唯一の外国語として教えられることにより、英語に絶対的な価値を見出すような偏った考え方に染まってしまったり、外国語は日本語とはまったく異質なものであるという先入観を植え付けられてしまったりするおそれもあります。しかし、たとえば、語彙や統語の点

で日本語と非常によく似た韓国・朝鮮語や，音韻の点で日本語と似ているスペイン語，あるいは英語と似た語彙や文法構造を持つドイツ語を学ぶことにより，子どもたちは言語や文化の普遍性と個別性に気づき，新たな世界観を獲得することができるはずです。

また，日本の現行の制度でも英語以外の言語の履修ができる，という反論もあります。確かに学習指導要領の教科名は「外国語」であり，英語以外の外国語も学ぶことができるようにはなっています。しかし，実質的には英語の学習指導要領しかなく，一般の大学入試においてもほとんどの場合，英語が前提とされている現状では，英語以外の外国語を選択する／させることには暗黙の圧力があり，他の言語を学習したくても，大部分の生徒が英語を学習する他に選択肢がないのが現実ではないでしょうか。たとえば日本と似た学制や受験制度を持つ韓国では約70万人に上る中学生・高校生が日本語を学習している（国際交流基金『海外の日本語教育の現状』2012）のに対し，韓国・朝鮮語を学習する日本の中学生・高校生は1万2000人弱（文部科学省『平成23年度高等学校等における国際交流等の状況について』2012）に過ぎません。

日本ではこの30年ほど外国語学習の「英語化」が強化されてきました。その結果，全般的に「外国語＝英語」という非常に貧しい言語観に陥ってきているように見受けられます。今回の私たちの提言はこの状況に歯止めをかけ，外国語教育の本来の目的，すなわち，いろいろな外国語の学習を通じて言語や文化に対する理解を深め，積極的にコミュニケーションを図ろうとする態度の育成とコミュニケーション能力の基礎を養うということを実現するために，複数の外国語の履修を制度として確立しようとするものです。これは，1979年に高等学校の教育課程や学習指導要領において，教科名を「英語」から「外国語」に広げた文部科学省（当時は文部省）の意図とも合致しています。日本の子どもたちが複数の外国語を履修して社会に出れば，その本人の人格形成や異文化理解はいうまでもなく，現在，国際交流として展開されているいろいろな国や地域との経済的・政治的交流もその基盤や前提が保障されます。

本提言の核心 ── 高等学校における複数外国語必修化

以上の趣旨に鑑み，日本言語政策学会多言語教育推進研究会は，高等学校における複数外国語必修化の推進を提言します。外国語教育は，幼稚園から大学院に至るまでに関わりますが，グローバル人材育成の観点から本研究会では高等学校段階での複数外国語教育の必修化が最優先事項であると考えます。

(1) 教育課程
　　第2の外国語を「選択必修」とする。

具体的には以下のような教育課程を考えています。授業時数（単位数）については，これまで英語以外の外国語の履修がまったくなかったケースを想定して規定したものであり，既に特色ある教育として英語以外の外国語教育を実施している高等学校の場合はこれによらないことはいうまでもありません。

	履修形態	単位数
外国語	現行と同じ。	現行と同じ。
第2の外国語（上記の外国語以外）	7言語（アラビア語，韓国・朝鮮語，スペイン語，中国語，ドイツ語，フランス語，ロシア語）のうちから一つの外国語を選択必修科目とする*。	3年間の合計2～6単位が原則。

＊各地域・学校において選択肢として挙げられる外国語は4言語程度が望ましい。また，一つ目の外国語が英語以外の場合，「第2の外国語」として英語を履修することもありうる。

(2) 学習指導要領

現在，「英語に準ずる」としている英語以外の外国語の学習指導要領を言語ごとに定める。

この高等学校における複数外国語必修化の提言を実行に移すには，高校の教員配置の変更，担当する教員の大学における養成をはじめ，根本的な対応を迫られます。外国語大学や外国語学部の増設，これら英語以外の外国語での大学受験の保障なども視野に入れなければなりません。また，各外国語の教科書検定も必要になってきます。

参考になるのは，韓国の例です。国内市場が小さい韓国では日本以上に英語力の強化に力を入れ，成果を上げてきたとされますが，第二外国語が高等学校ではもちろん，中学校の教育課程にも位置づけられています。選択の枠も，アラビア語，スペイン語，中国語，ドイツ語，日本語，フランス語，ベトナム語，ロシア語の8言語に及びます。最近ではこの選択枠に情報教育や漢字教育も入ってきたために幾分トーンダウンしているとも言われていますが，少なくとも中等教育における第二外国語学習を保障しているという点で，韓国の外国語教育政策は優れた先行例になります。

学習指導要領（案）── 各外国語独自の版の作成

別紙に，7言語（五十音順で，アラビア語，韓国・朝鮮語，スペイン語，中国語，ドイツ語，フランス語，ロシア語）の学習指導要領の素案を添付します。ここには，高校で初めてそれぞれの言語を履修するとの前提で，以下の項目について記述しています。

想定する授業時数は，上に記しましたが，今回提案するのは，各学年1単位計3単位（1学年35時間，計105時間）の学習指導要領（案）です。各言語の学習指導要領案は，本学会多言語教育推進研究会のそれぞれの外国語担当者を中心とした活動の成果であり，各言語の言語教育系の学会や団体の審議を経たものではないことをお断りしておきます。この学習指導要領案は以下の構成にしてあります。

　第1　目的
　第2　各言語の目標及び内容等
　　1　目標
　　2　内容
　　　(1) 言語活動
　　　(2) 言語活動の取り扱い
　　　(3) 題材内容
　　　(4) 題材内容の取り扱い
　　　(5) 言語材料
　　　(6) 言語材料の取り扱い
　　3　指導上の留意点
　　4　留意事項

　第1「目的」では，英語も含む外国語に共通する学習の目的を掲げ，とりわけ複数の外国語を学習する目的として，自文化を相対化する力と複眼的な思考力の育成に言及しています。第2-1「目標」では，「聞く，話す，読む，書く」の4技能に通底するものとして，言語の背景にある文化や社会，その言語を使用する人々の考え方や価値観に対する関心を持つことや，自ら考えて表現する志向性，すなわち「考える力」を身につけることを加味しました。第2-2「内容」においては，全言語間で統一すべきところは統一しつつ，(3)「題材内容」および(4)「題材内容の取り扱い」においては，各言語に特有の個性は生かし，それぞれの言語で高校生の知的レベルに合う話題設定ができるように工夫しました。この部分は，現行の「英語」の学習指導要領の題材の扱いよりも一歩踏み込んだ提案をしています。また，本提言では各言語とも初修を前提としています。そのため，(5)「言語材料」で取り上げる語彙，文法，表現には限りがありますが，それらを駆使して運用能力育成のための練習をするとともに，それぞれの文化とどのように関わっているか等の「気づき」や「揺さぶり」にも重点を置いています。第2-3「指導上の留意点」に記載した内容は，1951年版の学習指導要領で「学習指導法」として記述されて以降は，扱われていませんでしたが，今回の案では取り上げることにしました。第

2-4「留意事項」では，それぞれの言語の特徴や特有の事情などを取り上げました。

　本研究会としては，そして，日本言語政策学会としても，この素案をもとに，今後本提案の全面的な実施に向けて毎年この問題の推進のために研究会活動を続け，内容の深化・拡大と普及・浸透に努める所存です。私たちのこの提案の具現は，4年後の2017年あたりに行われる次期の教育課程・学習指導要領改訂に合わせて，部分的な実施の奨励の施策を発表していただき，14年後の2027年あたりの改訂で全面的に実施が可能になればと願っております。

おわりに ── 真のグローバル人材育成のために

　昨今，大学入学者選抜試験の改革案や卒業要件の一つとしてTOEFL等の外部英語試験の利用が提案されたり，小学校における英語教科化を含む「グローバル化に対応した英語教育改革実施計画」が発表されたりしています。人事院も2015年度から「キャリア官僚」の採用試験に，TOEFL等の成績を加味すると発表しました。

　これらの施策は，日本全体で英語への一極集中化を進め，そのことにより外国語を見る目をますます狭めてしまうのではないかと危惧します。英語教育の強化自体は重要なことであるとしても，昨今の議論は，英語さえできればグローバル人材であるかのような印象を与えてしまっています。21世紀のグローバル社会を生きるためには，多様な背景をもつ人々と協働して問題解決にあたることのできる能力が必要になります。そのためには，さまざまな言語・文化的背景を有する人々の考え方を理解し，互いに尊重しあえる態度が不可欠です。

　乗り越えなければならない関門は多々ありますが，本研究会としては，幅広い視野を持ち，創造的問題解決能力と国際的競争力を兼ね備えた真のグローバル人材育成のためには，英語教育の強化だけではなく，世界の多様な言語・文化に触れることができるように，高等学校における「第2の外国語」を必修とすることが不可欠だと考える次第です。

以上

付記1　日本言語政策学会多言語教育推進研究会委員

　下記の10名全員で本提言の本体を作成した。最初の7名が各専門言語教育の担当として，それに続く3名が外国語教育全体を見る立場でこのプロジェクトに参加している。

　植村 麻紀子（中国語教育学　神田外語大学准教授）
　臼山 利信（ロシア語教育学　筑波大学准教授）
　柿原 武史（スペイン語教育学　南山大学准教授）
　古石 篤子（フランス語教育学　慶應義塾大学教授）本研究会代表
　榮谷 温子（アラビア語教育学　慶應義塾大学非常勤講師）
　杉谷 眞佐子（ドイツ語教育学　関西大学名誉教授）本研究会副代表
　長谷川 由起子（韓国・朝鮮語教育学　九州産業大学准教授）

　上村 圭介（外国語教育学　国際大学准教授）
　水口 景子（外国語教育学　公益財団法人 国際文化フォーラム事務局長）
　森住 衛（外国語教育学　桜美林大学特任教授・大阪大学名誉教授）本研究会顧問

付記2　学習指導要領（案）作成協力者

　下記の7名に，専門とする各言語の学習指導要領（案）作成にあたり助言と協力を仰いだ。

　各務 恭子（スペイン語　兵庫県立国際高等学校非常勤講師）
　小林 正史（アラビア語　慶應義塾志木高等学校非常勤講師）
　福田 知代（ロシア語　東京都立北園高等学校非常勤講師）
　藤井 達也（中国語　埼玉県立伊奈学園総合高等学校教諭）
　藤川 穣輔（ドイツ語　同志社国際中学校・高等学校嘱託講師）
　松田 雪絵（フランス語　埼玉県立伊奈学園総合高等学校教諭）
　山下 誠（韓国・朝鮮語　神奈川県立鶴見総合高等学校教諭）

　　　　　　　　　　　　　　　　　　　　　　　　　　氏名は五十音順

「第2の外国語」学習指導要領（案）

第1　目的

　複数の外国語の学習を通じて，自他の言語や文化に対する複眼的な理解を深め，文化的多様性に対する寛容な精神と，複数の価値観が出会う場所での思考や行動の基盤を育成しつつ，学習した言語による聞くこと，話すこと，読むこと，書くことなどのコミュニケーション能力の基礎を養う。

第2　各言語の目標および内容

　アラビア語 ……………………………………………… 254
　韓国・朝鮮語 …………………………………………… 261
　スペイン語 ……………………………………………… 268
　中国語 …………………………………………………… 275
　ドイツ語 ………………………………………………… 282
　フランス語 ……………………………………………… 289
　ロシア語 ………………………………………………… 296

アラビア語

1 目標
(1) アラビア語およびその背景にある文化や社会，アラビア語を使用する人々の考え方や価値観に関心を持ち，自他の文化や社会を理解し，コミュニケーションの前提となる考える力を身につけるようにする。
(2) 初歩的なアラビア語を聞いて，話し手の考えや情報を理解することができるようにする。
(3) 初歩的なアラビア語で，自分の考えや気持ち，伝えたい事柄などを話して，聞き手に伝えることができるようにする。
(4) 初歩的なアラビア語を読んで，書き手の考えや情報を理解することができるようにする。
(5) 初歩的なアラビア語で，自分の考えや気持ち，伝えたい事柄などを書いて，読み手に伝えることができるようにする。

2 内容
(1) 言語活動

1の目標を達成し，自らの考えや意見を互いに伝え合うことを重視した実践的なコミュニケーションを目的とした言語運用ができるよう，次の言語活動を行うようにする。

ア 聞くこと

主として次の事項について指導する。

（ア）アラビア語の，特に独特の子音に慣れ，聞き取ること。
（イ）アクセント，イントネーション，区切りなど，アラビア語の基本的な音声の特徴に慣れ，聞き取ること。
（ウ）場面や文脈から内容が想定される範囲で，あいさつや簡単な質問，指示，依頼，誘いなどを聞いて理解し，適切に応じること。
（エ）身近な話題に関する，ゆっくりと平易な表現で話され，読まれた文章を聞き，文脈に応じてその大意を掴むこと。
（オ）話し手に聞き返すなどして，相手の協力を得ながら，内容の理解度を高めること。

イ 話すこと

主として次の事項について指導する。

（ア）アラビア語の，特に独特の子音に慣れ，正しく発音すること。

（イ）アクセント，イントネーション，区切りなど，アラビア語の基本的な音声の特徴に慣れ，正しく発音すること。
　　　（ウ）あいさつや定型表現を適切な場面で用い，聞き手の協力を得ながら，簡単な短いやりとりをすること。
　　　（エ）身近な話題に関して，平易な表現を用いて，聞き手に伝わるように話すこと。
　　ウ　読むこと
　　　　主として次の事項について指導する。
　　　（ア）アラビア文字の独立形，頭字形，中字形，尾字形，および発音記号を識別すること。
　　　（イ）アラビア語の単語を正しく読み上げること。
　　　（ウ）アラビア語のフレーズや短文を正しく読み取ること。
　　　（エ）標識や掲示，広告などから必要な情報を読み取ること。
　　　（オ）日常的な話題に関する初歩的な文章を，必要に応じて辞書を用いながら読み，その大意を掴むこと。
　　エ　書くこと
　　　　主として次の事項について指導する。
　　　（ア）アラビア文字の独立形，頭字形，中字形，尾字形を正しく書き分け，発音記号を正しく振ること。
　　　（イ）アラビア語の単語を，アラビア文字と発音記号を使って書くこと。
　　　（ウ）自分自身や身近な話題について，辞書などにも依拠しながら，平易な表現を用いて書くこと。
　　　（エ）パソコンなどでアラビア文字を入力すること。

(2) 言語活動の取り扱い
　　言語活動を行う際に，以下の点に配慮することが望ましい。
　ア　実際に言語を使用して互いの考えや気持ちを伝え合うなどの活動においては，具体的な場面や状況に合った適切な言語行動や非言語行動を，自ら考えて用いることができるようにすること。
　イ　言語活動を行うにあたっては，(3)に示す題材内容について理解したり，(5)に示す言語材料について理解したり，それらを使って練習したりする活動を行うようにすること。
　ウ　言語活動を行うにあたり，主として以下に示すような言語の使用場面や言語の働きを取り上げるようにすること。

〔言語の使用場面の例〕
a 特有の表現がよく使われる場面
・あいさつ ・自己紹介
・時刻,曜日,日付,月の表現 ・年中行事
・買物 ・道案内 ・食事 ・道路標識や看板,アナウンス ・旅行
・約束 ・電話でのやりとり ・緊急事態の際の表現 など
b 生徒の身近な暮らしに関わる場面
・天候,季節 ・家庭での生活 ・学校での学習や活動
・ボランティアなど学校外での活動 ・地域の行事 など

〔言語の働きの例〕
a コミュニケーションを円滑にする
・呼びかける
・あいさつする(ジェスチャーなど非言語的コミュニケーション動作を含む)
・相づちを打つ ・聞き直す など
b 気持ちを伝える
・感謝する ・共感を示す ・褒める ・謝る など
c 情報を伝える
・説明する ・報告する ・発表する ・描写する など
d 考えや意図を伝える
・申し出る ・約束する ・意見を言う ・賛成／反対する
・承諾する ・断る など
e 相手の行動を促す
・質問する ・依頼する ・誘う ・提案する ・助言する など

(3) 題材内容
指導計画の作成にあたっては，(1)に示す言語活動，(5)に示す言語材料と関連させ，次のア～キの題材内容をバランスよく取り入れることが望ましい。
ア 生徒自身や家族，友達などの身近な人々に関する話題(例：自己紹介，家族や友達の紹介など)
イ 学校生活に関する話題(例：通学，授業，クラス，放課後，クラブ活動など)
ウ 学校生活以外の日常生活に関する話題(例：日常の習慣，身の回りの出来事，衣食住，買い物，休日の過ごし方，遊びなどの誘い，会う約束など)
エ 興味・関心事，好きな物事に関する話題(例：趣味，好きなもの・こと，人など)
オ 身体の部位や特徴，健康に関する話題(例：健康，病気，怪我など)

カ　自然環境に関する話題（例：天気，季節，気候，環境問題など）
キ　アラビア語圏の社会や文化，もしくは日本の社会や文化に関する話題（例：習慣，家族観，衣食住，人間関係，行事，制度，歴史，時事問題など）

(4) 題材内容の取り扱い

　　題材内容を扱う際に，以下のア～ウにも配慮することが望ましい。また題材内容は，アラビア語の実践的コミュニケーション力の基礎を身につけることを念頭に置きつつ，多様なアラビア語圏の文化と社会の理解を深めるものになっていることが望ましい。さらに日本の社会や文化にも目を向けさせ，相対化の視点を通じて，「自文化」に対する理解をより深める契機となるよう努める。

ア　アラビア語圏の多様性について

　　アラビア語は，全世界規模で信徒を持つイスラームとの結びつきが強い言語であるため，話者数が非常に多く，現在はアラブ連盟加盟国以外にも，アラビア語を公用語としている国もある。アラビア語を日常的に用いている人々が暮らす地域は広大で，気候，地形，民族，宗教・宗派，文化，社会，住民の生活状況などあらゆる面において多様性を内包している。そのようなアラビア語圏における多様性を認識し得るような題材を提供すること。

イ　アラビア語圏で影響力を持つイスラームの理解の促進

　　多様なアラビア語圏ではあるが，現在その住民の大多数がイスラーム教徒であり，アラビア語と結びつきの強いイスラームの理解を深めるための題材を提供することが望ましい。日本ではなじみが薄いイスラームに関する基本的な知識を身につけるべく，イスラームの宗教的義務行為（礼拝，巡礼，断食など）や啓典，祭礼などを紹介する。

　　また，独特な食に関する禁忌事項や，偶像崇拝を禁じられたイスラーム教徒たちの間で，独自の発展を遂げた，アラビア文字による技芸など，生徒に親しみやすい話題を提供できるよう工夫すること。

ウ　異文化理解に資する題材

　　アラビア語圏は，日本とはまったく異なる文化を有しており，その異文化性を顕著に示す，特徴的な生活習慣や文化の例として，食文化や服飾，音楽や都市構造，建築物などに関する事例を複数とりあげ，生徒に社会や文化における相違の一端に触れさせるような題材を提供すること。

　　また，アラビア語圏の人々の考え方や価値観について，日本のそれらとの違いを理解できるような題材を提供する。その際，いずれかに優劣をつけることのないように特に注意すること。

(5) 言語材料

　クラス等の条件に合わせて，以下に示す言語材料のうちから，学習目標を達成するのにふさわしいものを適宜選択することとする。

　ア　音声
　　（ア）子音，特にアラビア語独特の子音の発音
　　（イ）母音の発音
　　（ウ）語のアクセントや，文のイントネーション
　イ　文字と発音記号
　　（ア）文字の独立形，頭字形，中字形，尾字形
　　（イ）母音等を表す発音記号
　　（ウ）終止符，コンマ，疑問符，感嘆符などの符号
　ウ　文
　　（ア）名詞文（名詞で始まる文）
　　（イ）動詞文（動詞で始まる文）
　　（ウ）疑問文（hal や 'a- を使った疑問文とそれ以外の疑問詞を使った疑問文）
　　（エ）否定文（否定動詞，否定辞の用法）
　　（オ）命令文
　　（カ）祈願文
　エ　語
　　（ア）500 語程度
　　（イ）あいさつや決まり文句などの定型表現
　オ　文法事項
　　（ア）語根の概念
　　（イ）名詞・形容詞の限定・非限定
　　　a　タンウィーン
　　　b　定冠詞 al-
　　（ウ）名詞・形容詞の性（男性，女性，両性）
　　（エ）名詞・形容詞の格（主格，属格，対格）
　　　a　主格，属格，対格の用法
　　　b　三段変化，二段変化，三格同形
　　（オ）名詞・形容詞の数
　　　a　単数
　　　b　双数
　　　c　複数（規則複数・不規則複数）

(カ) 前置詞と前置詞句
　　a　前置詞の用法
　　b　存在表現と所有表現
(キ) 形容詞の用法，比較級・最上級表現
(ク) 人称代名詞（独立形，非分離形）
(ケ) 指示詞（指示代名詞，指示形容詞）
(コ) 疑問詞
(サ) 名詞文，'inna とその姉妹語
(シ) 規則動詞
　　a　完了形
　　b　未完了形（直説形，接続形，短形）
　　c　命令形
(ス) 不規則動詞（ハムザ動詞，重子音動詞，弱動詞）
　　a　完了形
　　b　未完了形（直説形，接続形，短形）
　　c　命令形
(セ) 動詞の派生形（第2〜10形）
(ソ) 特殊な動詞（kāna, laysa など）
(タ) 受動態
(チ) 関係代名詞
(ツ) 名詞類の派生（動名詞，分詞，場所名詞，道具名詞など）
(テ) 接続詞
(ト) 条件文
(ナ) 数詞
　　a　基数詞
　　b　序数詞
(ニ) 副詞的表現

(6) 言語材料の取り扱い
　ア　初学者を対象とするため，読み書きにおいては，扱う単語や文章に発音記号（母音記号等の表示）を振って提示することが望ましい。
　イ　アラビア文字とその発音とを結び付けて指導すること。
　ウ　文法については，コミュニケーションを支えるものであることを踏まえ，言語活動と効果的に関連づけて指導すること。

エ　文法事項の取り扱いについては，過度な文法学習重視に陥らないよう留意し，実際の使用場面を意識して指導にあたること。

3　指導上の留意点
(1) なじみのないアラビア文字の学習には重点を置き，時間をかけて繰り返し指導すること。
(2) アラビア語の学習が，文法事項や単語の暗記にとどまることなく，運用能力の育成につながることを目指すように配慮すること。
(3) アラビア語は，日本語とも英語とも系統が異なる言語であるが，その学習にあたっては，多くの生徒は中学校で3年間英語を学習しているので，その既習言語能力や知識を活用することを心がけること。必要に応じて，日本語や英語との類似点や相違点にも注意を向けさせること。
(4) 視聴覚教材，もしくはインターネット動画などを積極的に利用して，実際に用いられるアラビア語に触れさせることを心がけること。
(5) 他教科との連携を心がける。特に，国語，地理，歴史，音楽などとの連携に配慮すること。

4　留意事項
(1) 本指導要領案における「アラビア語」とは，国連公用語の1つである「正則アラビア語（フスハー）」を指す。
(2) 日常生活で用いられる口語アラビア語（アーンミーヤ）は正則アラビア語（フスハー）とは文法面・語彙面で相違が見られ，さらに地域ごとの差異も大きい。機会があれば，そうした口語アラビア語についても，学習者の負担にならぬよう，正則アラビア語の学習に支障をきたさない程度の量やレベルで言及する。
(3) アラビア語圏に関しては，日本では触れ得る情報が限られ，政治，社会情勢における不安定さや混乱，過激な暴力行為に関する話題ばかりがとりざたされるため，負のイメージをもたれがちである。異文化理解を進めるためには，言語や文化に関する学習を通して，アラビア語圏の人々の日常生活や伝統文化，風俗習慣などに触れることで，一面的なイメージを払拭することが必要である。

韓国・朝鮮語

1 目標

(1) 韓国・朝鮮語およびその背景にある文化や社会，韓国・朝鮮語を使用する人々の考え方や価値観に関心を持ち，自他の文化や社会を理解し，コミュニケーションの前提となる考える力を身につけるようにする。
(2) 初歩的な韓国・朝鮮語を聞いて，話し手の考えや情報を理解することができるようにする。
(3) 初歩的な韓国・朝鮮語で，自分の考えや気持ち，伝えたい事柄などを話して，聞き手に伝えることができるようにする。
(4) 初歩的な韓国・朝鮮語を読んで，書き手の考えや情報を理解することができるようにする。
(5) 初歩的な韓国・朝鮮語で，自分の考えや気持ち，伝えたい事柄などを書いて，読み手に伝えることができるようにする。

2 内容

(1) 言語活動

1の目標を達成し，自らの考えや意見を互いに伝え合うことを重視した実践的なコミュニケーションを目的とした言語運用ができるよう，次の言語活動を行うようにする。

　ア　聞くこと
　　主として次の事項について指導する。
　(ア) 韓国・朝鮮語独特の発音，イントネーションなど，韓国・朝鮮語の音声の特徴に注意を傾け，聞き取ること。
　(イ) ゆっくり平易な表現で話されたり読まれたりする韓国・朝鮮語を聞いて，知っている単語や表現を手掛かりに，場面や文脈に応じてその意図や大意を理解すること。
　(ウ) 場面や文脈から内容が想定される範囲で，質問や指示，誘いなどを聞いて理解し，適切に応えること。
　(エ) 話し手に聞き返すなどして相手の協力を得ながら，内容を理解すること。

　イ　話すこと
　　主として次の事項について指導する。
　(ア) 韓国・朝鮮語独特の発音，イントネーションなど，その音声の特徴をとらえ，聞き手に通じるように発音すること。

(イ) 自分に身近な話題について，定型表現や初歩的な文法・単語など既知の表現を総動員し，自分の考えや気持ちなどが伝わるように話すこと。
(ウ) 聞き手の協力を得ながらやりとりをすること。
(エ) 相づちや確認のことばを用いるなど，いろいろな工夫をして話しを続けること。

ウ 読むこと
　主として次の事項について指導する。
(ア) 文字や符号を識別し，韓国・朝鮮語の音に変換できること。
(イ) 書かれた内容を考えながら黙読したり，その内容が表現されるように音読すること。
(ウ) 手紙，メールなど身近なことが書かれた文章から書き手の意図を理解し，適切に応じること。
(エ) 標識や掲示・広告，レシピなどから自分に必要な情報を読み取ること。
(オ) 平易な韓国・朝鮮語で書かれた物語や説明文を，辞書で調べるなどして読み，大筋を理解すること。

エ 書くこと
　主として次の事項について指導する。
(ア) 文字や符号を識別し，分かち書きなどに注意して書くこと。
(イ) 聞いたことや読んだことの大切な部分をメモすること。
(ウ) 自分自身についてや身近な事柄や体験について，既知の表現や辞書で調べた表現などを用いて書くこと。
(エ) パソコンなどでハングル文字を入力すること。

(2) 言語活動の取り扱い
　言語活動を行う際に，以下の点に配慮することが望ましい。
　ア 実際に言語を使用して互いの考えや気持ちを伝え合うなどの活動においては，具体的な場面や状況に合った言語行動や非言語行動を，自ら考えて用いることができるようにすること。
　イ 言語活動を行うにあたっては，(3)に示す題材内容や(5)に示す言語材料について理解したり，それらを使って練習したりする活動を行うようにすること。
　ウ 言語活動を行うにあたっては，主として以下に示すような言語の使用場面や言語の働きを理解し，使うことができるようにすること。

〔言語の使用場面の例〕
a 特有の表現がよく使われる場面
・あいさつ ・自己紹介 ・時刻の表現 ・曜日，月，天候，季節
・買物 ・道案内 ・食事 ・表示とアナウンス
・旅行 ・年中行事 など
b 生徒の身近な暮らしに関わる場面
・家庭での生活 ・学校での学習や活動
・ボランティアなど学校外での活動 ・地域の行事 など

〔言語の働きの例〕
a コミュニケーションを円滑にする
・呼びかける ・あいさつする ・相づちをうつ ・聞き直す など
b 気持ちを伝える
・感謝する ・共感を示す ・褒める ・謝る など
c 情報を伝える
・説明する ・報告する ・発表する ・描写する など
d 考えや意図を伝える
・申し出る ・約束する ・意見を言う ・賛成／反対する
・承諾する ・断る など
e 相手の行動を促す
・質問する ・依頼する ・誘う ・提案する ・助言する など

(3) 題材内容
　指導計画の作成にあたっては，(1)に示す言語活動や(5)に示す言語材料と関連させ，次のア～キの題材内容をバランスよく取り入れることが望ましい。
ア 生徒自身や家族，友だちなどの身近な人々に関する話題（例：自己紹介，家族・友だちの紹介など）
イ 学校生活に関する話題（例：通学，授業，クラブ活動など）
ウ 学校生活以外のふだんの生活に関する話題（例：日常の習慣，身の回りのできごと，衣食住など）
エ 興味・関心事，好きな物事，したいことなどに関する話題（例：趣味，好きなもの・こと・人，将来の夢など）
オ 健康や気候に関する話題（例：寒暖，天気予報，病気・怪我など）
カ 韓国・朝鮮語が使用されている地域への旅行や，学校間交流などで想定されるやりとりに関する話題（例：交通機関，買い物，料理，お土産，予定，学校訪問，ホー

ムステイ，遊びへの誘い，会う約束など）
　キ　韓国・朝鮮語が使用されている社会やその文化，もしくは日本の社会や文化を扱った題材（例：風習，衣食住，人間関係，行事，制度など）

(4) 題材内容の取り扱い
　題材内容を扱う際に，以下のア～ウにも配慮することが望ましい。
　ア　韓国・朝鮮語を使用する高校生など同年代の人々を中心に交流を行う際に，お互いの興味・関心を共有し，理解や共感が得られる活動につなげられるよう工夫すること。
　イ　韓国・朝鮮語が使用されている社会とその文化への理解とともに，生徒自身が身を置く社会との比較や内省を通じて，自他への理解を深められるよう工夫すること。
　ウ　文化，社会制度，習慣，価値観などに関する題材を扱う場合は，これらには地域差や社会階層差があり，かつ，これらが常に変化していることに留意し，固定的，一面的な理解に留まらないように工夫すること。

(5) 言語材料
　(1) の言語活動は，以下に示す言語材料の中から，1の目標を達成するのにふさわしいものを，(3) の題材内容に応じ，適宜用いて行うようにする。
　ア　音声
　　(ア) 現代韓国の標準的な発音
　　(イ) 有声音化，連音，/h/ の無音化・弱音化，流音化，鼻音化，ㄴ挿入，濃音化などの音変化
　　(ウ) 句，文における基本的なイントネーションなど
　　(エ) 文における基本的な区切り
　イ　表記
　　(ア) ハングル文字
　　(イ) 分かち書き
　　(ウ) コンマ，ピリオド，疑問符，引用符など基本的な符号
　ウ　語・慣用句
　　(ア) 600 語程度の語
　　(イ) 안녕하십니까?，안녕히 가세요．고맙습니다．어때요？예쁘다！などの定型句

エ　文法事項
　（ア）文体と文
　　　a　합니다体の平叙文，疑問文
　　　b　해요体の平叙文，疑問文，命令文，勧誘文
　　　c　해体の平叙文，疑問文，命令文，勧誘文
　（イ）助詞
　　　a　格助詞　가 / 이，에서，에，에게，한테，로 / 으로，를 / 을，와 / 과，하고，의，보다，라고 / 이라고
　　　b　副助詞　는 / 은，도，만，까지，부터
　　　c　終助詞　요 / 이요
　（ウ）接辞
　　　a　尊敬接辞　-시 / 으시-
　　　b　過去接辞　-았 / 었 / 였-
　　　c　推量意思接辞　-겠-
　（エ）語尾および文法的連語
　　　a　接続語尾　-고，-지만，-아서 / 어서 / 여서，-면 / 으면，
　　　　　　　　　-니까 / 으니까，-는데，-ㄴ데 / 은데．
　　　b　文末語尾　-ㅂ니다 / 습니다，-ㅂ니까 / 습니까，
　　　　　　　　　-아요 / 어요 / 여요，-아 / 어 / 여，-자，-ㄹ까 / 을까 (요)，
　　　　　　　　　-ㄹ래 / 을래 (요)，-ㄹ게 / 을게 (요)，-죠，-지 (요)
　　　c　連体形語尾（現在のみ）　-는，-ㄴ / 은
　　　d　文法的連語
　　　　　　　　　-세요，으세요，-십시오 / 으십시오，-지 않다，-지 못하다，
　　　　　　　　　-고 싶다，-고 있다，-ㄹ / 을 것이다，-ㄹ / 을 수 있다，
　　　　　　　　　-ㄹ / 을 수 없다，-아도 / 어도 / 여도 되다，-면 / 으면 안 되다，
　　　　　　　　　-면 / 으면 되다，-아야 / 어야 / 여야 되다 など
　（オ）不規則用言
　　　a　하다用言
　　　b　ㅂ不規則用言
　　　c　ㄷ不規則用言
　　　d　르不規則用言
　（カ）代名詞・形式名詞・数詞・副詞
　　　a　人称，指示，疑問を表すもの
　　　b　否定，不可能を表すもの

c　漢字語数詞，固有語数詞（連体形を含む）
　　　d　単位名詞

(6) 言語材料の取り扱い
　ア　文字と発音とを関連づけて指導すること。音声指導にあたっては，日本語との違いに留意しながら，発音練習などを通して指導すること。また，必要に応じてカナやローマ字を利用した発音表記を補助的に用いて指導することもできる。
　イ　文字の指導にあたっては，馴染みのない文字の習熟には時間がかかることに留意し，学習初期の段階で正確に読み書きできることを求めず，定型句や身近なものごとを表す単語や表現を音声として積極的に扱い，アクティビティを取り入れたりする中で慣れ親しみながら，段階的に習得させるようにすること。
　ウ　文法はコミュニケーションを支えるものであることを踏まえ，用語や用法の区別などの指導が中心とならないよう，言語活動と関連づけて指導すること。
　エ　同じ言語材料を，多様な題材内容の中で繰り返し扱うことにより，理解と定着が進むよう指導すること。
　オ　場面や状況に応じた言語活動を行えるよう，現実的な使用場面・状況と関連づけて指導すること。
　カ　学習段階に応じて平易なものから難しいものへと段階的に指導すること。ただし，定型句として指導するものについては，この限りではない。

3　指導上の留意点

(1) 韓国語の学習が文法事項や語彙の暗記にとどまることなく，運用能力の育成につながることをめざすように配慮すること。
(2) ペアワーク，ロールプレイ，インタビュー，スピーチ，プレゼンテーション，作品づくりなど，学習者が主体的に取り組める様々な活動を取入れること。
(3) 日本語や英語など既知の言語の知識や能力を活用するとともに，相互の類似点や違いに気付かせるなどして，それぞれの言語を客観的に省みることができるよう配慮すること。
(4) 新出の単語や表現にはなるべく日本語訳を与えることが望ましいが，未知の単語や表現の理解や創出のために，辞書の活用法も指導すること。
(5) 韓国・朝鮮語の話者を教室に招いたり，韓国の高校生と相互訪問やインターネットを通じたやりとりなどの直接交流を行ったり，韓国・朝鮮に関係する実物や，映像・画像・音声などを使用して，親近感や現実味を持つことができるよう工夫すること。
(6) 他教科との連携を心がける。特に，国語，地理・歴史，芸術，情報などとの連携に

配慮すること。

4 留意事項

(1) 本学習指導要領案に示す主な対象言語は，大韓民国で標準的に用いられている言語とする。ただし，朝鮮民主主義人民共和国はもとより，日本や中国，北米大陸など，世界には韓国・朝鮮語を使用する人々が多く居住する地域があることにも留意する。
(2) 日本の社会には，様々な形で朝鮮半島にルーツのある人々が生活しており，生徒本人または家族，あるいは生徒の身近な人の中に，そういった背景を持つ者が存在する可能性があることに留意する。
(3) 韓国・朝鮮語が使用されている地域は，地理的・歴史的に日本と最も関係の深い地域であると同時に，この地域と日本との間には様々な歴史的・政治的・社会的課題も存在することに留意する。
(4) 指導計画の作成や題材内容・言語材料の選定にあたっては，次の資料を参照することができる。

『外国語学習のめやす　高等学校の中国語と韓国語教育からの提言』（公益財団法人国際文化フォーラム編，2013年）

スペイン語

1 目標

(1) スペイン語およびその背景にある文化や社会，スペイン語を使用する人々の考え方や価値観に関心を持ち，自他の文化や社会を理解し，コミュニケーションの前提となる考える力を身につけるようにする。
(2) 初歩的なスペイン語を聞いて，話し手の考えや情報を理解することができるようにする。
(3) 初歩的なスペイン語で，自分の考えや気持ち，伝えたい事柄などを話して，聞き手に伝えることができるようにする。
(4) 初歩的なスペイン語を読んで，書き手の考えや情報を理解することができるようにする。
(5) 初歩的なスペイン語で，自分の考えや気持ち，伝えたい事柄などを書いて，読み手に伝えることができるようにする。

2 内容

(1) 言語活動

1の目標を達成し，自らの考えや意見を互いに伝え合うことを重視した実践的なコミュニケーションを目的とした言語運用ができるよう，次の言語活動を行うようにする。

ア 聞くこと

主として次の事項について指導する。

(ア) 強勢，イントネーション，区切りなど基本的なスペイン語の音声の特徴をとらえ聞き取ること。
(イ) ゆっくりと明確な発音で話されたり読まれたりするスペイン語を聞いて，場面や文脈に応じてその意図や大意を理解すること。
(ウ) 場面や文脈から内容が想定される範囲で，質問や依頼，誘いなどを聞いて理解し，適切に応じること。
(エ) 話し手に聞き返すなどして，内容を確認しながら理解すること。

イ 話すこと

主として次の事項について指導する。

(ア) 強勢，イントネーション，区切りなど基本的なスペイン語の音声の特徴をとらえ発音すること。
(イ) 自分に身近な話題について，定型表現をはじめとした簡単な表現を適切な場

面で用いて,自分の考えや気持ち,事実などを聞き手に伝わるように話すこと。
　　　(ウ) 聞き手の協力を得ながらやり取りをすること。
　　　(エ) 聞いたり読んだりしたことについて,聞き手にその内容を伝えたり,意見を述べること。
　ウ　読むこと
　　　主として次の事項について指導する。
　　　(ア) 文字や符号を識別し,スペイン語の音に変換できること。
　　　(イ) 書かれた内容を考えながら黙読したり,その内容が表現されるように音読すること。
　　　(ウ) 平易なスペイン語で書かれた伝言や手紙,メールなどの短い文章を読んで書き手の意図を理解し,適切に応じること。
　　　(エ) 標識や掲示,広告,説明書きなどから自分が必要な情報を読み取ること。
　エ　書くこと
　　　主として次の事項について指導する。
　　　(ア) 文字や符号を識別し,語と語の区切りなどに注意して書くこと。
　　　(イ) 語と語のつながりや動詞の適切な形などに注意して短い文を書くこと。
　　　(ウ) 聞いたり読んだりしたことについて,メモを取ったり,内容を要約して書くこと。
　　　(エ) 身近な出来事や体験したこと,自分の考えなどについて,簡単な表現を用いて書くこと。
　　　(オ) パソコンなどでスペイン語特有のアクセント記号やティルダ,疑問符,感嘆符などを含むスペイン語の文字を入力すること。

(2) 言語活動の取り扱い
　言語活動を行う際に,以下の点に配慮することが望ましい。
　ア　実際に言語を使用して互いの考えや気持ちを伝え合うなどの活動を行うとともに,(5)に示す言語材料について理解したり,それらを使って練習したりする。
　イ　実際に言語を使用して互いの考えや気持ちを伝え合うなどの活動においては,具体的な場面や状況に合った適切な表現を自ら考えて用いたり,非言語行動をとったりすることができるようにすること。
　ウ　言語活動を行うにあたり,主として以下に示すような言語の使用場面や言語の働きを取り上げるようにすること。

〔言語の使用場面の例〕
 a 特有の表現がよく使われる場面
  ・あいさつと自己紹介　・時刻，曜日，月，天候，季節の表現
  ・買物　・食事　・表示とアナウンス　など
 b 生徒がスペイン語を用いる可能性のある場面
  ・旅行　・道案内　・学校での学習や活動
  ・地域の行事やボランティアといった学校外の活動　など

〔言語の働きの例〕
 a コミュニケーションを円滑にする
  ・呼びかける
  ・あいさつ（握手や抱擁の習慣など非言語のジェスチャーも含める）
  ・相づちをうつ　・聞き直す　・話題を発展させる　など
 b 気持ちを伝える
  ・感謝する　・謝る　・苦情を言う　・褒める　など
 c 情報を伝える
  ・説明する　・報告する　・描写する　など
 d 考えや意図を伝える
  ・意見を言う　・賛成する　・反対する　・承諾する　・断る　など
 e 相手の行動を促す
  ・質問する　・依頼する　・招待する　・提案する　など

(3) 題材内容
 指導計画の作成にあたっては，(1) に示す言語活動，(5) に示す言語材料と関連させ，次のア～ケの題材内容をバランスよく取り入れることが望ましい。
 ア 生徒自身や家族，友だちなどの身近な人々に関する話題（例：自己紹介，家族や友だちの紹介など）
 イ 学校生活に関する話題（例：通学，授業，クラス，放課後，クラブ活動など）
 ウ 学校生活以外の日常生活について（例：日常の習慣，身の回りのできごと，衣食住，買物，休日の過ごし方など）
 エ 興味・関心事，好きな物事に関する話題（例：趣味，好きな映画・音楽など）
 オ 予定などに関する話題（例：休日・休暇の予定，遊びへの誘い，会う約束など）
 カ できごと・事件の報告（例：休日・休暇の報告，見たこと・聞いたことの報告など）
 キ からだの部位や特徴，健康などに関する話題（例：健康，病気，怪我など）
 ク 自然環境に関する話題（例：天気，四季や気候，環境問題など）

ケ　スペイン語圏の社会や文化，もしくは日本の社会や文化を扱った題材（例：習慣，家族観，食事，人間関係，労働観，行事，制度，歴史，時事問題など）

(4) 題材内容の取り扱い

　題材内容を扱う際に，以下のア～オにも配慮することが望ましい。また題材内容は，スペイン語の実践的コミュニケーション力の基礎を身につけることを念頭に置きつつ，多様なスペイン語圏の文化と社会への理解を深めるものになっていることが望ましい。さらに日本の社会や文化にも目を向けさせ，相対化の視点を通じて，「自文化」に対する理解をより深める契機となるよう努める。これらを通して，多様なものの見方や考え方を理解し，客観的で公正な判断力を養い，豊かな心情を育み，広い視野から国際理解を深め，国際社会に生きる日本人としての自覚を高めるとともに，国際協調の精神を養うものとなるよう努める。

ア　スペイン語圏の多様性について

　気候，地形，文化の多様性を理解できるように，生活習慣や文化の例で特に親しみやすいもの（食事，音楽，スポーツ，娯楽など）を複数提供する。

イ　スペイン語圏の人々や文化に対する型にはまった見方を取り除くための題材

　「ラテン系」などといった名称から，スペイン語圏の多様性を無視し，ひとまとめにしてとらえる傾向があるため，それを是正するような題材を提供する。

ウ　異文化理解に資する題材

　スペイン語圏の人々の考え方や価値観について，日本のそれらとの違いを理解できるような題材を提供する。その際，いずれかに優劣をつけることのないように特に注意する。

エ　スペイン語圏の周辺地域について理解を深める題材

　スペイン語と他のロマンス諸語との言語的な近さ，文化の近さ，現代社会におけるつながりの深さを理解できる題材を提供する。

オ　スペイン語圏と日本との関係についての題材

　社会科（地理・歴史）の学習内容に関連づけて，スペイン語圏と日本の関係について調べる学習を導入する。また，日本に居住するスペイン語を母語とする人を含めた多様な文化的背景を持つ人々についての理解を深めるための題材を提供し，偏見や差別の意識を抱くことのないようにわかりやすく説明する。

(5) 言語材料

　(1)の言語活動は，使用する教材・教室の条件に合わせて，以下に示す言語材料の中から，学習目標を達成するのにふさわしいものを適宜用いて行うこととする。なお，

本指導要領案でいう「スペイン語」とは，文法事項に関してはスペインのスペイン語に基づいたものとするが，語彙や表現についてはラテンアメリカ各地を含めた多様なスペイン語の実体を反映したものとする。

ア　音声
　（ア）語，句，文の発音
　（イ）語の強勢（アクセント）
　（ウ）文における基本的なイントネーション

イ　文字および符号
　（ア）アルファベットの活字体の大文字および小文字
　（イ）終止符，コンマ，疑問符，感嘆符，引用符などの基本的な符号
　（ウ）アルファベットの読み方と母音，子音の発音

ウ　語彙と成句
　（ア）800語程度の語
　（イ）delante de，detrás de，encima de，después de，antes de，cerca de などの位置関係を表す定型表現
　（ウ）Buenos días，gracias，de nada，lo siento，bienvenido(a)(s)，Me llamo～．などのあいさつ，自己紹介などでよく使う慣用表現

エ　文法事項
　（ア）動詞を除く基本的な品詞と用法
　　a　名詞と形容詞
　　b　性数変化
　　c　冠詞
　　d　主語人称代名詞
　　e　指示詞と所有詞
　（イ）動詞と活用
　　a　ser, estar, hay の使い分け
　　b　規則活用動詞
　　c　不規則活用動詞でよく使うもの：ir（行く），venir（来る），tener（持つ）など
　　d　語幹母音変化動詞：poder（～できる），querer（～したい，欲しい），pedir（頼む）など
　　e　意味の使い分けで注意が必要な動詞：saber と conocer（知っている）
　　f　間接目的格代名詞 + gustar (a...)～（...は～が好きです）
　　g　単人称動詞 llover（雨が降る）

(ウ) 動詞の時制など
  a　直説法現在
  b　人称に合わせた動詞の活用
  c　haber＋過去分詞　を用いた現在完了
(エ) 文と文のしくみ
  a　[(主語)＋自動詞]
  b　[(主語)＋自動詞＋補語]のうち
      (主語)＋ser 動詞＋形容詞
                      名詞
                      de＋名詞
      (主語)＋estar 動詞＋形容詞または副詞
  c　[(主語)＋他動詞＋直接目的語]のうち
      (主語)＋他動詞＋名詞(直接目的語)／a＋名詞(特定の人)／不定詞
  d　[(主語)＋他動詞＋直接目的語＋間接目的語]のうち
      (主語)＋他動詞＋名詞(直接目的語)＋a＋名詞(間接目的語)
      ((主語)＋間接目的人称代名詞＋直接目的人称代名詞＋動詞は扱わなくても良い。)
  e　その他
    (a) ser 動詞＋形容詞＋不定詞
    (b) (a 人)＋(me/te/le/nos/os/les)＋gustar 動詞＋〜　「人は〜が好きだ」
    (c) hace＋時を表す語句(＋que＋直説法)「〜してXXになる」
    (d) hace＋天候を表す語句　(暑い，寒い，晴れている　など)
    (e) tener＋体調などを表す語句「体調が〜だ」(空腹，暑い，寒い，〜が痛い　など)
  これらはあくまでめやすであり，すべての事項をこの順で教えなければならないという規準ではない。

(6) 言語材料の取り扱い
  ア　発音と綴りとを関連づけて指導すること。
  イ　文法については，コミュニケーションを支えるものであることを踏まえ，言語活動と効果的に関連づけて指導すること。
  ウ　文法事項の取り扱いについては，動詞の活用の暗記などの指導が中心とならないように配慮し，実際の場面で使えるように指導すること。英語や日本語との違いに留意すること。

エ　スペイン語の特質を理解させるために，関連のある文法事項はまとまりを持って整理するなど，効果的な指導ができるように工夫すること。
オ　情報通信技術（ICT）などを積極的に活用し，実際の言語に触れさせ，生徒に，スペイン語が使われている場面を実感させられるようにして指導すること。

3　指導上の留意点

(1) スペイン語の学習が文法事項の知識や語彙の暗記にとどまることなく，運用能力の育成につながることをめざすように配慮すること。
(2) スペイン語学習にあたっては，多くの生徒は中学校で3年間英語を学習しているので，その既習言語能力や知識を活用することを心がけること。
(3) 文法指導では，日本語や英語と用法が異なる文法事項に注意すること。
(4) ICTを用いて生徒に積極的に生のスペイン語に触れさせるようにすること。
(5) 他教科との連携を心がける。特に，国語，地理，歴史，音楽などとの連携に配慮すること。

4　留意事項

　スペイン語は，20以上の国と地域で使用される言語であり，語彙や表現，発音やイントネーションなどに地域的な多様性もある。しかし一方で，文法構造などには共通性もあるため，汎用性の高い知識を有していれば，多様性に対応することが可能である。そのため本指導要領案に基づく指導現場では，文法的により汎用性が高く，世界のスペイン語教育で一般的に用いられている，スペインで使われているスペイン語を用いることとする。その上で，多様性を意識させる工夫を行うこととする。日本で生活していると，大きな事件や事故，災害のニュースばかりが入ってきがちなスペイン語圏について，偏見を持つことなく，身近に感じられるようになることが重要である。そのためには，多くの人々が多様な地理的環境の中で日常生活を送っていることを実感し，そうした人たちが多様な文化を育み，さまざまな生活習慣を有し，多様な考え方を持っていることに思いを馳せられるような想像力を持って考えられる力を育むことが重要である。

　なお，本学習指導要領案では，この言語の名称として，現代日本で一般的に通用しているスペイン語という名称を用いるが，イスパニア語やカスティーリャ語と呼ばれる言語と同じものを指す。

中国語

1 目標

(1) 中国語およびその背景にある文化や社会,中国語を使用する人々の考え方や価値観に関心を持ち,自他の文化や社会を理解し,コミュニケーションの前提となる考える力を身につけるようにする。
(2) 初歩的な中国語を聞いて,話し手の考えや情報を理解することができるようにする。
(3) 初歩的な中国語で,自分の考えや気持ち,伝えたい事柄などを話して,聞き手に伝えることができるようにする。
(4) 初歩的な中国語を読んで,書き手の考えや情報を理解することができるようにする。
(5) 初歩的な中国語で,自分の考えや気持ち,伝えたい事柄などを書いて,読み手に伝えることができるようにする。

2 内容

(1) 言語活動

1の目標を達成し,自らの考えや意見を互いに伝え合うことを重視した実践的なコミュニケーションを目的とした言語運用ができるよう,次の言語活動を行うようにする。

ア 聞くこと

主として次の事項について指導する。

(ア) 声調,文レベルの強勢,イントネーション,区切りなどに注意し,中国語の基本的な音声の特徴をとらえ聞き取ること。
(イ) ゆっくり平易な表現で話されたり読まれたりする中国語を聞いて,知っている単語や表現を手掛かりに,場面や文脈に応じてその意図や大意を理解すること。
(ウ) 場面や文脈から内容が想定される範囲で,質問や指示,誘いなどを聞いて理解し,適切に応えること。
(エ) 話し手に聞き返すなどして相手の協力を得ながら,内容を理解すること。

イ 話すこと

主として次の事項について指導する。

(ア) 声調,文レベルの強勢,イントネーション,区切りなどに注意し,中国語の基本的な音声の特徴をとらえ発音すること。
(イ) 自分に身近な話題について,定型表現や学習した表現を駆使し,自分の考えや気持ちなどが伝わるように話すこと。

（ウ）聞き手の協力を得ながらやりとりをすること。
　　（エ）相づちや確認のことばを用いるなど，いろいろな工夫をして話を続けること。
　ウ　読むこと
　　　主として次の事項について指導する。
　（ア）ピンインの助けを借りながら，漢字（簡体字）を見て中国語の音に変換できること。
　（イ）書かれた内容を考えながら黙読したり，その内容が表現されるように音読すること。
　（ウ）手紙，メールなど身近なことが書かれた文章から書き手の意図を理解し，適切に応じること。
　（エ）標識や掲示・広告，レシピなどから自分に必要な情報を読み取ること。
　（オ）平易な中国語で書かれた物語や説明文を，辞書で調べるなどして読み，大筋を理解すること。
　エ　書くこと
　　　主として次の事項について指導する。
　（ア）日本の漢字との違いに注意して書くこと。
　（イ）聞いたことや読んだことの大切な部分をメモすること。
　（ウ）自分自身についてや，身近な事柄・体験について，定型表現や学習した表現を中心に，辞書で調べた表現なども用いて書くこと。
　（エ）パソコンなどで中国語をピンイン入力すること。

(2) 言語活動の取り扱い
　言語活動を行う際に，以下の点に配慮することが望ましい。
　ア　実際に言語を使用して互いの考えや気持ちを伝え合うなどの活動においては，具体的な場面や状況に合った適切な表現や非言語行動を，自ら考えて用いることができるようにすること。
　イ　実際に言語を使用して互いの気持ちや考えを伝え合うなどの活動を行うとともに，活動の目標を達成するために必要な言語材料（(5)に例を示す）について理解したり，それらを使って練習したりする活動を行うようにすること。
　ウ　言語活動を行うにあたっては，(3)に示す題材内容や(5)に示す言語材料などを用い，主として以下に示すような言語の使用場面や言語の働きを取り上げるようにすること。

　　〔言語の使用場面の例〕

a　特有の表現がよく使われる場面
　　　　・あいさつ　・自己紹介　・時刻の表現　・曜日，月，天候，季節
　　　　・買物　・道案内　・食事　・表示とアナウンス　・旅行
　　　　・年中行事　など
　　　b　生徒の身近な暮らしに関わる場面
　　　　・家庭での生活　・学校での学習や活動
　　　　・ボランティアなど学校外の活動　・地域の行事　など
　　〔言語の働きの例〕
　　　a　コミュニケーションを円滑にする
　　　　・呼びかける　・あいさつする　・相づちをうつ　・聞き直す　など
　　　b　気持ちを伝える
　　　　・感謝する　・共感を示す　・褒める　・謝る　など
　　　c　情報を伝える
　　　　・説明する　・報告する　・発表する　・描写する　など
　　　d　考えや意図を伝える
　　　　・申し出る　・約束する　・意見を言う　・賛成／反対する　・承諾する
　　　　・断る　など
　　　e　相手の行動を促す
　　　　・質問する　・依頼する　・誘う　・提案する　・助言する　など

(3) 題材内容
　　指導計画の作成にあたっては，(1)に示す言語活動，(5)に示す言語材料と関連させ，次のア～ケの題材内容をバランスよく取り入れることが望ましい。
　ア　生徒自身や家族，友だちなどの身近な人々に関する話題（例：自己紹介，家族や友だちの紹介など）
　イ　学校生活に関する話題（例：授業，クラス，放課後，クラブ活動など）
　ウ　学校生活以外の日常生活に関する話題（例：日常の習慣，身の回りの出来事，買物，趣味，好きな物事，ファッションや髪型，休日や長期休暇の過ごし方など）
　エ　様々なコミュニケーション手段に関する話題（例：日常のあいさつや遊びへの誘い，会う約束など）
　オ　町や交通機関に関する話題（例：家や学校の周りの様子，町の施設，通学に利用する交通機関など）
　カ　食べ物の好き嫌いや食事の習慣など，食生活に関する話題
　キ　からだの部位や特徴，健康などに関する話題（例：健康，病気，怪我など）

ク　自然環境に関する話題（例：天気，四季や気候，環境問題など）
　　ケ　中国語圏の社会や文化，もしくは日本の社会や文化に関する話題（例：習慣，家族観，食事，人間関係，労働観，行事，制度，歴史，時事問題など）

(4) 題材内容の取り扱い
　　聞くこと，話すこと，読むこと，書くことなどのコミュニケーション能力を総合的に育成するため，実際の言語の使用場面や言語の働きに十分配慮したものを取り上げるものとする。中国語を使用している人々および日本人の生活様式や行動様式，それらの背景にある価値観や考え方，地理，歴史，伝統文化や自然科学などに関するものの中から，学習者の興味・関心に根ざした身近な話題や，発達年齢に即した話題，さらには学習者の関心を喚起したり視野を広げたりする適切な題材を，変化をもたせて取り上げるものとする。
　　題材内容を扱う際に，以下のア〜エにも配慮することが望ましい。
　　ア　多様なものの見方や考え方を理解し，公正な判断力を養い豊かな心情を育てるのに役立つこと。
　　イ　外国や我が国の生活や文化についての理解を深めるとともに，言語や文化に対する関心を高め，これらを尊重する態度を育てるのに役立つこと。
　　ウ　グローバル社会の一員としての自覚を持ち，グローバル社会の特徴や直面する課題について理解したうえで，課題解決のためのスキルを運用し，多言語多文化のグローバル社会づくりへの参画ができるようになること。
　　エ　文化，社会制度，習慣，価値観に関わる素材を扱う場合は，固定的，一面的な理解に留まらないように留意すること。

(5) 言語材料
　　1の目標を達成するために「題材内容」や「言語活動」を設定し，それに必要な言語材料を以下に示すものの中から適宜選択する。
　　ア　音声
　　　（ア）現代の標準的な発音（声母，韻母，声調，軽声および変調，r化韻尾）
　　　（イ）語，句，文における基本的な強勢
　　　（ウ）文における基本的なイントネーション
　　　（エ）文における基本的な区切り
　　イ　文字および符号
　　　（ア）簡体字
　　　（イ）中国語表音ローマ字（ピンイン）

（ウ）基本的な標点符号
ウ　語彙・表現
　（ア）人とのつきあいでよく使う基本的な表現（あいさつ，同意，共感など）
　（イ）「題材内容」に応じた1000語程度の語
　（ウ）「題材内容」に応じた慣用表現
エ　文法項目
　（ア）文
　　a　構造上の分類：単文（主述文／非主述文）・複文（接続成分を伴わない／接続詞や副詞を用いる）
　　b　肯定文・否定文
　　c　用法上の分類：平叙文・疑問文（当否／反復／選択／省略／疑問詞）・命令文・感嘆文・反語文
　（イ）文の成分
　　a　主語
　　b　述語
　　　・形容詞述語文
　　　・名詞述語文
　　　・動詞述語文
　　　　目的語をとらない
　　　　目的語を1つとる
　　　　目的語を2つとる
　　　　"是"を用いる
　　　　"有"を用いる［所有／存在］
　　　　"在"を用いる
　　　　連動文
　　　・存現文
　　　・"把"を用いる処置文
　　　・"被"を用いる受け身文
　　　・"比"を用いる比較文
　　　・主述述語文
　　　・助動詞を用いる文
　　c　目的語
　　d　補語（結果補語／方向補語／様態補語／可能補語／数量補語）
　　e　修飾語（接続成分"的"を用いる連体修飾語／接続成分"地"を用いる連用修

飾語／接続成分"的"や"地"を用いない修飾語）
　（ウ）品詞
　　　　a　名詞（一般名詞／時間名詞／場所名詞／方位名詞）
　　　　b　代詞（人称代詞／指示代詞／疑問代詞）
　　　　c　動詞（自動詞／他動詞，動詞の重ね型，離合動詞）
　　　　d　助動詞（"想"，"要"，"会"，"能"，"可以"，"应该"，"得"など）
　　　　e　形容詞（性質形容詞／重ね型（"好好儿"など）／"多"，"少"）
　　　　f　数詞
　　　　g　量詞（名量詞"个"，"本"，"张"など／動量詞"次"，"遍"など）
　　　　h　副詞（時間副詞"已经"，"刚"／程度副詞"很"，"非常"／範囲副詞"都"，"只"／関連副詞"也"，"再"，"还"，／語気副詞"一定"／否定副詞"不"，"没"など）
　　　　i　介詞（"在"，"从"，"给"，"离"，"跟"，"和"など）
　　　　j　接続詞（"和"，"因为"，"所以"など）
　　　　k　助詞（構造助詞"的"，"地"，"得"／動作態助詞"了"，"着"，"过"／文末助詞"了"，"呢"，"吗"，"吧"，"啊"，"的"など）
　　　　l　感嘆詞（"哎呀"，"喂"など）
　　　　m　擬声語（"哈哈"，"叮当"など）

(6) 言語材料の取扱い
　ア　文法については，コミュニケーションを支えるものであることを踏まえ，使用場面を意識させて指導すること。
　イ　文法については，コミュニケーションを支えるものであることを踏まえ，言語活動と効果的に関連づけて指導すること。
　ウ　題材内容に沿って，同じ言語材料を繰り返し扱うことによって，言語機能に着目させながら指導すること。

3　指導上の留意点
(1) 各学校においては，総合的なコミュニケーション能力獲得を意識して目標を設定し，その目標の実現を図るようにすること。
(2) 語彙・文法表現を身につける学習活動に終わらせず，学習者中心で内容を重視した活動を通して，学習者が総合的なコミュニケーション能力を身につけられるようにすること。
(3) 学習者が現実社会でどのようなコミュニケーション活動ができるようになったらい

いかを考え，「〜ができる」（能力記述文）の形で学習到達目標を設定するようにすること。
(4) 学習者の実態や教材の内容などに応じて，以下にあげるような体験型・主体行動型・共同作業型などさまざまな学習形態を取り入れるようにすること。作品づくり／インタビュー／スキット／ロールプレイ／ディスカッション／ディベート／プレゼンテーション／ショー・アンド・テル／スピーチ
(5) 学習活動の特性を考慮して多角的に評価できるようにする。多肢選択形式等の筆記テストだけでなく，パフォーマンス評価や活動の観察，自己評価，学習者間評価，グループ評価などさまざまな評価方法の中から学習者のタイプやスタイルに合わせて選択するようにすること。
(6) 学習者がすでに学んだことや，他教科で学習している内容をふまえたり，連繋させることで，学習内容がさらに深まるようにすること。
(7) コミュニケーション活動が，学習者にとって意味のある，現実社会に近い場面や状況のなかで行なえるよう，教室内が実社会とつながるように，学習対象言語の話者を教室に招いたり，地域や海外から実物を持ってきたり，インターネットや新聞・雑誌の情報にアクセスしたりするなどの工夫をするようにすること。

4 留意事項

(1) 本学習指導要領案における「中国語」は，言語的には「普通話」をさしている。「普通話」とは，1955年に「現代北京語の発音を標準音とし，北方方言を基礎方言とし，典型的な現代口語文による作品を文法規範とする」と定められた，中国国内で共通言語として使われている「標準中国語」のことを指す。また，中国語は，中国，台湾，シンガポールの公用語であり，世界各地に居住する華僑・華人社会も含めれば，10億人以上の人々が日常的に使用している言語であることも視野にいれる。
(2) 取り扱う題材内容や言語材料の選定にあたっては，以下のガイドラインを参考にするとよい。

『高校中国語教育のめやす　平成11年度版』（高等学校中国語教育研究会編，1999年）

『中国語初級段階学習指導ガイドライン』（中国語教育学会学力基準プロジェクト委員会編，2007年）

『外国語学習のめやす　高等学校の中国語と韓国語教育からの提言』（公益財団法人国際文化フォーラム編，2013年）

ドイツ語

1 目標

(1) ドイツ語およびその背景にある文化や社会，ドイツ語を使用する人々の考え方や価値観に関心を持ち，自他の文化や社会を理解し，コミュニケーションの前提となる考える力を身につけるようにする。
(2) 初歩的なドイツ語を聞いて，話し手の考えや情報を理解することができるようにする。
(3) 初歩的なドイツ語で，自分の考えや気持ち，伝えたい事柄などを話して，聞き手に伝えることができるようにする。
(4) 初歩的なドイツ語を読んで，書き手の考えや情報を理解することができるようにする。
(5) 初歩的なドイツ語で，自分の考えや気持ち，伝えたい事柄などを書いて，読み手に伝えることができるようにする。

2 内容

(1) 言語活動

　1の目標を達成し，自らの考えや意見を互いに伝え合うことを重視した実践的なコミュニケーションを目的とした言語運用ができるよう，次の言語活動を行うようにする。

　ア　聞くこと
　　主として次の事項について指導する。
　（ア）ドイツ語の発音，イントネーションなど，ドイツ語の音声の特徴に注意を傾けること。
　（イ）ゆっくり平易な表現で話されたり読まれたりするドイツ語を聞いて，知っている単語や表現を手掛かりに，場面や文脈に応じてその意図や大意を理解すること。
　（ウ）場面や文脈から内容が想定される範囲で，質問や指示，誘いなどを聞いて理解し，適切に応えること。
　（エ）話し手に聞き返すなどして相手の協力を得ながら，内容を理解すること。

　イ　話すこと
　　主として次の事項について指導する。
　（ア）ドイツ語の発音，イントネーションなど，その音声の特徴をとらえ，聞き手に通じるように発音すること。

（イ）身近な話題について，定型表現をはじめとする既知の表現をうまく活用して，自分の考えや気持ちなどが伝わるように話すこと。
　　　（ウ）聞き手の協力を得ながら，やりとりをすること。
　　　（エ）相づちや確認のことばを用いるなどいろいろな工夫をして話を続けること。
　　ウ　読むこと
　　　主として次の事項について指導する。
　　　（ア）書かれた内容を考えながら黙読したり，その内容が伝わるように音読すること。
　　　（イ）手紙，メールなど身近なことが書かれた文章から書き手の意図を理解し，適切に応じること。
　　　（ウ）標識や掲示・広告，レシピなどから自分に必要な情報を読み取ること。
　　　（エ）平易なドイツ語で書かれた物語や説明文を，辞書で調べるなどして読み，大筋を理解すること。
　　エ　書くこと
　　　主として次の事項について指導する。
　　　（ア）文字や符号を識別し，文末の分かち書きなどに注意して書くこと。
　　　（イ）聞いたことや読んだことの大切な部分をメモすること。
　　　（ウ）自分自身のことや身近な事柄，体験について，既知の表現や辞書で調べた表現などを用いて書くこと。
　　　（エ）パソコンなどで，ドイツ語特有のウムラウトやエスツェットの文字も入力できるようになること。

(2) 言語活動の取り扱い
　言語活動を行う際に，以下の点に配慮することが望ましい。
　ア　言語を使用して互いの考えや気持ちを伝え合うなどの活動においては，再現的な練習から，具体的な場面や状況に合わせて非言語行動も取り入れながら，応用的な言語活動もできるようにすること。
　イ　言語活動を行うにあたり，(3)の題材内容に示す社会的場面や(5)に示す言語材料を用いて，以下のような言語の使用場面や言語の働きを理解し使えるようにすること。

　　〔言語の使用場面の例〕
　　　a　特有の表現がよく使われる場面
　　　　・あいさつ　・自己紹介　・時刻の表現　・曜日，月，天候，季節

・買物　・道案内　・食事　・表示とアナウンス
・旅行　・年中行事　など
　b　生徒の身近な暮らしに関わる場面
・家庭での生活　・学校での学習や活動
・ボランティアなど学校外の活動　・地域の行事　など
〔言語の働きの例〕
　a　コミュニケーションを円滑にする
・呼びかける　・あいさつする　・相づちをうつ　・聞き直す　など
　b　気持ちを伝える
・感謝する　・共感を示す　・褒める　・謝る　など
　c　情報を伝える
・説明する　・報告する　・発表する　・描写する　など
　d　考えや意図を伝える
・申し出る　・約束する　・意見を言う　・賛成／反対する
・承諾する　・断る　など
　e　相手の行動を促す
・質問する　・依頼する　・誘う　・提案する　・助言する　など

(3) 題材内容
　　指導計画の作成にあたっては，(1)に示す言語活動，(5)に示す言語材料と関連させ，次のア～ケの題材内容を，バランスよく取り入れることが望ましい。
　ア　生徒自身や家族，友だちなどの身近な人々に関する話題（例：自己紹介，家族や友だちの紹介など）
　イ　学校生活に関する話題（例：通学，授業，クラス，放課後，クラブ活動など）
　ウ　学校生活以外のふだんの生活について（例：日常の習慣，身の回りのできごと，衣食住，買物など）
　エ　興味・関心事，好きな物事に関する話題（例：趣味，好きな映画・音楽など）
　オ　予定などに関する話題（例：休日や休暇の予定，遊びへの誘い，会う約束　など）
　カ　できごと・事件の報告（例：休日や休暇の報告，見たこと・聞いたことの報告など）
　キ　からだの部位や特徴，健康などに関する話題（例：健康，病気，怪我など）
　ク　自然環境に関する話題（例：天気，四季や気候，環境問題など）
　ケ　ドイツ語が使用されている社会や文化，もしくは日本の社会や文化を扱った題材（例：習慣，家族観，食事，人間関係，労働観，行事，環境問題，時事問題，歴史認識など）

(4) 題材内容の取扱い

題材内容を扱う際には，ドイツの社会や文化に対する関心を広げながら，異文化を見る際のステレオタイプ形成の問題にも触れつつ，複眼的な見方，考え方を育成するようにする。そのためには，例えば題材を「基本的領域」と「展開領域」に分け，学習者の関心を考慮しながら，以下の例のように，系統的に取り上げることも1つの方法である。

ア　基本領域

この領域の題材は各学年で登場するが，学年段階により異なった視点から題材を取り上げたり，より複雑なテーマを扱ったりするなどして，複眼的な見方を養い，異文化や自文化への理解を深めながら，多様な言語行動ができるようになることをめざす。

例：「学校生活」

a　初級の学年
- 学校の名前や所在地（都道府県や市など）について紹介したり，尋ねたりする
- 時間割（何曜日，何時間，科目など）を読んで理解する
- 好きな科目や嫌いな科目について話したり尋ねたりするできる
- 日本やドイツの高等学校での授業科目を比較してみる
- よく使用される授業用語を使い，理解できなかったことを尋ねたり，相手が理解したかを確認する　など

b　中級から上級の学年
- クラブ活動や趣味について話したり尋ねたりする
- 制服の有無やその理由について比較して考え，意見を述べる
- 大学進学や将来の職業について希望を述べる
- ドイツの高等学校卒業試験（アビトゥア）と大学入学試験制度を比較し，意見を書いたり，口頭で発表する　など

イ　展開領域

(3)の題材内容から，学習段階や生徒の関心，他の教科との関連，アクチュアルな問題などを取り上げ日本社会と比較しながら，ドイツやグローバル化する世界，そして共通の課題などへの関心を育て，複眼的な見方や考え方の基礎を養うことをめざす。

(5) 言語材料

(1)の言語活動は，(3)に示す題材内容，(4)に示す題材内容の取扱いに応じ，以下に示す言語材料の中からふさわしいものを適宜用いて行うこととする。

ア　音声
　　（ア）現代の標準的な発音，特にウムラウトやエスツェットなど，ドイツ語に特徴的な文字を含む語や文の発音
　　（イ）語のアクセントや区切り
　　（ウ）文における基本的なイントネーション
イ　文
　　（ア）平叙文，疑問文，命令文，願望文，および感嘆文
　　（イ）主文，副文および副文の諸形態
ウ　語彙・表現
　　（ア）約800〜1000語を学習対象とする。意味分野，学年別配分等は，(3) に示す題材内容，(4) に示す題材内容の取扱いに準じる。
　　（イ）連語・慣用表現は，基本的なものを取り上げる。
　　（ウ）汎用性のある造語法を取り上げる。
エ　文法事項
　　（ア）冠詞の種類，変化および用法
　　（イ）名詞の種類，変化および用法
　　（ウ）代名詞の種類，変化および用法
　　（エ）形容詞の変化および用法
　　（オ）数詞の種類および用法
　　（カ）動詞の種類，変化，時称，不定詞，分詞，話法および態
　　（キ）前置詞の種類および用法
　　（ク）接続詞の種類および用法
　　（ケ）副詞の種類および用法
　　（コ）語順
オ　符号
　　（ア）終止符，コンマ，疑問符，感嘆符，引用符，ハイフン，ダッシュ，ウムラウト符号，コロンおよびセミコロン

(6) 言語材料の取り扱い
　ア　正書法や発音などは，標準ドイツ語を中心に取り上げる。同時にドイツ語は，ドイツ連邦共和国，オーストリア，ドイツ語圏スイスなどヨーロッパの7つの国・地域の公用語であるという複数の中心地をもつ言語であるので，その特徴への気づきも促す。
　イ　名詞や冠詞類の格の働き，特に主格（1格），直接目的格（4格），間接目的格（3格）

については，発話意図や文脈を明確にしたうえでの作文練習を通じて，明示的に指導し，そこから口頭での練習へ展開するなど，学習者の既存の学習スタイルを考慮して指導することが望ましい。

ウ　定動詞の位置については，発話意図や文脈を明確にして，書く力を伸ばすなかで，主文での「定動詞第2位」や，副文での「定動詞文末」の原則を充分に理解し，使用できるように指導する。

エ　枠構造など基本的な文型の扱いに関しては，例えば「動詞2成分」を含む次の文例のように，文構造の視覚化などの方法を活用する。

例）　平叙文（動詞2成分の文例）

文頭に主語が来た場合	定動詞 動詞第1成分	（主語）	副詞等の添加語	直接目的語／補完語	動詞 第2成分
Hans	möchte		jeden Tag	Fußball	spielen

オ　文法学習に際しては，例えば形容詞の変化形は表現より理解を中心にする，過去形は sein, haben, および一部の話法の助動詞のみとするなど，学習目標や学習時間に合わせて適宜選択する。

カ　文や，「ひとまとまりの発話としてのテクスト」の指導においては，コミュニケーションの相手に推測される関連知識や，談話の流れを考慮し「既知情報」「未知情報」に対応した冠詞類の使い方や配語（語順）などへ注意を促す。

3　指導上の留意点

(1) 題材中心の学習において，テーマや発話意図と関連させ，伝達機能を中心に文法学習を進める。同時に，学習者の年齢を考慮し，文法は明示的に扱う必要がある。学習者が教科書等を参考に，自分で「文法ノート」を作成するなど，文法の体系的学習も進めていき，自律学習の基礎を築くよう指導することが望ましい。

(2) 題材内容の選択にあたっては，学習者の身近な世界から，文化比較の観点を取り入れながら学習を進める。その際，音楽や美術，歴史や社会科など他の科目との連携も考え，学習への動機づけを図ること。

(3) 初級段階では，新出語や新出表現になるべく対訳や英語訳を与える。辞書の使い方に関しては学年段階を通じて指導し，活用できるようにすること。

(4) ドイツ語は，英語と同じ印欧語族の言語であるので，適宜，英語の既習知識を使い学習を進めるなどの工夫を行う。同時に，英語と異なる文法用語，例えば「(名詞の)所有格」（英語）と「所有冠詞」（ドイツ語）が使用されている場合もあるので，指

導の際，注意すること。
(5) 運用力の育成に際しては，4技能別の練習のみではなく，聞いて書く，読んだことを書いてまとめ，それを伝えるなど，できるかぎり統合的な練習を工夫すること。
(6) 学習目標や学習環境に応じて，例えば，生徒交流が行われる際は「話す力」やプレゼンテーションに，あるいは，ドイツについて調べる際には，インターネットからの情報取得のための読解力を養成するなど，個別の学習目標や言語活動の重点化を図ることが望ましい。
(7) 写真や絵を使ったe-mail交流など，情報通信技術（ICT）の活用による学習環境づくりを試みること。
(8) 題材内容中心の学習を進めるために，できれば各学年で1回「調べ学習」やプロジェクト・ワークを取り入れる。発表の際は，日本語使用も可能とすること。

4　留意事項
(1) ドイツ語は，明治時代の近代化において重要な役割を果たし，今日でも医学，哲学，音楽やスポーツなどでドイツ語起源の用語が使用されている。語彙学習では，そのような語彙などへの関心も育てる。
(2) ドイツは第二次世界大戦後，冷戦下で東西に分断され1990年に再統一された。様々な問題を抱えながらも統合を進める欧州連合の主要国でもあり，特に戦後の隣国との協調・和解の努力は国際的にも評価されている。このような社会・文化についての学習を通じて，広い視野から国際理解を深め，国際社会に生きる日本人としての自覚を高め，グローバル化する世界での国際協調の精神を養うことが望ましい。
(3) 文法学習が単に規則変化の暗記に終わらないためには，社会的行動としてのコミュニケーションにおける「言語の働き」（伝達機能）と，文構造や文法規則との関わりを充分に考慮する必要がある。伝達機能と具現形（表現形）との関係やその難易度の判断に関しては，『外国語の学習，教授，評価のためのヨーロッパ共通参照枠』(CEFR，欧州評議会編，吉島茂他訳2004/2008年）に準じて「外国語としてのドイツ語」用に作成された次の『ドイツ語プロフィール』が参考になる。

　　Profile deutsch (hrsg. von Glaboniat／Müller／Rusch／Schmitz／Wertenschlag，欧州評議会，ゲーテ・インスティトゥート，スイス，オーストリア文部省協力，2005年）

フランス語

1 目標

(1) フランス語およびその背景にある文化や社会，フランス語を使用する人々の考え方や価値観に関心を持ち，自他の文化や社会を理解し，コミュニケーションの前提となる考える力を身につけるようにする。
(2) 初歩的なフランス語を聞いて，話し手の考えや情報を理解することができるようにする。
(3) 初歩的なフランス語で，自分の考えや気持ち，伝えたい事柄などを話して，聞き手に伝えることができるようにする。
(4) 初歩的なフランス語を読んで，書き手の考えや情報を理解することができるようにする。
(5) 初歩的なフランス語で，自分の考えや気持ち，伝えたい事柄などを書いて，読み手に伝えることができるようにする。

2 内容

(1) 言語活動

1の目標を達成し，自らの考えや意見を互いに伝え合うことを重視した実践的なコミュニケーションを目的とした言語運用ができるよう，次の言語活動を行うようにする。

ア　聞くこと

主として次の事項について指導する。

(ア) 強勢，イントネーション，区切りなど基本的なフランス語の音声の特徴をとらえ，正しく聞き取ること。
(イ) 明確な発音で話されたり読まれたりするフランス語を聞いて，大切な部分を聞き取ること。
(ウ) 質問や依頼などを聞いて適切に応じること。
(エ) 話し手に聞き返すなどして内容を確認しながら理解すること。
(オ) まとまりのあるフランス語を聞いて，概要や要点を適切に聞き取ること。

イ　話すこと

主として次の事項について指導する。

(ア) 強勢，イントネーション，区切りなど基本的なフランス語の音声の特徴に慣れ，聞き手に通じるように発音すること。
(イ) あいさつなどの定型表現を適切な場面で用いること。

(ウ) 自分の考えや気持ち，事実などを聞き手に伝わるように話すこと。
(エ) 聞いたり読んだりしたことについて，問答したり意見を述べ合ったりなどすること。
(オ) つなぎ言葉を用いるなどのいろいろな工夫をして話を続けること。
(カ) 与えられたテーマについて簡単なスピーチをすること。

ウ　読むこと
　　主として次の事項について指導する。
(ア) 文字や符号を識別し，正しく読むこと。
(イ) 書かれた内容を考えながら黙読したり，その内容が表現されるように音読したりすること。
(ウ) 物語のあらすじや説明文の大切な部分などを正確に読み取ること。
(エ) 伝言や手紙，短い文章などを読んで書き手の意向を理解し，適切に応じること。
(オ) 標識や掲示・広告，レシピなどから自分が必要な情報を読み取ること。

エ　書くこと
　　主として次の事項について指導する。
(ア) 文字や符号を識別し，語と語の区切り等に注意して正しく書くこと。
(イ) 語と語のつながりや動詞の適切な形などに注意して正しく文を書くこと。
(ウ) 聞いたり読んだりしたことについてメモをとったり，感想や意見などを書くこと。
(エ) 身近な出来事や体験したこと，自分の考えや気持ちなどについて，簡単な表現を用いて書くこと。
(オ) パソコンなどでフランス語の文字入力を行うこと。

(2) 言語活動の取り扱い
　言語活動を行う際に，以下の点に配慮することが望ましい。
　ア　実際に言語を使用して互いの考えや気持ちを伝え合うなどの活動においては，具体的な場面や状況に合った適切な表現を自ら考えて用いたり，非言語行動をとったりすることができるようにすること。
　イ　実際に言語を使用して互いの考えや気持ちを伝え合うなどの活動を行うとともに，(5)に示す言語材料について理解したり，それらを使って練習したりする活動を行うようにすること。
　ウ　言語活動を行うにあたり，主として以下に示すような言語の使用場面や言語の働きを取り上げるようにすること。

〔言語の使用場面の例〕
　a　特有の表現がよく使われる場面
　　・あいさつ　・自己紹介　・時刻の表現　・曜日，月，天候，季節
　　・買物　・道案内　・食事　・表示とアナウンス　・旅行　など
　b　生徒の身近な暮らしに関わる場面
　　・家庭での生活　・学校での学習や活動　・地域の行事　など
〔言語の働きの例〕
　主として次の事項について指導する。
　a　コミュニケーションを円滑にする
　　・呼びかける
　　・あいさつ（握手や抱擁の習慣など非言語のジェスチャーも含める）
　　・相づちをうつ　・聞き直す　・話題を発展させる　など
　b　気持ちを伝える
　　・感謝する　・苦情を言う　・褒める　・謝る　など
　c　情報を伝える
　　・説明する　・報告する　・発表する　・描写する　など
　d　考えや意図を伝える
　　・申し出る　・約束する　・意見を言う　・賛成する　・反対する
　　・承諾する　・断る　など
　e　相手の行動を促す
　　・質問する　・依頼する　・招待する　・提案する
　　・助言する　など

(3) 題材内容
　指導計画の作成にあたっては，(1) に示す言語活動，(5) に示す言語材料と関連させ，次のア〜ケの題材内容をバランスよく取り入れることが望ましい。
　ア　生徒自身や家族，友だちなどの身近な人々に関する話題（例：自己紹介，家族や友だちの紹介など）
　イ　学校生活に関する話題（例：通学，授業，クラス，放課後，クラブ活動など）
　ウ　学校生活以外のふだんの生活について（例：日常の習慣，身の回りのできごと，衣食住，買物など）
　エ　興味・関心事，好きな物事に関する話題（例：趣味，好きな映画・音楽など）
　オ　予定などに関する話題（例：休日・バカンスの予定，遊びへの誘い，会う約束など）
　カ　できごと・事件の報告（例：休日・バカンスの報告，見たこと・聞いたことの報

告など)
キ からだの部位や特徴，健康などに関する話題（例：健康，病気，怪我など）
ク 自然環境に関する話題（例：天気，四季や気候，環境問題など）
ケ フランス語が使用されている社会やその文化，もしくは日本の社会や文化を扱った題材（例：習慣，家族観，食事，人間関係，労働観，行事，制度，歴史，時事問題など）

(4) 題材内容の取り扱い

題材内容を扱う際に，以下のア〜エにも配慮することが望ましい。また題材内容は，フランス語の実践的コミュニケーション能力の育成を中心としつつ，多様なフランス語圏の社会と文化の理解を深めるものにもなっていることが望ましい。このことにおいては，できるだけ他の教科と連携することも視野に入れる。さらに日本の社会や文化にも目を向けさせ，相対化の視点を通じて，「自文化」に対する理解をより深める契機となるよう努める。

ア フランス語圏の多様性について

フランス語はフランスのみではなく，ベルギー，スイスなどのヨーロッパの国々をはじめ，アフリカ諸国を含めた世界二十数ヵ国で「国語」として，あるいは「公用語」として使われている地理的広がりが大きい言語である。また，フランコフォニー国際機構の存在も重要である。こうした多様性を実感できるような題材を提供する。

イ フランス語学習を通じてのヨーロッパ理解

フランス語はヨーロッパで長い間唯一の外交用語として使われた歴史を持ち，フランスは様々な問題を抱えながらも統合を進める欧州連合（EU）の主要国でもある。フランス語の学習を通じて，ヨーロッパ世界に対する理解を深めたい。また，他のロマンス諸語との言語的な近さ，文化の近さ，現代社会におけるつながりの深さを理解できる題材を提供する。

ウ 国際語としてのフランス語

フランス語はまた国際連合（UN）や経済協力開発機構（OECD）をはじめとする多くの国際機関での公用語・作業言語であり，フランス語学習は世界へのパスポートとなりえることを，フランス語学習を通じて伝える。

エ フランス語と日本との関係

フランス語とフランスは法律や軍隊など，明治以降の日本の近代化に大きな影響を与えた。また，文学，音楽，造形美術，映画，料理などを通じても影響力は変らず，外来語としても日本社会のあちこちにフランス語が入っている。フラン

ス語学習を通じて，フランスやフランコフォニーの社会文化に直に触れることは，翻って日本社会を振り返る目も養うことができる。

(5) 言語材料

以下に示す言語材料のうちから，学習目標を達成するのにふさわしいものを(3)に示す題材内容に応じて適宜選択し，(1)に示す言語活動と関連させ，伝達機能を考慮しながら指導する。

ア　音声
 (ア) 現代フランス語の標準的な発音
 (イ) 文における基本的な区切り・イントネーション
 (ウ) 基本的なリエゾンおよびアンシェヌマン

イ　文字および符号
 (ア) アルファベットの活字体および筆記体の大文字と小文字
 (イ) アクサン記号および綴字記号
 (ウ) 句読符号の基本的な用法

ウ　語彙・表現
 (ア) 1000語程度の語
 (イ) 連語
 (ウ) 慣用表現（例：Excusez-moi, Je suis désolé(e), Merci, Enchanté(e) など）

エ　文法事項
 (ア) 文
  a　単文，重文および複文
  b　肯定および否定の平叙文，命令文，疑問文
 (イ) 文構造
  a　主語＋動詞の文型
  b　主語＋動詞＋属詞の文型
  c　1　主語＋動詞＋直接目的補語の文型
　　　2　主語＋動詞＋間接目的補語の文型
  d　主語＋動詞＋直接目的補語＋間接目的補語の文型
  e　主語＋動詞＋直接目的補語＋属詞の文型
 (ウ) 品詞別文法事項
  a　名詞（名詞の性と数および語形変化の基本的な原則）
  b　冠詞（定冠詞，不定冠詞および部分冠詞の基本的な種類と用法）
  c　代名詞（人称代名詞，不定代名詞(on)，指示代名詞，中性代名詞，疑問代名

　　　　　詞，関係代名詞の基本的な種類と用法）
　　　　d　形容詞（形容詞の性および数の語形変化の基本的な原則，品質形容詞の比較
　　　　　級と最上級，品質形容詞，不定形容詞，指示形容詞，所有形容詞，疑問形容
　　　　　詞および数形容詞の基本的な種類と用法）
　　　　e　副詞（副詞の基本的な種類と用法）
　　　　f　動詞（自動詞，他動詞，代名動詞，非人称動詞，助動詞（avoir, être）および
　　　　　準助動詞（vouloir, pouvoir, devoir）の基本的な種類と用法）
　　　　g　分詞（現在分詞および過去分詞の基本的用法）
　　　　h　接続詞（基本的な種類と用法）
　　　　i　前置詞（基本的な種類と用法）
　　（エ）時制と法
　　　　下記の活用形と基本的な用法
　　　　a　直説法現在，直説法複合過去，直説法半過去，直説法単純未来
　　　　b　条件法現在（頻繁に使用される一部のものに限る）
　　　　c　接続法現在（頻繁に使用される一部のものに限る）
　　　　d　命令法
　　（オ）ジェロディフの基本的用法
　　（カ）受動態の基本的用法
　　（キ）文の要素と語順

(6) 言語材料の取り扱い
　ア　発音と綴りとを関連づけて指導すること。
　イ　言語材料については，学習段階に応じて平易なものから難しいものへと段階的に
　　指導すること。
　ウ　文法については，コミュニケーションを支えるものであることを踏まえ，使用場
　　面を意識させて指導すること。
　エ　文法については，コミュニケーションを支えるものであることを踏まえ，言語活
　　動と効果的に関連づけて実際の場面で使えるように指導すること。
　オ　情報通信技術（ICT）などを積極的に活用し，実際の言語に触れさせながら指導
　　すること。

3　指導上の留意点
(1) フランス語の学習が文法事項の知識や語彙の暗記にとどまることなく，運用能力の
　育成につながることを目指すように配慮すること。

(2) フランス語学習にあたっては，多くの生徒は中学校で 3 年間英語を学習しているので，その既習言語能力や知識を活用することを心がけること。
(3) 他教科との連携を心がける。特に，国語，地理，歴史，音楽などとの連携に配慮すること。
(4) 辞書の使い方に慣れ，活用できるようにすること。
(5) ICT を用いて生徒に積極的に生のフランス語に触れさせるようにすること。

4 留意事項

　フランス語は 2 (4) アで述べているように，地理的広がりが大きい言語である。そのため，発音や語彙，表現等にその土地固有の特徴があらわれることが多い。しかし一方で，文法構造などには共通性があるため，汎用性の高い知識を有していれば，多様性に対応することが可能である。そのため教室においては，汎用性の高いフランスのフランス語変種を指導すると同時に，多様性を意識させる工夫を行うこととする。
　また，日本ではフランス語については，とかくフランスの，それもエッフェル塔やワインなどのステレオタイプ的なイメージが強いが，フランス語の学習を通じて，フランスやフランス語圏の人々の生の生活や考え方に触れることができるように心がけることが重要である。

ロシア語

1 目標

(1) ロシア語およびその背景にある文化や社会，ロシア語を使用する人々の考え方や価値観に関心を持ち，自他の文化や社会を理解し，コミュニケーションの前提となる考える力を身につけるようにする。
(2) 初歩的なロシア語を聞いて，話し手の考えや情報を理解することができるようにする。
(3) 初歩的なロシア語で，自分の考えや気持ち，伝えたい事柄などを話して，聞き手に伝えることができるようにする。
(4) 初歩的なロシア語を読んで，書き手の考えや情報を理解することができるようにする。
(5) 初歩的なロシア語で，自分の考えや気持ち，伝えたい事柄などを書いて，読み手に伝えることができるようにする。

2 内容

(1) 言語活動

　1の目標を達成し，自らの考えや意見を互いに伝え合うことを重視した実践的なコミュニケーションを目的とした言語運用ができるよう，次の言語活動を行うようにする。

　ア　聞くこと
　　主として次の事項について指導する。
　　(ア) 強勢，イントネーション，区切り，日本語と異なるロシア語独自の発音など，基本的なロシア語の音声の特徴をとらえ，正しく聞き取ること。
　　(イ) ゆっくりと話されたり読まれたりするロシア語を聞いて，情報を正確に聞き取ること。
　　(ウ) 質問や依頼などを聞いて適切に応じること。
　　(エ) 話し手に聞き返すなどして内容を確認しながら理解すること。
　　(オ) まとまりのあるロシア語を聞いて，概要や要点を適切に聞き取ること。
　イ　話すこと
　　主として次の事項について指導する。
　　(ア) 強勢，イントネーション，区切り，日本語と異なるロシア語独自の発音など，基本的なロシア語の音声の特徴をとらえ，聞き手に通じるように発音すること。

(イ) あいさつなどの定型表現を適切な場面で用いること。
(ウ) 自分の考えや気持ち，事実などを聞き手に伝わるように表現すること。
(エ) 聞いたり読んだりしたことなどについて，問答したり意見を述べ合ったりなどすること。
(オ) つなぎ言葉を用いるなどのいろいろな工夫をして話を続けること。
(カ) 与えられたテーマについて簡単なスピーチをすること。

ウ 読むこと
　主として次の事項について指導する。
(ア) 文字や符号を識別し，正しく読むこと。
(イ) 書かれた内容を考えながら黙読したり，その内容が表現されるように音読したりすること。
(ウ) 物語のあらすじや説明文の大切な部分などを正確に読み取ること。
(エ) 伝言や手紙などの文章から書き手の意向を理解し，適切に応じること。
(オ) 標識や掲示・広告，レシピなどから自分が必要な情報を読み取ること。

エ 書くこと
　主として次の事項について指導する。
(ア) 文字や符号を識別し，語と語の区切りなどに注意して正しく書くこと。
(イ) 語と語のつながりや語形変化などに注意して正しく文を書くこと。
(ウ) 聞いたり読んだりしたことなどについて感想や意見などを書くこと。
(エ) 身近な場面における出来事や体験などについて，自分の気持ちや考えなどを書くこと。
(オ) 自分の考えや気持ちなどが読み手に正しく伝わるように，文と文のつながり，文の構成などに注意して文章を書くこと。
(カ) パソコンなどでロシア語の文字入力を行うこと。

(2) 言語活動の取り扱い
　言語活動を行う際に，以下の点に配慮することが望ましい。
　ア　実際に言語を使用して互いの考えや気持ちを伝え合うなどの活動においては，具体的な場面や状況に合った適切な表現を自ら考えて用いたり，非言語行動をとったりすることができるようにすること。
　イ　実際に言語を使用して互いの考えや気持ちを伝え合うなどの活動を行うとともに，(5)に示す言語材料について理解したり，それらを使って練習したりする活動を行うようにすること。
　ウ　言語活動を行うにあたり，主として以下に示すような言語の使用場面や言語の働

きを取り上げるようにすること。

〔言語の使用場面の例〕
 a　特有の表現がよく使われる場面
　　・あいさつ　・自己紹介　・時間表現　・曜日，月，天候，季節
　　・買物　・道案内　・食事（レストラン，カフェなど）
　　・市内交通　・旅行　など
 b　学校生活の中で使われる場面
　　・学習内容　・意見交換　・教室用語　・クラブ活動　など
〔言語の働きの例〕
　　主として次の事項について指導する。
 a　コミュニケーションを円滑にする
　　・あいさつをする（ジェスチャーなどの非言語コミュニケーション活動を含む）
　　・呼びかける　・相づちをうつ　・聞き直す　・繰り返す
　　・話題を発展させる・話題を変える　など
 b　気持ちを伝える
　　・感謝する　・苦情を言う　・ほめる　・好意を伝える　・謝る　など
 c　情報を伝える
　　・説明する　・報告する　・発表する　・描写する　など
 d　考えや意見を伝える
　　・意見を言う・　賛成する　・反対する・　承諾する・断る　など
 e　相手の行動を促す
　　・依頼する　・招待する　・助言する　・提案する
　　・許可する　・禁止する　など

(3) 題材内容
　　指導計画の作成にあたっては，(1)に示す言語活動，(5)に示す言語材料と関連させ，次のア～ケの題材内容をバランスよく取り入れることが望ましい。
　ア　生徒自身や家族，友だちなどの身近な人々に関する話題（例：自己紹介，家族や友だちの紹介など）
　イ　学校生活に関する話題（例：通学，授業，クラス，放課後，クラブ活動など）
　ウ　学校生活以外の日常生活に関する話題（例：日常の習慣，身の回りの出来事，衣食住，買物など）
　エ　興味・関心事，好きな物事に関する話題（例：趣味，好きな映画・音楽など）

オ 予定などに関する話題（例：休日，祝祭日，長期休暇，予定，遊びへの誘い，会う約束など）

カ できごと・事件の報告（例：昨日のこと，休日・休暇の報告，見たこと・聞いたこと・食べたものの報告など）

キ からだの部位や特徴，健康などに関する話題（例：健康，病気，怪我など）

ク 自然環境に関する話題（例：天気，四季や気候，環境問題など）

ケ ロシア語圏の社会や文化，もしくは日本の社会や文化に関する話題（例：習慣，家族観，食事，人間関係，労働観，行事，制度，歴史，時事問題など）

(4) 題材内容の取り扱い

　題材内容を扱う際に，以下のア〜ウにも配慮することが望ましい。また題材内容は，ロシア語の実践的コミュニケーション力の基礎を身につけることを念頭に置きつつ，多様なロシア語圏の文化と社会の理解を深めるものになっていることが望ましい。さらに日本の社会や文化にも目を向けさせ，相対化の視点を通じて，「自文化」に対する理解をより深める契機となるよう努める。

ア ロシア語話者人口が最も多いのは，ロシア連邦（以下，ロシア）である。ロシアは，ヨーロッパとアジアに跨がる世界最大の国土を擁するユーラシア国家である。その特徴を考慮して，モスクワ・サンクトペテルブルクを中心としたヨーロッパロシアとシベリア・極東を中心としたアジアロシアの人々や文化・社会の違いや特徴を取り上げる。

イ ロシア語は国連の公用語・作業言語の1つであり，現在，ロシア連邦，ベラルーシ，カザフスタン，キルギスの4カ国の公用語となっている。これらの他に，かつての旧ソ連邦を構成したウクライナ，バルト諸国（リトアニア，ラトヴィア，エストニア），コーカサス諸国（グルジア，アルメニア，アゼルバイジャン），モルドヴァ，中央アジア諸国（ウズベキスタン，カザフスタン，キルギス，タジキスタン，トルクメニスタン）でもロシア語が広く使用され，ロシア語圏（ルソフォニー）とも言うべき言語空間を形成している。そこで，ロシアの文化と社会を取り上げるだけにとどまらず，可能な範囲でロシア語圏の多様性の一端に触れさせる。

ウ ロシアは，中国，韓国，モンゴルなどとともに東アジア地域に位置する，地理的に最も近い日本の隣国である。日本とロシアの関係は，江戸時代から現在に至るまで，文化，経済，政治，外交，科学など多種多様な歴史を有している。そこで，日露交流史という観点からの題材を取り上げ，日ロ関係の豊かさの一端を学べるようにする。

(5) 言語材料
　以下に示す言語材料のうちから，学習目標を達成するのにふさわしいものを (3) に示す題材内容に応じて適宜選択し，(1) に示す言語活動と関連させ，伝達機能を考慮しながら指導する。
　ア　音声
　　(ア) 現代ロシア語の標準的な発音規則
　　(イ) 個別的な規則による発音
　　(ウ) 語，前置詞句における強勢
　　(エ) 文における基本的なイントネーション
　イ　文字および符号
　　(ア) アルファベットの活字体の大文字および小文字
　　(イ) アルファベットの筆記体の大文字および小文字
　　(ウ) 終止符，疑問符，コンマ，引用符，感嘆符などの基本的な符号
　ウ　語彙・表現
　　(ア) 1000 語程度の語
　　(イ) 日常生活で常用している慣用表現
　エ　文法事項
　　(ア) 名詞の文法性 (男性，女性，中性)
　　(イ) 人称代名詞 (он，она，оно)
　　(ウ) 名詞の複数形 (男性・女性名詞型と中性名詞型)
　　(エ) 数詞 (個数詞と順序数詞)
　　(オ) 形容詞 (硬変化型と軟変化型)
　　(カ) 所有代名詞 (мой，твой，наш，ваш，его，её，их)
　　(キ) 疑問詞を含む疑問文
　　(ク) 疑問詞を含まない疑問文
　　(ケ) 規範的な動詞の人称変化 (第1型と第2型)
　　(コ) 単文と複文
　　(サ) 規範的な名詞の格変化 (主格・生格・与格・対格・造格・前置格，男性・中性名詞型と女性名詞型)
　　(シ) 活動体名詞と不活動体名詞
　　(ス) 名詞の否定生格
　　(セ) ся動詞
　　(ソ) 規範的な形容詞 (長語尾形) の格変化 (硬変化型と軟変化型)
　　(タ) 動詞のアスペクト (不完了体動詞と完了体動詞)

(チ) 動詞の時制（現在，過去，未来）
(ツ) 動詞の命令法
(テ) 運動の動詞
(ト) 形容詞の短語尾形
(ナ) 不定人称文
(ニ) 無人称文
(ヌ) 一般人称文
(ネ) 関係代名詞（который）と関係副詞（где，куда，когда）
(ノ) 副動詞（不完了体副動詞と完了体副動詞）
(ハ) 形動詞（能動形動詞と被動形動詞）
(ヒ) 形容詞・副詞の比較級（単一形と合成形）
(フ) 形容詞・副詞の最上級（単一形と合成形）
(ヘ) 仮定法

(6) 言語材料の取り扱い
　ア　言語材料については，学習段階に応じて平易なものから難しいものへと段階的に指導すること。
　イ　文法については，コミュニケーションを支えるものであることを踏まえ，使用場面を意識させて指導すること。
　ウ　文法については，コミュニケーションを支えるものであることを踏まえ，言語活動と効果的に関連づけて指導すること。

3　指導上の留意点

(1) ロシア語の学習が文法事項の知識や語彙の暗記にとどまることなく，自らの考えや意見をロシア語で表現できる実践的な運用能力の育成・伸長につながるよう常に心がけること。
(2) ロシア語学習にあたっては，多くの生徒は中学校で3年間英語を学習しているので，その既習言語能力や知識を最大限活用すること。
(3) 音声指導にあたっては，日本語との違いに留意しながら，発音練習などを通して2(5)アの(ア)に示された言語材料を継続して指導すること。また音声指導の補助として，必要に応じて発音表記を用いて指導すること。
(4) 文字指導にあたっては，生徒の学習負担に配慮しつつ，筆記体を指導すること。但し，ロシア語の文字は，ローマ字ではなく，キリル文字であるため，英語との言語干渉が起きやすく，習得するのに一定の困難を伴う。したがって，文字学習は，時

間をかけて繰り返し指導すること。
(5) 語および慣用表現については，使用頻度の高いものを取り上げ，活用することを通じて定着を図るようにすること。
(6) 辞書の使い方に慣れ，活用できるようにすること。
(7) 生徒の状況や教材の内容に応じて，コンピュータや通信ネットワーク，教育機器などを有効活用したり，ネイティブ・スピーカーなどの協力を得たりなどすること。
(8) 名詞・形容詞や動詞などの語形変化を習得しない限り，単純な文章をつくり，簡単なコミュニケーションを取ることも難しいので，語形変化の基本を忍耐強く反復して学習させ，習得させるよう配慮すること。
(9) 可能な範囲で，国語，地理，歴史，音楽，美術などの他教科との連携を図るよう心がけること。

4　留意事項

　ロシア語が現在公用語として使用されているのは，かつて旧ソ連であったロシア連邦，ベラルーシ，カザフスタン，キルギスの4カ国である。公用語ではないが，これら以外の旧ソ連地域もロシア語圏となっており，一定の変種が存在する。現代ロシア標準語という場合，ロシア連邦の公用語としてのロシア語を基本とする。

あとがき

古石 篤子

　数年前，仕事で韓国ソウルに行ったときのことである。夜遅く到着し，ホテルの部屋に落ち着いた後，近所のコンビニに買物に行った。いろいろ細かいものを選んでレジに行ったところ，若いレジ係の女性が日本語で応対してくれた。驚いた私は，なぜ私が日本人だとわかったのかとたずねると，「見ればわかります」という返事。次に，どこで日本語を勉強したのかという質問には，学校で習ったということであった。その30年前に韓国に行ったときには，高齢の方々と日本語が通じて複雑な気持ちを抱いたことを思い出したのであるが，今の若い彼（女）らは植民者から強いられたのではなく，学校で自ら選択して日本語を学び，実生活で活用しているのである。これに対して，私と逆のケース，つまり，来日する韓国人が日本のコンビニのレジで日本人の若者から，韓国語での応対を受けることはずっと確率が低いに違いない。この点だけでも，両国の外国語教育のあり方の違いに雲泥の差があることを実感するのである。

　近隣諸国との間で「歴史認識」の問題がなかなか乗り越えられない今の日本で，常に思い出されるのがフランスとドイツの関係である。この2国は何度も戦争を繰り返し，長い間対立関係にあったが，第二次大戦後の1963年，独仏友好条約（通称「エリゼ条約」）を締結した。「外交」，「防衛」と並ぶこの条約の3本柱の1つが「教育・青少年」であり，そこでは互いの言語を学び合うことが最重要課題として掲げられた。その成果の1つが独仏共通歴史教科書である。この教科書は，エリゼ条約締結40周年を迎えた2003年1月にベルリンで開催された独仏青少年会議（一種の模擬議会）から生まれた。そこに集った両国の高校生500人は15の委員会に分

かれて討議し，15の提言が提出されたが，そのうちの1つが「相互無理解に基づく偏見をなくすために，両国に同一内容の歴史教科書を導入する」（剣持・小菅・バビッチ（編著）(2009)『歴史認識共有の地平——独仏共通教科書と日中韓の試み』明石書店）というものであり，この提言は採択され，そして数年後に実現するに至ったのである。互いの言語を学び合った高校生の相互交流から生まれた意義深い成果である。

　外国語を学ぶ目的はさまざまあるが，相互理解や異文化理解というのは，普通課程の外国語教育の重要な目的の1つであろう。独仏両国でも英語教育が重要視されているのは日本と同様であるが，英語だけで事足れりとしない制度——つまり外国語を2つ以上学ぶ，とりわけ隣国の言語の学習を推進する制度の存在が日本と大きく異なるところである。付言すれば，これは独仏だけではなく，第Ⅱ部で紹介したように，21世紀における「世界標準の外国語教育」であり，日本だけがかなり特殊なのである。

　このわが国の英語一本槍に硬直化した外国語教育は，近隣諸国とのつきあい，多様な世界とのつきあいに向けて開かれていないのみではなく，国内的にも現実と齟齬をきたしている。2015年6月末現在の在留外国人の出身国の上位5ヵ国は中国，韓国・朝鮮，フィリピン，ブラジル，ベトナムであり，これだけで在留外国人数の7割以上に当たる（法務省Webサイト）。また，日本語指導が必要な外国人児童生徒数も急増しており，そのような子どもを母語別に見ると，多い順にポルトガル語，中国語，フィリピノ語，スペイン語となる（文科省Webサイト）。このような外国籍住民と接する際には，地方自治体や学校をはじめとする諸機関では，英語以外の多様な言語や文化の知識が必要とされるわけであるが，そうした人材は決定的に不足し，育成もまったく視野に入っていない。英語以外の外国語教育が貢献できる場はここにもあるはずなのである。同時に，国内に在住する日本語以外の話者の言語を活かしてゆく方策も考えられるべきであろう。これは多様な言語を「資源」として見る見方につながる。

　さて，以上のようなことから，英語だけではない多様な外国語の教育が必要だと頭では理解できても，それを現実に移すには次のような2つの「躓きの石」がある。このことは，2014年2月の「提言」提出後，多くの方

たちとの議論の中でますますはっきりしてきた。その1つめは，「英語もできないのに，他の外国語をやることは無理でしょう」というもので，2つめは，「現行の高校のカリキュラムは満杯で，第2の外国語などとても入る余地はない」というものである。

　最初の意見に対しては，英語をどこまでやれば「できる」ようになったといえ，次の外国語にチャレンジできるようになるのだろうか，英語で躓いた子どもは「外国語」に対して一生，苦手意識をもってしまうが，それでもいいのだろうか，と逆に疑問を呈したい。外国語も子どもによって好き嫌い，向き不向きがあることは，小学校で多言語活動の指導をしているとよくわかる。ある子どもはフランス語にはすぐ飽きてしまうのに，中国語や韓国・朝鮮語になるとがぜん身が入ったり，またその逆であったりするのである。また，外国語学習の相互作用とでも呼べるものがあり，ある言語で「外国語の学び方」を会得すると，それを他の言語にも応用できることになり，苦手だと思っていた1つめの外国語に再挑戦できる可能性も出てくるのだ。子どもたちに広い可能性を与えるのが教育の主要な役目であるなら，可能性を狭めてしまうことだけはすべきでない。小学校で英語が教科化されるのであれば，その後の教育課程のどこかで第2の外国語の学習を選択必修化すべきであろう。

　2つめの考え方に対しては，本書では第Ⅳ部全体を割いてその可能性を探った。結論としては現行制度のままでも，カリキュラムに入れることは不可能ではないということを明らかにすることができた。しかしそのことは，そこから派生してくる諸課題がゼロであるということではなく，教員養成や採用等，多くの課題に今後取り組む必要があるということも明らかになった。

　本書全体は次の5部から成っている。第Ⅰ部「多言語教育の理念」，第Ⅱ部「世界における多言語教育の実態」，第Ⅲ部「日本における多言語教育の実態」，第Ⅳ部「日本における多言語教育の実現に向けて」，第Ⅴ部「多言語教育推進のための提言と学習指導要領案」である。外国語教育のあるべき姿を，その根本に遡って問い直すことから始めた私たちの歩みは，次にはその実態について，世界の国々と日本とを比較することへと進んだ。

そこで私たちは，日本の外国語教育がいかに理念的にも制度的にも貧しいかを目の当たりにすることになるのであるが，次にはそれを乗り越える方策を具体的に探った。最後に収録した「提言」と「学習指導要領案」は，私たちの歩みの出発点であり，同時にそれを導く羅針盤でもあった。

　思えば長い道のりを来たものである。多言語教育推進研究会として「提言」を出したのは2014年2月であったが，その2年前の2012年から日本言語政策学会のシンポジウムや分科会で多言語教育の重要性を訴えてきた。しかし本格的に研究会として集まって議論を重ねるようになったのは，2013年夏からで，「提言」提出までにはほぼ10回，その後は，本書の出版計画が持ち上がってからも10回以上の会合を重ねて意見交換を続けてきた。メンバーは皆それぞれ同じように熱い思いをもって外国語を教えていても，言語が異なると背景や教育文化も異なるため予想外の議論に発展し，それが時に白熱化することもあった。また，それぞれの書いたものを互いに読み合って，内容に関しても厳しいコメントを交わし，それをもとに何回も書き直すことを行った。今思い返せば，それもこれも知的刺激に満ちていて大変貴重な経験であった。そしてまた，これも異なった言語を専門とする者が集まったからこその僥倖といえるかもしれないのである。

2016年1月
編著者を代表して

執筆者一覧

臼山 利信（うすやま としのぶ）
　筑波大学人文社会系教授。専門は，ロシア語学，ロシア語教育学，言語政策論。第7章（共著）執筆。

小田桐 奈美（おだぎり なみ）
　関西大学外国語学部助教。専門は，ロシア語教育学，社会言語学，中央アジア地域研究。第7章（共著）執筆。

柿原 武史（かきはら たけし）
　関西学院大学商学部教授。専門は，社会言語学，言語政策論，スペイン語教育学。第6章執筆。

上村 圭介（かみむら けいすけ）
　大東文化大学外国語学部准教授。専門は，社会言語学，言語政策論，日本語教育学。第3章執筆。

古石 篤子（こいし あつこ）＊
　慶應義塾大学名誉教授。前日本フランス語教育学会会長。専門は，フランス語教育学，言語教育政策，フランス言語学。第2章，第5章執筆。

榮谷 温子（さかえだに はるこ）
　慶應義塾大学非常勤講師，東海大学非常勤講師，東京大学非常勤講師，早稲田大学非常勤講師。専門は，アラビア語学，アラビア語教育学。第10章執筆。

杉谷 眞佐子（すぎたに まさこ）＊
　関西大学名誉教授。専門は，ドイツ語教育学，言語教育政策，異文化コミュニケーション論。第4章，第16章執筆。

鈴木 千賀（すずき ちか）

秋田県庁主事。筑波大学大学院修士課程地域研究研究科ヨーロッパ研究コース修了。専門は，ロシア地域研究。第 7 章（共著）執筆。

長谷川 由起子（はせがわ ゆきこ）＊

九州産業大学国際文化学部准教授。朝鮮語教育学会世話人代表。専門は，韓国語教育学，韓国語学，音声学。第 8 章，第 12 章（共著），第 13 章執筆。

水口 景子（みずぐち けいこ）

公益財団法人国際文化フォーラム事務局長。専門は，外国語教育，国際交流。第 9 章，第 12 章（共著）執筆。

森住 衛（もりずみ まもる）＊

大阪大学名誉教授，桜美林大学名誉教授。元大学英語教育学会会長，前日本言語政策学会会長。専門は，英語教育学，言語文化教育学，外国語学。第 1 章，第 11 章執筆。

山下 誠（やました まこと）

神奈川県立鶴見総合高等学校総括教諭。担当教科は，外国語（韓国・朝鮮語），社会，職業，国際。第 14 章，第 15 章執筆。

＊は編者。所属は 2016 年 9 月現在。

外国語教育は英語だけでいいのか
グローバル社会は多言語だ！

発　行	2016年4月5日　　初版第1刷発行
	2016年9月28日　　　第2刷発行

編　著	森住　衛・古石　篤子・杉谷　眞佐子・長谷川　由起子
発行所	株式会社　くろしお出版
	〒113-0033　東京都文京区本郷3-21-10
	TEL: 03-5684-3389　FAX: 03-5684-4762
	URL: http://www.9640.jp　e-mail: kurosio@9640.jp
装　丁	折原 カズヒロ
印刷所	藤原印刷株式会社

© MORIZUMI Mamoru, KOISHI Atsuko, SUGITANI Masako, HASEGAWA Yukiko
2016　Printed in Japan　ISBN 978-4-87424-690-0　C1087

● 乱丁・落丁はおとりかえいたします。本書の無断転載・複製を禁じます。